卞尺丹几乙し丹卞と

Translated Language Learning

Siddhartha
सिद्धार्थ

- **An Indian Novel**
- एक भारतीय उपन्यास

Hermann Hesse
हरमन हेस्से

English / हिंदी

Copyright © 2023 Tranzlaty
All rights reserved
Published by Tranzlaty
ISBN: 978-1-83566-107-9
Original text by Hermann Hesse
First published in German in 1922
www.tranzlaty.com

Part One - भाग एक

***

The Son of the Brahman

ब्रहम का पुत्र

In the shade of the house

घर की छाया में

in the sunshine of the riverbank

नदी के किनारे की धूप में

near the boats

नावों के पास

in the shade of the Sal-wood forest

साल-वुड जंगल की छाया में

in the shade of the fig tree

अंजीर के पेड़ की छाया में

this is where Siddhartha grew up

यहीं पर सिद्धार्थ पले-बढ़े

he was the handsome son of a Brahman, the young falcon

वह एक ब्राह्मण, युवा बाज़ का सुंदर पुत्र था।

he grew up with his friend Govinda

वह अपने दोस्त गोविंदा के साथ बड़े हुए।

Govinda was also the son of a Brahman

गोविंदा भी एक ब्राह्मण के बेटे थे।

by the banks of the river the sun tanned his light shoulders

नदी के किनारे सूरज ने अपने हल्के कंधों को झुका लिया।

bathing, performing the sacred ablutions, making sacred offerings

स्नान करना, पवित्र स्नान करना, पवित्र प्रसाद बनाना

In the mango garden, shade poured into his black eyes

आम के बगीचे में, उसकी काली आंखों में छाया डाली गई।

when playing as a boy, when his mother sang

एक लड़के के रूप में खेलते समय, जब उसकी माँ गाती थी

when the sacred offerings were made

जब पवित्र प्रसाद बनाया गया था

when his father, the scholar, taught him
जब उनके पिता, विद्वान, ने उन्हें पढ़ाया

when the wise men talked
जब बुद्धिमान लोग बात करते थे

For a long time, Siddhartha had been partaking in the discussions of the wise men
लंबे समय से सिद्धार्थ ज्ञानियों की चर्चाओं में भाग लेते रहे थे।

he practiced debating with Govinda
उन्होंने गोविंदा के साथ बहस करने का अभ्यास किया।

he practiced the art of reflection with Govinda
उन्होंने गोविंदा के साथ प्रतिबिंब की कला का अभ्यास किया।

and he practiced meditation
और उन्होंने ध्यान का अभ्यास किया।

He already knew how to speak the Om silently
वह पहले से ही जानता था कि चुपचाप ओम कैसे बोलना है।

he knew the word of words
वह शब्दों के शब्द जानता था।

he spoke it silently into himself while inhaling
उसने सांस लेते हुए चुपचाप अपने आप में बात की।

he spoke it silently out of himself while exhaling
उसने सांस छोड़ते हुए चुपचाप इसे अपने आप से बाहर बोला।

he did this with all the concentration of his soul
उसने अपनी आत्मा की पूरी एकाग्रता के साथ ऐसा किया।

his forehead was surrounded by the glow of the clear-thinking spirit
उसका माथा स्पष्ट सोच वाली आत्मा की चमक से घिरा हुआ था।

He already knew how to feel Atman in the depths of his being
वह पहले से ही जानता था कि आत्मान को अपने अस्तित्व की गहराई में कैसे महसूस करना है।

he could feel the indestructible
वह अविनाशी महसूस कर सकता था

he knew what it was to be at one with the universe
वह जानता था कि ब्रह्मांड के साथ एक होना क्या था।

Joy leapt in his father's heart
खुशी उसके पिता के दिल में उछल पड़ी

because his son was quick to learn
क्योंकि उनके बेटे को सीखने की जल्दी थी

he was thirsty for knowledge
वह ज्ञान का प्यासा था।

his father could see him growing up to become a great wise man
उसके पिता उसे एक महान बुद्धिमान व्यक्ति बनने के लिए बड़ा होते देख सकते थे।

he could see him becoming a priest
वह उसे पुजारी बनते देख सकता था।

he could see him becoming a prince among the Brahmans
वह उसे ब्राह्मणों के बीच राजकुमार बनते देख सकता था।

Bliss leapt in his mother's breast when she saw him walking
आनंद अपनी मां के स्तन में कूद गया जब उसने उसे चलते हुए देखा।

Bliss leapt in her heart when she saw him sit down and get up
आनंद उसके दिल में उछल गया जब उसने उसे बैठे और उठते देखा।

Siddhartha was strong and handsome
सिद्धार्थ मजबूत और सुंदर थे।

he, who was walking on slender legs
वह, जो पतले पैरों पर चल रहा था

he greeted her with perfect respect
उन्होंने पूरे सम्मान के साथ उसका स्वागत किया।

Love touched the hearts of the Brahmans' young daughters
प्रेम ने ब्राह्मणों की युवा बेटियों के दिलों को छू लिया।

they were charmed when Siddhartha walked through the lanes of the town
जब सिद्धार्थ शहर की गलियों से गुजरते थे तो वे मंत्रमुग्ध हो जाते थे।

his luminous forehead, his eyes of a king, his slim hips

उसका चमकदार माथा, एक राजा की उसकी आँखें, उसके पतले कूल्हे
But most of all he was loved by Govinda
लेकिन सबसे ज्यादा उन्हें गोविंदा से प्यार था।
Govinda, his friend, the son of a Brahman
गोविंदा, उनके दोस्त, एक ब्राह्मण के बेटे
He loved Siddhartha's eye and sweet voice
उन्हें सिद्धार्थ की आंख और मीठी आवाज बहुत पसंद थी।
he loved the way he walked
वह जिस तरह से चलता था उसे पसंद था।
and he loved the perfect decency of his movements
और वह अपने आंदोलनों की सही शालीनता से प्यार करता था।
he loved everything Siddhartha did and said
सिद्धार्थ ने जो कुछ भी किया और कहा वह उसे पसंद था।
but what he loved most was his spirit
लेकिन जो चीज उसे सबसे ज्यादा पसंद थी वह उसकी आत्मा थी।
he loved his transcendent, fiery thoughts
वह अपने उत्कृष्ट, उग्र विचारों से प्यार करता था।
he loved his ardent will and high calling
वह अपनी उत्साही इच्छा और उच्च बुलाहट से प्यार करता था।
Govinda knew he would not become a common Brahman
गोविंदा जानते थे कि वह एक आम ब्राह्मण नहीं बनेंगे।
no, he would not become a lazy official
नहीं, वह एक आलसी अधिकारी नहीं बन जाएगा।
no, he would not become a greedy merchant
नहीं, वह लालची व्यापारी नहीं बनेगा।
not a vain, vacuous speaker
व्यर्थ नहीं, खोखला वक्ता
nor a mean, deceitful priest
न ही एक मतलबी, धोखेबाज पुजारी।
and also would not become a decent, stupid sheep
और एक सभ्य, बेवकूफ भेड़ भी नहीं बन जाएगा।
a sheep in the herd of the many
कई लोगों के झुंड में एक भेड़

and he did not want to become one of those things
और वह उन चीजों में से एक नहीं बनना चाहता था।

he did not want to be one of those tens of thousands of Brahmans
वह उन दसियों हजार ब्राह्मणों में से एक नहीं बनना चाहता था।

He wanted to follow Siddhartha, the beloved, the splendid
वह सिद्धार्थ, प्रिय, शानदार का अनुसरण करना चाहता था।

in days to come, when Siddhartha would become a god, he would be there
आने वाले दिनों में, जब सिद्धार्थ भगवान बन जाएंगे, तो वह वहां होंगे।

when he would join the glorious, he would be there
जब वह महिमामय में शामिल होगा, तो वह वहां होगा।

Govinda wanted to follow him as his friend
गोविंदा उन्हें अपने दोस्त की तरह फॉलो करना चाहते थे।

he was his companion and his servant
वह उसका साथी और उसका नौकर था।

he was his spear-carrier and his shadow
वह उसका भाला-वाहक और उसकी छाया थी।

Siddhartha was loved by everyone
सिद्धार्थ को हर कोई प्यार करता था।

He was a source of joy for everybody
वह हर किसी के लिए खुशी का स्रोत थे।

he was a delight for them all
वह उन सभी के लिए एक खुशी थी।

But he, Siddhartha, was not a source of joy for himself
लेकिन वह, सिद्धार्थ, खुद के लिए खुशी का स्रोत नहीं था।

he found no delight in himself
उसे अपने आप में कोई खुशी नहीं मिली।

he walked the rosy paths of the fig tree garden
वह अंजीर के पेड़ के बगीचे के गुलाबी रास्तों पर चला

he sat in the bluish shade in the garden of contemplation
वह चिंतन के बगीचे में नीली छाया में बैठ गया।

he washed his limbs daily in the bath of repentance

वह पश्चाताप के स्नान में प्रतिदिन अपने अंगों को धोता था।

he made sacrifices in the dim shade of the mango forest
उन्होंने आम के जंगल की धुंधली छाया में बलिदान दिया।

his gestures were of perfect decency
उनके हाव-भाव पूर्ण शालीनता के थे।

he was everyone's love and joy
वह हर किसी का प्यार और खुशी थी।

but he still lacked all joy in his heart
लेकिन उसके दिल में अभी भी सभी खुशी की कमी थी।

Dreams and restless thoughts came into his mind
उसके मन में सपने और बेचैन विचार आए।

his dreams flowed from the water of the river
उसके सपने नदी के पानी से बहते थे।

his dreams sparked from the stars of the night
रात के सितारों से उनके सपने भड़क उठे।

his dreams melted from the beams of the sun
उसके सपने सूरज की किरणों से पिघल गए।

dreams came to him, and a restlessness of the soul came to him
सपने उसके पास आए, और आत्मा की एक बेचैनी उसके पास आई।

his soul was fuming from the sacrifices
बलिदानों से उसकी आत्मा क्रोधित हो रही थी।

he breathed forth from the verses of the Rig-Veda
उन्होंने ऋग्वेद की ऋचाओं से सांस ली।

the verses were infused into him, drop by drop
छंदों को उसमें डाला गया, बूंद-बूंद करके।

the verses from the teachings of the old Brahmans
पुराने ब्राह्मणों की शिक्षाओं के छंद

Siddhartha had started to nurse discontent in himself
सिद्धार्थ ने खुद में असंतोष पैदा करना शुरू कर दिया था।

he had started to feel doubt about the love of his father
उसे अपने पिता के प्यार पर शक होने लगा था।

he doubted the love of his mother

उसे अपनी माँ के प्यार पर शक था।

and he doubted the love of his friend, Govinda
और उसे अपने दोस्त गोविंदा के प्यार पर शक था।

he doubted if their love could bring him joy for ever and ever
उसे संदेह था कि क्या उनका प्यार उसे हमेशा और हमेशा के लिए खुशी ला सकता है।

their love could not nurse him
उनका प्यार उसे संभाल नहीं सका।

their love could not feed him
उनका प्यार उसे खिला नहीं सकता था।

their love could not satisfy him
उनका प्यार उसे संतुष्ट नहीं कर सका।

he had started to suspect his father's teachings
उसे अपने पिता की शिक्षाओं पर शक होने लगा था।

perhaps he had shown him everything he knew
शायद उसने उसे वह सब कुछ दिखाया था जो वह जानता था।

there were his other teachers, the wise Brahmans
उनके अन्य शिक्षक, बुद्धिमान ब्राह्मण थे।

perhaps they had already revealed to him the best of their wisdom
शायद उन्होंने पहले से ही उसे अपनी बुद्धि का सबसे अच्छा खुलासा किया था।

he feared that they had already filled his expecting vessel
उसे डर था कि वे पहले से ही अपने अपेक्षित जहाज को भर चुके थे।

despite the richness of their teachings, the vessel was not full
उनकी शिक्षाओं की समृद्धि के बावजूद, बर्तन भरा नहीं था।

the spirit was not content
आत्मा संतुष्ट नहीं थी।

the soul was not calm
आत्मा शांत नहीं थी।

the heart was not satisfied

दिल संतुष्ट नहीं था।

the ablutions were good, but they were water
स्नान अच्छे थे, लेकिन वे पानी थे।

the ablutions did not wash off the sin
पापों ने पाप को धोया नहीं

they did not heal the spirit's thirst
उन्होंने आत्मा की प्यास को ठीक नहीं किया।

they did not relieve the fear in his heart
उन्होंने उसके दिल के डर को दूर नहीं किया।

The sacrifices and the invocation of the gods were excellent
देवताओं के बलिदान और आह्वान उत्कृष्ट थे।

but was that all there was?
लेकिन क्या बस इतना ही था?

did the sacrifices give a happy fortune?
क्या बलिदानों ने एक सुखद भाग्य दिया?

and what about the gods?
और देवताओं के बारे में क्या?

Was it really Prajapati who had created the world?
क्या सचमुच प्रजापति ने दुनिया बनाई थी?

Was it not the Atman who had created the world?
क्या यह आत्मान नहीं था जिसने दुनिया को बनाया था?

Atman, the only one, the singular one
आत्मान, केवल एक, एकवचन

Were the gods not creations?
क्या देवताओं ने सृष्टि नहीं की थी?

were they not created like me and you?
क्या वे मेरे और आपके जैसे नहीं बनाए गए थे?

were the Gods not subject to time?
क्या देवता समय के अधीन नहीं थे?

were the Gods mortal? Was it good?
क्या भगवान नश्वर थे? क्या यह अच्छा था?

was it right? was it meaningful?
क्या यह सही था? क्या यह सार्थक था?

was it the highest occupation to make offerings to the gods?
क्या देवताओं को प्रसाद चढ़ाना सर्वोच्च व्यवसाय था?
For whom else were offerings to be made?
और किसके लिए चढ़ावा चढ़ाया जाना था?
who else was to be worshipped?
और किसकी पूजा की जानी थी?
who else was there, but Him?
उसके सिवा और कौन था?
The only one, the Atman
केवल एक, आत्मान
And where was Atman to be found?
और आत्मान कहाँ पाया जाना था?
where did He reside?
वह कहाँ रहता था?
where did His eternal heart beat?
उसका अनन्त ह्रदय कहाँ धड़कता है?
where else but in one's own self?
अपने आप में और कहाँ है?
in its innermost indestructible part
अपने सबसे भीतरी अविनाशी भाग में
could he be that which everyone had in himself?
क्या वह वह हो सकता है जो हर किसी के पास था?
But where was this self?
लेकिन यह स्वयं कहां था?
where was this innermost part?
यह सबसे भीतरी हिस्सा कहां था?
where was this ultimate part?
यह अंतिम हिस्सा कहां था?
It was not flesh and bone
यह मांस और हड्डी नहीं थी।
it was neither thought nor consciousness
यह न तो विचार था और न ही चेतना।
this is what the wisest ones taught

सबसे बुद्धिमान लोगों ने यही सिखाया है।
So where was it?
तो यह कहां था?
the self, myself, the Atman
स्वयं, मैं, आत्मान
To reach this place, there was another way
इस जगह तक पहुंचने के लिए, एक और रास्ता था।
was this other way worth looking for?
क्या यह दूसरा तरीका देखने लायक था?
Alas, nobody showed him this way
अफसोस, किसी ने उसे इस तरह से नहीं दिखाया।
nobody knew this other way
कोई भी इस दूसरे तरीके से नहीं जानता था।
his father did not know it
उसके पिता को यह पता नहीं था।
and the teachers and wise men did not know it
और शिक्षक और ज्ञानी इसे नहीं जानते थे।
They knew everything, the Brahmans
वे सब कुछ जानते थे, ब्राह्मण।
and their holy books knew everything
और उनकी पवित्र पुस्तकें सब कुछ जानती थीं।
they had taken care of everything
उन्होंने सब कुछ संभाल लिया था।
they took care of the creation of the world
उन्होंने दुनिया के निर्माण का ख्याल रखा।
they described origin of speech, food, inhaling, exhaling
उन्होंने भाषण, भोजन, श्वास, साँस छोड़ने की उत्पत्ति का वर्णन किया।
they described the arrangement of the senses
उन्होंने इंद्रियों की व्यवस्था का वर्णन किया।
they described the acts of the gods
उन्होंने देवताओं के कृत्यों का वर्णन किया।
their books knew infinitely much
उनकी किताबें असीम रूप से बहुत कुछ जानती थीं।

but was it valuable to know all of this?
लेकिन क्या यह सब जानना मूल्यवान था?
was there not only one thing to be known?
क्या केवल एक ही बात ज्ञात नहीं थी?
was there still not the most important thing to know?
क्या अभी भी जानने के लिए सबसे महत्वपूर्ण बात नहीं है?
many verses of the holy books spoke of this innermost, ultimate thing
पवित्र पुस्तकों के कई छंद ोः ने इस अंतरतम, परम बात के बारे में बात की।
it was spoken of particularly in the Upanishades of Samaveda
यह विशेष रूप से सामवेद के उपनिशेदों में कहा गया था
they were wonderful verses
वे अद्भुत छंद थे।
"Your soul is the whole world", this was written there
"आपकी आत्मा पूरी दुनिया है", यह वहां लिखा गया था।
and it was written that man in deep sleep would meet with his innermost part
और यह लिखा था कि गहरी नींद में आदमी अपने अंतरतम भाग से मिलेगा।
and he would reside in the Atman
और वह आत्मान में निवास करेगा
Marvellous wisdom was in these verses
अद्भुत बुद्धि इन वचनों में थी।
all knowledge of the wisest ones had been collected here in magic words
सबसे बुद्धिमान लोगों के सभी ज्ञान यहां जादू के शब्दों में एकत्र किए गए थे।
it was as pure as honey collected by bees
यह मधुमक्खियों द्वारा एकत्र किए गए शहद के समान शुद्ध था।
No, the verses were not to be looked down upon
नहीं, आयतों को हेय दृष्टि से नहीं देखा जाना चाहिए था।
they contained tremendous amounts of enlightenment

उनमें प्रबुद्धता की जबरदस्त मात्रा थी।

they contained wisdom which lay collected and preserved

उनके पास ज्ञान था जो एकत्र और संरक्षित किया गया था।

wisdom collected by innumerable generations of wise Brahmans

बुद्धिमान ब्राह्मणों की असंख्य पीढ़ियों द्वारा एकत्र किया गया ज्ञान

But where were the Brahmans?

लेकिन ब्राह्मण कहां थे?

where were the priests?

पुजारी कहाँ थे?

where the wise men or penitents?

बुद्धिमान लोग या गरीब कहां हैं?

where were those that had succeeded?

वे लोग कहां थे जो सफल हुए थे?

where were those who knew more than deepest of all knowledge?

वे लोग कहाँ थे जो सभी ज्ञान के बारे में सबसे गहरे से अधिक जानते थे?

where were those that also lived out the enlightened wisdom?

वे कहाँ थे जो प्रबुद्ध ज्ञान को जीते थे?

Where was the knowledgeable one who brought Atman out of his sleep?

आत्मान को नींद से बाहर लाने वाला ज्ञानी कहां था?

who had brought it into the day?

इसे दिन में कौन लाया था?

who had taken it into their life?

किसने इसे अपने जीवन में लिया था?

who carried it with every step they took?

उनके द्वारा उठाए गए हर कदम के साथ इसे किसने उठाया?

who had married their words with their deeds?

किसने उनके शब्दों को उनके कर्मों से जोड़ा था?

Siddhartha knew many venerable Brahmans

सिद्धार्थ कई आदरणीय ब्राह्मणों को जानते थे।

his father, the pure one
उसका पिता, पवित्र

the scholar, the most venerable one
विद्वान, सबसे आदरणीय

His father was worthy of admiration
उनके पिता प्रशंसा के पात्र थे।

quiet and noble were his manners
शांत और नेक थे उनका शिष्टाचार

pure was his life, wise were his words
उनका जीवन पवित्र था, उनके शब्द बुद्धिमान थे।

delicate and noble thoughts lived behind his brow
नाजुक और महान विचार उसके भौंह के पीछे रहते थे।

but even though he knew so much, did he live in blissfulness?
लेकिन भले ही वह इतना कुछ जानता था, लेकिन क्या वह आनंद में रहता था?

despite all his knowledge, did he have peace?
अपने सभी ज्ञान के बावजूद, क्या उसे शांति मिली?

was he not also just a searching man?
क्या वह सिर्फ एक खोज करने वाला आदमी नहीं था?

was he still not a thirsty man?
क्या वह अभी भी प्यासा आदमी नहीं था?

Did he not have to drink from holy sources again and again?
क्या उसे बार-बार पवित्र स्रोतों से पानी नहीं पीना पड़ता था?

did he not drink from the offerings?
क्या उसने प्रसाद में से शराब नहीं पी?

did he not drink from the books?
क्या उसने किताबों से शराब नहीं पी थी?

did he not drink from the disputes of the Brahmans?
क्या उसने ब्राह्मणों के झगड़ों से शराब नहीं पी थी?

Why did he have to wash off sins every day?
उसे हर दिन पाप क्यों धोना पड़ता था?

must he strive for a cleansing every day?

क्या उसे हर दिन सफाई के लिए प्रयास करना चाहिए?

over and over again, every day

बार-बार, हर दिन

Was Atman not in him?

क्या आत्मान उसमें नहीं था?

did not the pristine source spring from his heart?

क्या प्राचीन स्रोत उसके दिल से नहीं निकला?

the pristine source had to be found in one's own self

प्राचीन स्रोत को स्वयं में पाया जाना था।

the pristine source had to be possessed!

प्राचीन स्रोत को धारण किया जाना था!

doing anything else else was searching

कुछ और करना खोज रहा था

taking any other pass is a detour

कोई अन्य पास लेना एक चक्कर है

going any other way leads to getting lost

किसी भी अन्य रास्ते पर जाने से खो जाते हैं।

These were Siddhartha's thoughts

ये थे सिद्धार्थ के विचार

this was his thirst, and this was his suffering

यह उसकी प्यास थी, और यह उसकी पीड़ा थी।

Often he spoke to himself from a Chandogya-Upanishad:

अक्सर वह खुद से एक छांदोग्य-उपनिषद से बात करते थे:

"Truly, the name of the Brahman is Satyam"

"सच में ब्रह्म का नाम सत्यम है"

"he who knows such a thing, will enter the heavenly world every day"

"जो ऐसी बात जानता है, वह हर दिन स्वर्गीय दुनिया में प्रवेश करेगा।

Often the heavenly world seemed near

अक्सर स्वर्गीय दुनिया निकट लगती थी।

but he had never reached the heavenly world completely

लेकिन वह कभी भी पूरी तरह से स्वर्गीय दुनिया तक नहीं पहुंचा था।

he had never quenched the ultimate thirst

उसने कभी परम प्यास नहीं बुझाई थी।

And among all the wise and wisest men, none had reached it
और सभी बुद्धिमान और बुद्धिमान लोगों में से, कोई भी उस तक नहीं पहुंचा था।

he received instructions from them
उन्हें उनसे निर्देश मिले।

but they hadn't completely reached the heavenly world
लेकिन वे पूरी तरह से स्वर्गीय दुनिया तक नहीं पहुंचे थे।

they hadn't completely quenched their thirst
उन्होंने अपनी प्यास पूरी तरह से नहीं बुझाई थी।

because it is an eternal thirst
क्योंकि यह एक शाश्वत प्यास है

"Govinda" Siddhartha spoke to his friend
"गोविंदा" सिद्धार्थ ने अपने दोस्त से बात की

"Govinda, my dear, come with me under the Banyan tree"
"गोविंदा, मेरे प्यारे, बरगद के पेड़ के नीचे मेरे साथ आओ"

"let's practise meditation"
"चलो ध्यान का अभ्यास करें"

They went to the Banyan tree
वे बरगद के पेड़ के पास गए।

under the Banyan tree they sat down
बरगद के पेड़ के नीचे वे बैठ गए।

Siddhartha was right here
सिद्धार्थ यहीं थे।

Govinda was twenty paces away
गोविंदा बीस कदम दूर था

Siddhartha seated himself and he repeated murmuring the verse
सिद्धार्थ बैठ गए और उन्होंने श्लोक को दोहराते हुए कहा।

Om is the bow, the arrow is the soul
ॐ धनुष है, तीर आत्मा है।

The Brahman is the arrow's target

ब्रह्म तीर का लक्ष्य है।

the target that one should incessantly hit

वह लक्ष्य जिसे किसी को लगातार मारना चाहिए

the usual time of the exercise in meditation had passed

ध्यान में व्यायाम का सामान्य समय बीत चुका था।

Govinda got up, the evening had come

गोविंदा उठे, शाम हो चुकी थी।

it was time to perform the evening's ablution

यह शाम का स्नान करने का समय था।

He called Siddhartha's name, but Siddhartha did not answer

उन्होंने सिद्धार्थ का नाम पुकारा, लेकिन सिद्धार्थ ने कोई जवाब नहीं दिया।

Siddhartha sat there, lost in thought

सिद्धार्थ सोच में खोए वहीं बैठ गए।

his eyes were rigidly focused towards a very distant target

उसकी आँखें कठोर रूप से एक बहुत दूर के लक्ष्य की ओर केंद्रित थीं।

the tip of his tongue was protruding a little between the teeth

उसकी जीभ की नोक दांतों के बीच थोड़ी उभरी हुई थी।

he seemed not to breathe

ऐसा लग रहा था कि वह सांस नहीं ले पा रहा था।

Thus sat he, wrapped up in contemplation

इस प्रकार वह चिंतन में लिपटा हुआ बैठा रहा।

he was deep in thought of the Om

वह ओम के बारे में गहराई से सोच रहा था

his soul sent after the Brahman like an arrow

उसकी आत्मा को तीर की तरह ब्रह्म के पीछे भेजा गया।

Once, Samanas had travelled through Siddhartha's town

एक बार, समनस ने सिद्धार्थ के शहर की यात्रा की थी।

they were ascetics on a pilgrimage

वे तीर्थयात्रा पर निकले तपस्वी थे।

three skinny, withered men, neither old nor young

तीन पतले, मुरझाए हुए पुरुष, न तो बूढ़े और न ही युवा।

dusty and bloody were their shoulders

धूल भरे और खूनी उनके कंधे थे।
almost naked, scorched by the sun, surrounded by loneliness
लगभग नग्न, धूप से झुलसे, अकेलेपन से घिरे
strangers and enemies to the world
दुनिया के लिए अजनबी और दुश्मन
strangers and jackals in the realm of humans
मनुष्यों के दायरे में अजनबी और सियार
Behind them blew a hot scent of quiet passion
उनके पीछे शांत जुनून की एक गर्म खुशबू उड़ गई।
a scent of destructive service
विनाशकारी सेवा की खुशबू
a scent of merciless self-denial
निर्दयी आत्म-इनकार की खुशबू
the evening had come
शाम हो चुकी थी।
after the hour of contemplation, Siddhartha spoke to Govinda
चिंतन की घड़ी के बाद सिद्धार्थ ने गोविंदा से बात की।
"Early tomorrow morning, my friend, Siddhartha will go to the Samanas"
"कल सुबह, मेरे दोस्त, सिद्धार्थ सामना में जाएंगे"
"He will become a Samana"
"वह एक सामना बन जाएगा"
Govinda turned pale when he heard these words
ये शब्द सुनते ही गोविंदा फीके पड़ गए।
and he read the decision in the motionless face of his friend
और उसने अपने दोस्त के गतिहीन चेहरे में निर्णय पढ़ा।
it was unstoppable, like the arrow shot from the bow
यह अजेय था, जैसे धनुष से तीर मारा गया था।
Govinda realized at first glance; now it is beginning
गोविंदा को पहली नज़र में ही एहसास हो गया था; अब यह शुरू हो रहा है
now Siddhartha is taking his own way

अब सिद्धार्थ अपनी राह खुद ले रहे हैं
now his fate is beginning to sprout
अब उसकी किस्मत अंकुरित होने लगी है।

and because of Siddhartha, Govinda's fate is sprouting too
और सिद्धार्थ की वजह से गोविंदा की किस्मत भी अंकुरित हो रही है

he turned pale like a dry banana-skin
वह एक सूखे केले की त्वचा की तरह पीला पड़ गया।

"Oh Siddhartha," he exclaimed
"ओह सिद्धार्थ," उन्होंने कहा।

"will your father permit you to do that?"
"क्या तुम्हारे पिता तुम्हें ऐसा करने की अनुमति देंगे?

Siddhartha looked over as if he was just waking up
सिद्धार्थ ने देखा जैसे वह अभी जाग रहा था।

like an Arrow he read Govinda's soul
तीर की तरह उन्होंने गोविंदा की आत्मा को पढ़ा

he could read the fear and the submission in him
वह अपने भीतर के भय और अधीनता को पढ़ सकता था।

"Oh Govinda," he spoke quietly, "let's not waste words"
"ओह गोविंदा," उन्होंने चुपचाप कहा, "चलो शब्दों को बर्बाद न करें"

"Tomorrow at daybreak I will begin the life of the Samanas"
"कल दिन के अंत में मैं सामनाओं का जीवन शुरू करूंगा"

"let us speak no more of it"
"हमें इसके बारे में और बात नहीं करनी चाहिए"

Siddhartha entered the chamber where his father was sitting
सिद्धार्थ ने उस कक्ष में प्रवेश किया जहां उनके पिता बैठे थे।

his father was was on a mat of bast
उसके पिता बस्त की चटाई पर थे।

Siddhartha stepped behind his father
सिद्धार्थ ने अपने पिता के पीछे कदम रखा।

and he remained standing behind him
और वह उसके पीछे खड़ा रहा।

he stood until his father felt that someone was standing

behind him
वह तब तक खड़ा रहा जब तक उसके पिता को नहीं लगा कि कोई उसके पीछे खड़ा है।

Spoke the Brahman: "Is that you, Siddhartha?"
ब्राह्मण बोला: "क्या यह तुम हो, सिद्धार्थ?

"Then say what you came to say"
"तो फिर तुम जो कहने आए हो कहो"

Spoke Siddhartha: "With your permission, my father"
सिद्धार्थ ने कहा: "आपकी अनुमति से, मेरे पिता"

"I came to tell you that it is my longing to leave your house tomorrow"
"मैं तुम्हें यह बताने आया था कि कल तुम्हारा घर छोड़ने की मेरी लालसा है"

"I wish to go to the ascetics"
"मैं तपस्वियों के पास जाना चाहता हूँ"

"My desire is to become a Samana"
"मेरी इच्छा सामना बनने की है"

"May my father not oppose this"
"मेरे पिता इसका विरोध न करें"

The Brahman fell silent, and he remained so for long
ब्राह्मण चुप हो गया, और वह लंबे समय तक ऐसा ही रहा।

the stars in the small window wandered
छोटी सी खिड़की में तारे घूम रहे थे।

and they changed their relative positions
और उन्होंने अपने रिश्तेदार पदों को बदल दिया।

Silent and motionless stood the son with his arms folded
चुपचाप और गतिहीन बेटे को अपनी बाहों को मोड़कर खड़ा कर दिया।

silent and motionless sat the father on the mat
चुपचाप और गतिहीन पिता चटाई पर बैठ गया।

and the stars traced their paths in the sky
और सितारों ने आकाश में अपने रास्ते का पता लगाया।

Then spoke the father
फिर पिता ने कहा

"Not proper it is for a Brahman to speak harsh and angry

words"
"ब्राह्मण के लिए कठोर और क्रोधी शब्द बोलना उचित नहीं है"
"But indignation is in my heart"
"लेकिन आक्रोश मेरे दिल में है"
"I wish not to hear this request for a second time"
"मैं इस अनुरोध को दूसरी बार नहीं सुनना चाहता"
Slowly, the Brahman rose
धीरे-धीरे ब्रह्म उदय हुआ।
Siddhartha stood silently, his arms folded
सिद्धार्थ चुपचाप खड़े थे, उनकी बाहें मुड़ी हुई थीं।
"What are you waiting for?" asked the father
"आप किस बात का इंतजार कर रहे हैं?" पिता ने पूछा।
Spoke Siddhartha, "You know what I'm waiting for"
सिद्धार्थ बोले, "आप जानते हैं कि मैं किस का इंतजार कर रहा हूं"
Indignant, the father left the chamber
गुस्से में पिता कक्ष से बाहर चले गए।
indignant, he went to his bed and lay down
गुस्से में वह अपने बिस्तर पर जाकर लेट गया।
an hour passed, but no sleep had come over his eyes
एक घंटा बीत गया, लेकिन उसकी आँखों पर नींद नहीं आई थी।
the Brahman stood up and he paced to and fro
ब्राह्मण उठ खड़ा हुआ और वह इधर-उधर भागने लगा।
and he left the house in the night
और वह रात में घर से निकल गया।
Through the small window of the chamber he looked back inside
कक्ष की छोटी खिड़की से उसने पीछे मुड़कर अंदर देखा।
and there he saw Siddhartha standing
और वहां उन्होंने सिद्धार्थ को खड़े देखा।
his arms were folded and he had not moved from his spot
उसकी बाहें मुड़ी हुई थीं और वह अपनी जगह से हिला नहीं था।
Pale shimmered his bright robe
पीला अपने चमकीले वस्त्र को झिलमिला रहा था।

With anxiety in his heart, the father returned to his bed
अपने दिल में चिंता के साथ, पिता अपने बिस्तर पर लौट आया।
another sleepless hour passed
एक और नींद की नींद बीत गई
since no sleep had come over his eyes, the Brahman stood up again
चूंकि उसकी आँखों पर कोई नींद नहीं आई थी, इसलिए ब्राह्मण फिर से खड़ा हो गया।
he paced to and fro, and he walked out of the house
वह इधर-उधर भागता रहा और घर से बाहर चला गया।
and he saw that the moon had risen
और उसने देखा कि चाँद उग आया है
Through the window of the chamber he looked back inside
कक्ष की खिड़की से उसने पीछे मुड़कर अंदर देखा।
there stood Siddhartha, unmoved from his spot
वहां सिद्धार्थ खड़ा था, जो अपने स्थान से विचलित नहीं हुआ।
his arms were folded, as they had been
उसकी बाहों को मोड़ा गया था, जैसा कि वे थे।
moonlight was reflecting from his bare shins
चांदनी उसके नंगे पिंडलियों से झलक रही थी।
With worry in his heart, the father went back to bed
मन में चिंता लिए पिता वापस बिस्तर पर चले गए।
he came back after an hour
वह एक घंटे के बाद वापस आया।
and he came back again after two hours
और वह दो घंटे के बाद फिर से आया।
he looked through the small window
उसने छोटी सी खिड़की से देखा।
he saw Siddhartha standing in the moon light
उन्होंने सिद्धार्थ को चांद की रोशनी में खड़े देखा।
he stood by the light of the stars in the darkness
वह अंधेरे में सितारों की रोशनी के पास खड़ा था।
And he came back hour after hour

और वह घंटे-दर-घंटे वापस आ गया।
silently, he looked into the chamber
चुपचाप, उसने कक्ष में देखा।
he saw him standing in the same place
उसने उसे उसी स्थान पर खड़ा देखा।
it filled his heart with anger
इसने उसके दिल को गुस्से से भर दिया।
it filled his heart with unrest
इसने उसके दिल को अशांति से भर दिया।
it filled his heart with anguish
इसने उसके दिल को पीड़ा से भर दिया।
it filled his heart with sadness
इसने उसके दिल को उदासी से भर दिया।
the night's last hour had come
रात का आखिरी समय आ गया था।
his father returned and stepped into the room
उसके पिता वापस आए और कमरे में चले गए।
he saw the young man standing there
उसने देखा कि युवक वहां खड़ा है।
he seemed tall and like a stranger to him
वह लंबा और उसके लिए एक अजनबी की तरह लग रहा था।
"Siddhartha," he spoke, "what are you waiting for?"
"सिद्धार्थ," उन्होंने कहा, "आप किस का इंतजार कर रहे हैं?"
"You know what I'm waiting for"
"आप जानते हैं कि मैं किस का इंतजार कर रहा हूं"
"Will you always stand that way and wait?"
"क्या आप हमेशा ऐसे ही खड़े रहेंगे और इंतजार करेंगे?"
"I will always stand and wait"
"मैं हमेशा खड़ा रहूंगा और इंतजार करूंगा"
"will you wait until it becomes morning, noon, and evening?"
"क्या आप सुबह, दोपहर और शाम होने तक इंतजार करेंगे?
"I will wait until it become morning, noon, and evening"

"मैं सुबह, दोपहर और शाम होने तक इंतजार करूंगा।
"You will become tired, Siddhartha"
"तुम थक जाओगे, सिद्धार्थ"
"I will become tired"
"मैं थक जाऊंगा"
"You will fall asleep, Siddhartha"
"तुम सो जाओगे, सिद्धार्थ"
"I will not fall asleep"
'मैं सो नहीं जाऊँगा'
"You will die, Siddhartha"
"तुम मर जाओगे, सिद्धार्थ"
"I will die," answered Siddhartha
"मैं मर जाऊंगा," सिद्धार्थ ने जवाब दिया।
"And would you rather die, than obey your father?"
"और क्या तुम अपने पिता की आज्ञा का पालन करने के बजाय मरना पसंद करोगे?
"Siddhartha has always obeyed his father"
"सिद्धार्थ ने हमेशा अपने पिता की आज्ञा का पालन किया है"
"So will you abandon your plan?"
"तो क्या आप अपनी योजना छोड़ देंगे?
"Siddhartha will do what his father will tell him to do"
"सिद्धार्थ वही करेगा जो उसके पिता उसे करने के लिए कहेंगे"
The first light of day shone into the room
दिन की पहली रोशनी कमरे में चमक रही थी।
The Brahman saw that Siddhartha knees were softly trembling
ब्राह्मण ने देखा कि सिद्धार्थ के घुटने धीरे से कांप रहे थे।
In Siddhartha's face he saw no trembling
सिद्धार्थ के चेहरे में कोई कंपकंपी नहीं दिखी।
his eyes were fixed on a distant spot
उसकी नजर दूर की जगह पर टिकी थी।
This was when his father realized
यह तब हुआ जब उसके पिता को एहसास हुआ

even now Siddhartha no longer dwelt with him in his home
अब भी सिद्धार्थ अब उनके साथ उनके घर में नहीं रहते हैं।

he saw that he had already left him
उसने देखा कि वह पहले ही उसे छोड़ चुका था।

The Father touched Siddhartha's shoulder
पिता ने सिद्धार्थ के कंधे को छुआ।

"You will," he spoke, "go into the forest and be a Samana"
"तुम बनोगे," उसने कहा, "जंगल में जाओ और एक सामना बनो"

"When you find blissfulness in the forest, come back"
"जब आप जंगल में आनंद पाते हैं, तो वापस आ जाओ।

"come back and teach me to be blissful"
"वापस आओ और मुझे आनंदित होना सिखाओ"

"If you find disappointment, then return"
"यदि आपको निराशा मिलती है, तो वापस आ जाएं"

"return and let us make offerings to the gods together, again"
"लौट आओ और हम देवताओं को फिर से एक साथ प्रसाद चढ़ाएं।

"Go now and kiss your mother"
"अब जाओ और अपनी माँ को चूमो"

"tell her where you are going"
"उसे बताओ कि तुम कहाँ जा रहे हो"

"But for me it is time to go to the river"
"लेकिन मेरे लिए यह नदी पर जाने का समय है"

"it is my time to perform the first ablution"
"यह मेरा पहला स्नान करने का समय है"

He took his hand from the shoulder of his son, and went outside
उसने अपने बेटे के कंधे से अपना हाथ उठाया, और बाहर चला गया।

Siddhartha wavered to the side as he tried to walk
सिद्धार्थ ने चलते हुए साइड में छलांग लगा दी।

He put his limbs back under control and bowed to his father
उसने अपने अंगों को वापस नियंत्रण में रखा और अपने पिता को प्रणाम किया।

he went to his mother to do as his father had said

वह अपनी माँ के पास गया जैसा कि उसके पिता ने कहा था।

As he slowly left on stiff legs a shadow rose near the last hut

जैसे ही वह धीरे-धीरे कठोर पैरों पर चला गया, आखिरी झोपड़ी के पास एक छाया उठी।

who had crouched there, and joined the pilgrim?

कौन वहां झुक गया था, और तीर्थयात्री में शामिल हो गया था?

"Govinda, you have come" said Siddhartha and smiled

"गोविंदा, तुम आ गए हो" सिद्धार्थ ने कहा और मुस्कुराया।

"I have come," said Govinda

गोविंदा ने कहा, 'मैं आ गया हूं।

Gotama
गोतम

In the evening of this day they caught up with the ascetics
इस दिन शाम को उन्होंने तपस्वियों को पकड़ लिया।
the ascetics; the skinny Samanas
तपस्वियों; पतला समाना
they offered them their companionship and obedience
उन्होंने उन्हें अपने साहचर्य और आज्ञाकारिता की पेशकश की।
Their companionship and obedience were accepted
उनके साहचर्य और आज्ञाकारिता को स्वीकार किया गया।
Siddhartha gave his garments to a poor Brahman in the street
सिद्धार्थ ने अपने वस्त्र गली में एक गरीब ब्राह्मण को दे दिए।
He wore nothing more than a loincloth and earth-coloured, unsown cloak
उन्होंने एक कपड़े और पृथ्वी के रंग का, बिना बोए हुए लबादा से ज्यादा कुछ नहीं पहना था।
He ate only once a day, and never anything cooked
वह दिन में केवल एक बार खाता था, और कभी कुछ भी नहीं पकाता था।
He fasted for fifteen days, he fasted for twenty-eight days
उन्होंने पंद्रह दिनों तक उपवास किया, उन्होंने अट्ठाईस दिनों तक उपवास किया।
The flesh waned from his thighs and cheeks
उसकी जांघों और गालों से मांस कम हो गया।
Feverish dreams flickered from his enlarged eyes
उसकी बढ़ी हुई आँखों से बुखार के सपने झिलमिला रहे थे।
long nails grew slowly on his parched fingers
उसकी सूखी उंगलियों पर धीरे-धीरे लंबे नाखून बढ़ने लगे।
and a dry, shaggy beard grew on his chin
और उसकी ठोड़ी पर एक सूखी, घुंघराली दाढ़ी उग आई।
His glance turned to ice when he encountered women
महिलाओं का सामना होने पर उसकी नज़र बर्फ की ओर मुड़ गई।

he walked through a city of nicely dressed people
वह अच्छे कपड़े पहने लोगों के एक शहर के माध्यम से चला गया।
his mouth twitched with contempt for them
उसका मुंह उनके लिए घृणा से काँप रहा था।
He saw merchants trading and princes hunting
उसने व्यापारियों को व्यापार करते और राजकुमारों को शिकार करते देखा।
he saw mourners wailing for their dead
उन्होंने शोक संतप्त लोगों को अपने मृतकों के लिए रोते हुए देखा।
and he saw whores offering themselves
और उसने वेश्याओं को खुद को पेश करते हुए देखा।
physicians trying to help the sick
बीमार ◌ो◌ं की मदद करने की कोशिश कर रहे चिकित्सक
priests determining the most suitable day for seeding
बीज बोने के लिए सबसे उपयुक्त दिन का निर्धारण करने वाले पुजारी
lovers loving and mothers nursing their children
प्रेमी प्यार करते हैं और माताएं अपने बच्चों को स्तनपान कराती हैं
and all of this was not worthy of one look from his eyes
और यह सब उसकी आँखों से एक नज़र के लायक नहीं था।
it all lied, it all stank, it all stank of lies
यह सब झूठ बोला, यह सब झूठ से भरा था, यह सब झूठ से भरा हुआ था।
it all pretended to be meaningful and joyful and beautiful
यह सब सार्थक और हर्षित और सुंदर होने का नाटक करता था।
and it all was just concealed putrefaction
और यह सब सिर्फ छिपा हुआ था।
the world tasted bitter; life was torture
दुनिया ने कड़वा स्वाद चखा; जीवन यातना था।

A single goal stood before Siddhartha
सिद्धार्थ के सामने एक भी गोल नहीं हुआ
his goal was to become empty
उसका लक्ष्य खाली हो जाना था।
his goal was to be empty of thirst
उसका लक्ष्य प्यास से खाली होना था।

empty of wishing and empty of dreams
कामना से खाली और सपनों से खाली
empty of joy and sorrow
खुशी और दुःख से खाली
his goal was to be dead to himself
उसका लक्ष्य खुद के लिए मर जाना था।
his goal was not to be a self any more
उनका लक्ष्य अब स्वयं नहीं होना था।
his goal was to find tranquillity with an emptied heart
उनका लक्ष्य एक खाली दिल के साथ शांति खोजना था।
his goal was to be open to miracles in unselfish thoughts
उनका लक्ष्य निःस्वार्थ विचारों में चमत्कारों के लिए खुला रहना था।
to achieve this was his goal
इसे हासिल करना उनका लक्ष्य था।
when all of his self was overcome and had died
जब उसका सारा आत्म काबू पा लिया गया था और उसकी मृत्यु हो गई थी
when every desire and every urge was silent in the heart
जब हर इच्छा और हर आग्रह दिल में चुप था
then the ultimate part of him had to awake
तब उसके अंतिम भाग को जागना पड़ा।
the innermost of his being, which is no longer his self
उसके अस्तित्व का सबसे भीतर, जो अब उसका स्वयं नहीं है
this was the great secret
यह महान रहस्य था।

Silently, Siddhartha exposed himself to the burning rays of the sun
चुपचाप, सिद्धार्थ ने खुद को सूर्य की जलती हुई किरणों के सामने उजागर किया।
he was glowing with pain and he was glowing with thirst
वह दर्द से चमक रहा था और वह प्यास से चमक रहा था।
and he stood there until he neither felt pain nor thirst
और वह तब तक खड़ा रहा जब तक उसे न तो दर्द महसूस हुआ और न ही

प्यास।

Silently, he stood there in the rainy season
चुपचाप, वह बारिश के मौसम में वहां खड़ा था।

from his hair the water was dripping over freezing shoulders
उसके बालों से पानी जमते कंधों पर टपक रहा था।

the water was dripping over his freezing hips and legs
पानी उसके ठिठुरते कूल्हों और पैरों पर टपक रहा था।

and the penitent stood there
और वह आदमी वहीं खड़ा रहा।

he stood there until he could not feel the cold any more
वह तब तक वहीं खड़ा रहा जब तक कि उसे ठंड महसूस नहीं हो रही थी।

he stood there until his body was silent
वह तब तक वहीं खड़ा रहा जब तक उसका शरीर शांत नहीं हो गया।

he stood there until his body was quiet
वह तब तक वहीं खड़ा रहा जब तक उसका शरीर शांत नहीं हो गया।

Silently, he cowered in the thorny bushes
चुपचाप, वह कंटीली झाड़ियों में सहवास करता रहा।

blood dripped from the burning skin
जलती हुई त्वचा से खून बह रहा था।

blood dripped from festering wounds
घावों से खून बह रहा था

and Siddhartha stayed rigid and motionless
और सिद्धार्थ कठोर और गतिहीन रहे।

he stood until no blood flowed any more
वह तब तक खड़ा रहा जब तक कि कोई खून नहीं बह रहा था।

he stood until nothing stung any more
वह तब तक खड़ा रहा जब तक कि कुछ भी नहीं हुआ।

he stood until nothing burned any more
वह तब तक खड़ा रहा जब तक कि कुछ भी नहीं जला।

Siddhartha sat upright and learned to breathe sparingly
सिद्धार्थ सीधे बैठे और संयम से सांस लेना सीखा।

he learned to get along with few breaths

उसने कुछ सांसों के साथ चलना सीख लिया।

he learned to stop breathing

उसने सांस लेना बंद करना सीख लिया।

He learned, beginning with the breath, to calm the beating of his heart

उसने अपने दिल की धड़कन को शांत करने के लिए, सांस से शुरू करके सीखा।

he learned to reduce the beats of his heart

उन्होंने अपने दिल की धड़कनों को कम करना सीखा।

he meditated until his heartbeats were only a few

उन्होंने तब तक ध्यान किया जब तक कि उनके दिल की धड़कन केवल कुछ ही थीं।

and then his heartbeats were almost none

और फिर उसके दिल की धड़कन लगभग कोई नहीं थी।

Instructed by the oldest of the Samanas, Siddhartha practised self-denial

सबसे पुराने सामनाओं द्वारा निर्देशित, सिद्धार्थ ने आत्म-इनकार का अभ्यास किया।

he practised meditation, according to the new Samana rules

उन्होंने नए समानता नियमों के अनुसार ध्यान का अभ्यास किया।

A heron flew over the bamboo forest

बांस के जंगल के ऊपर एक बगुला उड़ गया।

Siddhartha accepted the heron into his soul

सिद्धार्थ ने बगुले को अपनी आत्मा में स्वीकार कर लिया।

he flew over forest and mountains

वह जंगल और पहाड़ों के ऊपर उड़ गया।

he was a heron, he ate fish

वह एक बगुला था, वह मछली खाता था।

he felt the pangs of a heron's hunger

उसने एक बगुले की भूख की पीड़ा महसूस की।

he spoke the heron's croak

उसने बगुले का क्रोक बोला।

he died a heron's death

वह एक बगुले की मौत हो गई

A dead jackal was lying on the sandy bank
रेतीले किनारे पर एक मरा हुआ सियार पड़ा था।

Siddhartha's soul slipped inside the body of the dead jackal
सिद्धार्थ की आत्मा मृत सियार के शरीर के अंदर फिसल गई।

he was the dead jackal laying on the banks and bloated
वह मरा हुआ सियार था जो किनारे पर पड़ा था और फूला हुआ था।

he stank and decayed and was dismembered by hyenas
वह लड़खड़ाता और सड़ गया और लकड़बग्घे ने उसके टुकड़े-टुकड़े कर दिए।

he was skinned by vultures and turned into a skeleton
उसे गिद्धों ने खाल उतार कर कंकाल बना दिया था।

he was turned to dust and blown across the fields
उसे धूल में बदल दिया गया और खेतों में उड़ा दिया गया।

And Siddhartha's soul returned
और सिद्धार्थ की आत्मा लौट आई।

it had died, decayed, and was scattered as dust
यह मर गया था, क्षय हो गया था, और धूल के रूप में बिखर गया था।

it had tasted the gloomy intoxication of the cycle
इसने चक्र के उदास नशे का स्वाद चखा था।

it awaited with a new thirst, like a hunter in the gap
यह एक नई प्यास के साथ इंतजार कर रहा था, जैसे खाई में एक शिकारी।

in the gap where he could escape from the cycle
उस खाई में जहां वह चक्र से बच सकता था

in the gap where an eternity without suffering began
उस खाई में जहां पीड़ा के बिना एक अनंत काल शुरू हुआ

he killed his senses and his memory
उसने अपनी इंद्रियों और अपनी स्मृति को मार डाला।

he slipped out of his self into thousands of other forms
वह अपने आप से हजारों अन्य रूपों में फिसल गया।

he was an animal, a carrion, a stone
वह एक जानवर, एक कैरियन, एक पत्थर था।

he was wood and water
वह लकड़ी और पानी था।

and he awoke every time to find his old self again
और वह हर बार अपने पुराने रूप को फिर से खोजने के लिए जाग गया।

whether sun or moon, he was his self again
चाहे सूर्य हो या चंद्रमा, वह फिर से अपना था।

he turned round in the cycle
वह चक्र में गोल हो गया।

he felt thirst, overcame the thirst, felt new thirst
उसने प्यास महसूस की, प्यास पर काबू पाया, नई प्यास महसूस की।

Siddhartha learned a lot when he was with the Samanas
सिद्धार्थ ने बहुत कुछ सीखा जब वह समनस के साथ थे।

he learned many ways leading away from the self
उन्होंने स्वयं से दूर जाने के कई तरीके सीखे।

he learned how to let go
उसने सीखा कि कैसे जाने दिया जाए।

He went the way of self-denial by means of pain
वह दर्द के माध्यम से आत्म-इनकार के रास्ते पर चला गया।

he learned self-denial through voluntarily suffering and overcoming pain
उन्होंने स्वेच्छा से पीड़ा और दर्द पर काबू पाने के माध्यम से आत्म-इनकार सीखा।

he overcame hunger, thirst, and tiredness
उसने भूख, प्यास और थकान पर काबू पा लिया।

He went the way of self-denial by means of meditation
वह ध्यान के माध्यम से आत्म-इनकार के रास्ते पर चला गया।

he went the way of self-denial through imagining the mind to be void of all conceptions
वह मन को सभी धारणाओं से शून्य होने की कल्पना के माध्यम से आत्म-इनकार के रास्ते पर चला गया।

with these and other ways he learned to let go
इन और अन्य तरीकों से उन्होंने जाने देना सीखा।

a thousand times he left his self
एक हजार बार उसने खुद को छोड़ दिया।

for hours and days he remained in the non-self
घंटों और दिनों तक वह गैर-आत्म में रहा।

all these ways led away from the self
ये सभी तरीके स्वयं से दूर चले गए।

but their path always led back to the self
लेकिन उनका रास्ता हमेशा स्वयं की ओर वापस ले जाता था।

Siddhartha fled from the self a thousand times
सिद्धार्थ एक हजार बार स्वयं से भाग गए।

but the return to the self was inevitable
लेकिन स्वयं की वापसी अपरिहार्य थी।

although he stayed in nothingness, coming back was inevitable
यद्यपि वह शून्य में रहा, वापस आना अपरिहार्य था।

although he stayed in animals and stones, coming back was inevitable
यद्यपि वह जानवरों और पत्थरों में रहता था, वापस आना अपरिहार्य था।

he found himself in the sunshine or in the moonlight again
उसने खुद को धूप में या चांदनी में फिर से पाया।

he found himself in the shade or in the rain again
उसने खुद को फिर से छाया में या बारिश में पाया।

and he was once again his self; Siddhartha
और वह एक बार फिर से अपना था; सिद्धार्थ

and again he felt the agony of the cycle which had been forced upon him
और फिर से उसने उस चक्र की पीड़ा महसूस की जो उस पर मजबूर की गई थी।

by his side lived Govinda, his shadow
उनके बगल में गोविंदा, उनकी छाया रहती थी।

Govinda walked the same path and undertook the same efforts
गोविंदा भी उसी रास्ते पर चले और उन्हीं प्रयासों को अंजाम दिया।

they spoke to one another no more than the exercises

required
उन्होंने एक दूसरे से आवश्यक अभ्यासों से अधिक बात नहीं की।

occasionally the two of them went through the villages
कभी-कभी वे दोनों गांवों से होकर जाते थे।

they went to beg for food for themselves and their teachers
वे अपने और अपने शिक्षकों के लिए भोजन के लिए भीख मांगने गए थे।

"How do you think we have progressed, Govinda" he asked
उन्होंने पूछा, "आपको क्या लगता है कि हमने कैसे प्रगति की है, गोविंदा।

"Did we reach any goals?" Govinda answered
"क्या हम किसी लक्ष्य तक पहुँच पाए? गोविंदा ने दिया जवाब

"We have learned, and we'll continue learning"
"हमने सीखा है, और हम सीखना जारी रखेंगे।

"You'll be a great Samana, Siddhartha"
"आप एक महान समाना होंगे, सिद्धार्थ"

"Quickly, you've learned every exercise"
"जल्दी से, आपने हर व्यायाम सीख लिया है"

"often, the old Samanas have admired you"
"अक्सर, पुराने समानाओं ने आपकी प्रशंसा की है"

"One day, you'll be a holy man, oh Siddhartha"
"एक दिन, आप एक पवित्र व्यक्ति होंगे, हे सिद्धार्थ"

Spoke Siddhartha, "I can't help but feel that it is not like this, my friend"
सिद्धार्थ बोले, "मैं यह महसूस किए बिना नहीं रह सकता कि ऐसा नहीं है, मेरे दोस्त"

"What I've learned being among the Samanas could have been learned more quickly"
"मैंने समानों के बीच रहकर जो सीखा है, उसे और अधिक तेज़ी से सीखा जा सकता था"

"it could have been learned by simpler means"
"यह सरल तरीकों से सीखा जा सकता था"

"it could have been learned in any tavern"
"यह किसी भी मधुशाला में सीखा जा सकता था"

"it could have been learned where the whorehouses are"

"यह सीखा जा सकता था कि वेश्यालय कहाँ हैं"
"I could have learned it among carters and gamblers"
"मैं इसे कार्टर और जुआरी के बीच सीख सकता था"
Spoke Govinda, "Siddhartha is joking with me"
गोविंदा बोले, "सिद्धार्थ मेरे साथ मजाक कर रहे हैं"
"How could you have learned meditation among wretched people?"
"आप अभागे लोगों के बीच ध्यान कैसे सीख सकते थे?
"how could whores have taught you about holding your breath?"
"वेश्या आपको अपनी सांस रोकने के बारे में कैसे सिखा सकती थी?
"how could gamblers have taught you insensitivity against pain?"
"जुआरी आपको दर्द के खिलाफ असंवेदनशीलता कैसे सिखा सकते हैं?
Siddhartha spoke quietly, as if he was talking to himself
सिद्धार्थ चुपचाप बोला, जैसे वह खुद से बात कर रहा हो।
"What is meditation?"
"ध्यान क्या है?
"What is leaving one's body?"
"किसी के शरीर को क्या छोड़ रहा है?
"What is fasting?"
"उपवास क्या है?
"What is holding one's breath?"
"किसी की सांस को क्या रोक रहा है?
"It is fleeing from the self"
"यह स्वयं से भाग रहा है"
"it is a short escape of the agony of being a self"
"यह स्वयं होने की पीड़ा का एक छोटा सा पलायन है"
"it is a short numbing of the senses against the pain"
"यह दर्द के खिलाफ इंद्रियों की एक छोटी सुन्नता है"
"it is avoiding the pointlessness of life"
"यह जीवन की बिंदुहीनता से बच रहा है"
"The same numbing is what the driver of an ox-cart finds in

the inn"
"वही सुन्नता वही है जो एक बैल-गाड़ी के चालक को सराय में मिलती है"
"drinking a few bowls of rice-wine or fermented coconut-milk"
"चावल-शराब या किण्वित नारियल-दूध के कुछ कटोरे पीना"
"Then he won't feel his self any more"
"तब वह अपने आप को और महसूस नहीं करेगा"
"then he won't feel the pains of life any more"
"तब वह जीवन के दर्द को महसूस नहीं करेगा।
"then he finds a short numbing of the senses"
"फिर वह इंद्रियों की एक छोटी सुन्नता पाता है"
"When he falls asleep over his bowl of rice-wine, he'll find the same what we find"
"जब वह चावल-शराब के अपने कटोरे पर सो जाता है, तो उसे वही मिलेगा जो हम पाते हैं।
"he finds what we find when we escape our bodies through long exercises"
"वह पाता है कि जब हम लंबे व्यायाम के माध्यम से अपने शरीर से बच जाते हैं तो हम क्या पाते हैं"
"all of us are staying in the non-self"
"हम सभी गैर-आत्म में रह रहे हैं"
"This is how it is, oh Govinda"
"ऐसा ही है, ओह गोविंदा"
Spoke Govinda, "You say so, oh friend"
गोविंदा बोले, "तुम ऐसा कहते हो, ओह दोस्त"
"and yet you know that Siddhartha is no driver of an ox-cart"
"और फिर भी आप जानते हैं कि सिद्धार्थ बैल-गाड़ी का चालक नहीं है"
"and you know a Samana is no drunkard"
"और आप जानते हैं कि एक समाना शराबी नहीं है"
"it's true that a drinker numbs his senses"
"यह सच है कि एक पीने वाला अपनी इंद्रियों को सुन्न कर देता है"
"it's true that he briefly escapes and rests"
"यह सच है कि वह संक्षेप में बच जाता है और आराम करता है"

"but he'll return from the delusion and finds everything to be unchanged"
"लेकिन वह भ्रम से वापस आ जाएगा और सब कुछ अपरिवर्तित पाता है।
"he has not become wiser"
"वह समझदार नहीं हुआ है"
"he has gathered any enlightenment"
"उसने कोई ज्ञान इकट्ठा किया है"
"he has not risen several steps"
"वह कई कदम नहीं उठा है"
And Siddhartha spoke with a smile
" और सिद्धार्थ मुस्कुराते हुए बोला।
"I do not know, I've never been a drunkard"
"मुझे नहीं पता, मैं कभी शराबी नहीं रहा हूं"
"I know that I find only a short numbing of the senses"
"मुझे पता है कि मुझे इंद्रियों का केवल एक छोटा सा सुन्नता मिलती है"
"I find it in my exercises and meditations"
"मैं इसे अपने अभ्यास और ध्यान में पाता हूं"
"and I find I am just as far removed from wisdom as a child in the mother's womb"
"और मुझे लगता है कि मैं ज्ञान से उतना ही दूर हूं जितना कि मां के गर्भ में एक बच्चा।
"this I know, oh Govinda"
"यह मुझे पता है, ओह गोविंदा"
And once again, another time, Siddhartha began to speak
और एक बार फिर, एक और बार, सिद्धार्थ ने बोलना शुरू कर दिया।
Siddhartha had left the forest, together with Govinda
सिद्धार्थ ने गोविंदा के साथ मिलकर जंगल छोड़ दिया था।
they left to beg for some food in the village
वे गांव में कुछ भोजन के लिए भीख मांगने के लिए चले गए।
he said, "What now, oh Govinda?"
उन्होंने कहा, "अब क्या, ओह गोविंदा?
"are we on the right path?"
"क्या हम सही रास्ते पर हैं?

"are we getting closer to enlightenment?"
"क्या हम आत्मज्ञान के करीब आ रहे हैं?

"are we getting closer to salvation?"
"क्या हम उद्धार के करीब पहुँच रहे हैं?

"Or do we perhaps live in a circle?"
"या हम शायद एक चक्र में रहते हैं?

"we, who have thought we were escaping the cycle"
"हम, जिन्होंने सोचा था कि हम चक्र से बच रहे थे"

Spoke Govinda, "We have learned a lot"
गोविंदा बोले, "हमने बहुत कुछ सीखा है"

"Siddhartha, there is still much to learn"
"सिद्धार्थ, अभी बहुत कुछ सीखना बाकी है"

"We are not going around in circles"
"हम मंडलियों में नहीं घूम रहे हैं"

"we are moving up; the circle is a spiral"
"हम आगे बढ़ रहे हैं; वृत्त एक सर्पिल है"

"we have already ascended many levels"
"हम पहले ही कई स्तरों पर चढ़ चुके हैं"

Siddhartha answered, "How old would you think our oldest Samana is?"
सिद्धार्थ ने उत्तर दिया, "आपको क्या लगता है कि हमारा सबसे पुराना सामना कितना पुराना है?

"how old is our venerable teacher?"
"हमारे आदरणीय शिक्षक कितने साल के हैं?

Spoke Govinda, "Our oldest one might be about sixty years of age"
गोविंदा बोले, "हमारा सबसे बड़ा लगभग साठ साल का हो सकता है"

Spoke Siddhartha, "He has lived for sixty years"
सिद्धार्थ बोले, "वह साठ साल से जीवित है"

"and yet he has not reached the nirvana"
"और फिर भी वह निर्वाण तक नहीं पहुंचा है"

"He'll turn seventy and eighty"
"वह सत्तर और अस्सी साल का हो जाएगा"

"you and me, we will grow just as old as him"
"आप और मैं, हम उसके जैसे ही बूढ़े हो जाएंगे।

"and we will do our exercises"
"और हम अपना अभ्यास करेंगे"

"and we will fast, and we will meditate"
"और हम उपवास करेंगे, और हम ध्यान करेंगे।

"But we will not reach the nirvana"
"लेकिन हम निर्वाण तक नहीं पहुंचेंगे"

"he won't reach nirvana and we won't"
"वह निर्वाण तक नहीं पहुंचेगा और हम नहीं करेंगे"

"there are uncountable Samanas out there"
"वहाँ बेशुमार समाना हैं"

"perhaps not a single one will reach the nirvana"
"शायद एक भी निर्वाण तक नहीं पहुंचेगा"

"We find comfort, we find numbness, we learn feats"
"हमें आराम मिलता है, हम सुन्नता पाते हैं, हम करतब सीखते हैं।

"we learn these things to deceive others"
"हम दूसरों को धोखा देने के लिए इन चीजों को सीखते हैं"

"But the most important thing, the path of paths, we will not find"
"लेकिन सबसे महत्वपूर्ण बात, रास्तों का रास्ता, हमें नहीं मिलेगा।

Spoke Govinda "If you only wouldn't speak such terrible words, Siddhartha!"
गोविंदा ने कहा, "अगर आप ऐसे भयानक शब्द नहीं बोलेंगे, सिद्धार्थ!"

"there are so many learned men"
"इतने सारे विद्वान पुरुष हैं"

"how could not one of them not find the path of paths?"
"उनमें से एक को रास्तों का रास्ता कैसे नहीं मिला?

"how can so many Brahmans not find it?"
इतने सारे ब्राह्मण इसे कैसे नहीं पा सकते हैं?

"how can so many austere and venerable Samanas not find it?"
"इतने सारे आदरणीय और आदरणीय समनाओं को यह कैसे नहीं मिल

सकता है?"
"how can all those who are searching not find it?"
"जो लोग खोज रहे हैं वे इसे कैसे नहीं पा सकते हैं?
"how can the holy men not find it?"
"पवित्र लोग इसे कैसे नहीं पा सकते हैं?
But Siddhartha spoke with as much sadness as mockery
लेकिन सिद्धार्थ ने जितना दुख के साथ बात की, उतना ही मजाक उड़ाया।
he spoke with a quiet, a slightly sad, a slightly mocking voice
वह एक शांत, थोड़ा उदास, थोड़ा मजाकिया आवाज के साथ बोला।
"Soon, Govinda, your friend will leave the path of the Samanas"
"जल्द ही, गोविंदा, तुम्हारा दोस्त सामना का रास्ता छोड़ देगा"
"he has walked along your side for so long"
"वह इतने लंबे समय तक आपके पक्ष में चला है"
"I'm suffering of thirst"
"मैं प्यास से पीड़ित हूँ"
"on this long path of a Samana, my thirst has remained as strong as ever"
"सामना के इस लंबे रास्ते पर, मेरी प्यास हमेशा की तरह मजबूत बनी हुई है"
"I always thirsted for knowledge"
"मैं हमेशा ज्ञान के लिए प्यासा था"
"I have always been full of questions"
"मैं हमेशा सवालों से भरा रहा हूं"
"I have asked the Brahmans, year after year"
"मैंने ब्राह्मणों से साल-दर-साल पूछा है"
"and I have asked the holy Vedas, year after year"
"और मैंने साल-दर-साल पवित्र वेदों से पूछा है।
"and I have asked the devoted Samanas, year after year"
"और मैंने समर्पित सामना से साल-दर-साल पूछा है"
"perhaps I could have learned it from the hornbill bird"
"शायद मैं इसे हॉर्नबिल पक्षी से सीख सकता था"

"perhaps I should have asked the chimpanzee"
"शायद मुझे चिम्पांजी से पूछना चाहिए था"
"It took me a long time"
"मुझे बहुत समय लगा"
"and I am not finished learning this yet"
"और मैंने अभी तक यह सीखना समाप्त नहीं किया है"
"oh Govinda, I have learned that there is nothing to be learned!"
"ओह गोविंदा, मैंने सीखा है कि सीखने के लिए कुछ भी नहीं है!
"There is indeed no such thing as learning"
"वास्तव में सीखने जैसी कोई चीज नहीं है"
"There is just one knowledge"
"बस एक ज्ञान है"
"this knowledge is everywhere, this is Atman"
"यह ज्ञान हर जगह है, यह आत्मान है"
"this knowledge is within me and within you"
"यह ज्ञान मेरे भीतर और तुम्हारे भीतर है।
"and this knowledge is within every creature"
"और यह ज्ञान हर प्राणी के भीतर है।
"this knowledge has no worser enemy than the desire to know it"
"इस ज्ञान का इसे जानने की इच्छा से बदतर कोई दुश्मन नहीं है।
"that is what I believe"
"यही मेरा मानना है"
At this, Govinda stopped on the path
इस पर गोविंदा रास्ते पर ही रुक गए।
he rose his hands, and spoke
उसने अपने हाथ उठाए और बोला।
"If only you would not bother your friend with this kind of talk"
"काश आप इस तरह की बात से अपने दोस्त को परेशान नहीं करते"
"Truly, your words stir up fear in my heart"
"सचमुच, आपके शब्द मेरे दिल में डर पैदा करते हैं।

"consider, what would become of the sanctity of prayer?"
"सोचो, प्रार्थना की पवित्रता का क्या होगा?
"what would become of the venerability of the Brahmans' caste?"
"ब्राह्मणों की जाति की वंदना का क्या होगा?"
"what would happen to the holiness of the Samanas?
"सामनाओं की पवित्रता का क्या होगा?
"What would then become of all of that is holy"
"तो फिर उन सब का क्या होगा जो पवित्र है"
"what would still be precious?"
"अभी भी क्या कीमती होगा?
And Govinda mumbled a verse from an Upanishad to himself
और गोविंदा ने एक उपनिषद का एक श्लोक अपने आप से कहा।
"He who ponderingly, of a purified spirit, loses himself in the meditation of Atman"
"जो शुद्ध आत्मा के बारे में सोचता है, वह आत्मान के ध्यान में खुद को खो देता है।
"inexpressible by words is the blissfulness of his heart"
"शब्दों से अव्यक्त उसके दिल की खुशी है"
But Siddhartha remained silent
लेकिन सिद्धार्थ चुप रहे।
He thought about the words which Govinda had said to him
उन्होंने उन शब्दों के बारे में सोचा जो गोविंदा ने उनसे कहे थे।
and he thought the words through to their end
और उसने शब्दों को उनके अंत तक सोचा।
he thought about what would remain of all that which seemed holy
उसने सोचा कि जो कुछ पवित्र लग रहा था उसका क्या रहेगा।
What remains? What can stand the test?
क्या बचा है? क्या परीक्षण में खरा उतर सकता है?
And he shook his head
और उसने अपना सिर हिला दिया।

the two young men had lived among the Samanas for about three years
दोनों युवक करीब तीन साल से समानों के बीच रह रहे थे।
some news, a rumour, a myth reached them
कुछ खबरें, एक अफवाह, एक मिथक उन तक पहुंच गया।
the rumour had been retold many times
इस अफवाह को कई बार दोहराया गया था।
A man had appeared, Gotama by name
एक आदमी प्रकट हुआ था, गोतम नाम से।
the exalted one, the Buddha
महान बुद्ध।
he had overcome the suffering of the world in himself
उन्होंने दुनिया के दुख ोें को खुद में दूर कर लिया था।
and he had halted the cycle of rebirths
और उसने पुनर्जन्म के चक्र को रोक दिया था।
He was said to wander through the land, teaching
कहा जाता था कि वह भूमि के माध्यम से घूमता है, सिखाता है।
he was said to be surrounded by disciples
कहा जाता था कि वह शिष्यों से घिरा हुआ था।
he was said to be without possession, home, or wife
कहा जाता था कि वह बिना कब्जे, घर या पत्नी के था।
he was said to be in just the yellow cloak of an ascetic
कहा जाता था कि वह एक तपस्वी के पीले वस्त्र में था।
but he was with a cheerful brow
लेकिन वह एक हंसमुख भौंह के साथ था।
and he was said to be a man of bliss
और उसे आनंद का आदमी कहा जाता था।
Brahmans and princes bowed down before him
ब्राहमण और राजकुमार उसके सामने झुक गए।
and they became his students
और वे उसके विद्यार्थी बन गए।
This myth, this rumour, this legend resounded
यह मिथक, यह अफवाह, यह किंवदंती सुनाई दी

its fragrance rose up, here and there, in the towns
इसकी खुशबू शहरों में इधर-उधर बढ़ गई।

the Brahmans spoke of this legend
ब्राह्मणों ने इस कथा के बारे में बात की।

and in the forest, the Samanas spoke of it
और जंगल में, समनों ने इसके बारे में बात की।

again and again, the name of Gotama the Buddha reached the ears of the young men
बार-बार गोतम बुद्ध का नाम युवकों के कानों तक पहुंचा।

there was good and bad talk of Gotama
गोतम की अच्छी-बुरी बातें होती थीं।

some praised Gotama, others defamed him
किसी ने गोतमा की तारीफ की तो किसी ने उसे बदनाम किया।

It was as if the plague had broken out in a country
ऐसा लग रहा था जैसे किसी देश में प्लेग फैल गया हो।

news had been spreading around that in one or another place there was a man
चारों ओर खबर फैल रही थी कि एक या दूसरी जगह एक आदमी था।

a wise man, a knowledgeable one
एक बुद्धिमान व्यक्ति, एक ज्ञानी

a man whose word and breath was enough to heal everyone
एक ऐसा आदमी जिसका शब्द और सांस हर किसी को ठीक करने के लिए पर्याप्त था

his presence could heal anyone who had been infected with the pestilence
उनकी उपस्थिति किसी को भी ठीक कर सकती है जो महामारी से संक्रमित था।

such news went through the land, and everyone would talk about it
इस तरह की खबरें पूरे देश में चली गईं, और हर कोई इसके बारे में बात करेगा।

many believed the rumours, many doubted them
कई लोगों ने अफवाहों पर विश्वास किया, कई लोगों ने उन पर संदेह किया।

but many got on their way as soon as possible
लेकिन कई लोग जल्द से जल्द अपने रास्ते पर चले गए।

they went to seek the wise man, the helper
वे बुद्धिमान व्यक्ति, सहायक की तलाश में गए।

the wise man of the family of Sakya
शाक्य के परिवार का बुद्धिमान व्यक्ति

He possessed, so the believers said, the highest enlightenment
उसके पास, इसलिए विश्वासियों ने कहा, सर्वोच्च ज्ञान था

he remembered his previous lives; he had reached the nirvana
उसने अपने पिछले जन्मों को याद किया; वह निर्वाण तक पहुंच चुका था।

and he never returned into the cycle
और वह चक्र में कभी नहीं लौटा।

he was never again submerged in the murky river of physical forms
वह फिर कभी भौतिक रूपों की धुंधली नदी में नहीं डूबा था।

Many wonderful and unbelievable things were reported of him
उनके बारे में कई अद्भुत और अविश्वसनीय बातें बताई गईं।

he had performed miracles
उसने चमत्कार किए थे।

he had overcome the devil
उसने शैतान पर काबू पा लिया था।

he had spoken to the gods
उसने देवताओं से बात की थी।

But his enemies and disbelievers said Gotama was a vain seducer
लेकिन उसके दुश्मनों और काफिरों ने कहा कि गोटामा एक व्यर्थ बहकाने वाला था।

they said he spent his days in luxury
उन्होंने कहा कि उन्होंने अपने दिन विलासिता में बिताए।

they said he scorned the offerings

उन्होंने कहा कि उसने चढ़ावे को ठुकरा दिया।
they said he was without learning
उन्होंने कहा कि वह बिना कुछ सीखे था।
they said he knew neither meditative exercises nor self-castigation
उन्होंने कहा कि वह न तो ध्यान अभ्यास जानता था और न ही आत्म-संयम जानता था।
The myth of Buddha sounded sweet
बुद्ध का मिथक मीठा लग रहा था।
The scent of magic flowed from these reports
इन रिपोर्टों से जादू की खुशबू बह निकली।
After all, the world was sick, and life was hard to bear
आखिरकार, दुनिया बीमार थी, और जीवन को सहन करना मुश्किल था।
and behold, here a source of relief seemed to spring forth
और देखो, यहाँ राहत का एक स्रोत सामने आ रहा था।
here a messenger seemed to call out
यहाँ एक दूत पुकारता प्रतीत हुआ।
comforting, mild, full of noble promises
आरामदायक, सौम्य, महान वादों से भरा
Everywhere where the rumour of Buddha was heard, the young men listened up
हर जगह जहां बुद्ध की अफवाह सुनी गई, युवकों ने सुना।
everywhere in the lands of India they felt a longing
भारत की भूमि में हर जगह उन्हें एक लालसा महसूस हुई।
everywhere where the people searched, they felt hope
हर जगह जहां लोगों ने खोज की, उन्हें आशा महसूस हुई।
every pilgrim and stranger was welcome when he brought news of him
हर तीर्थयात्री और अजनबी का स्वागत किया गया जब वह उसके बारे में खबर लाया।
the exalted one, the Sakyamuni
महान व्यक्ति, शाक्यमुनि
The myth had also reached the Samanas in the forest

यह मिथक जंगल में समानों तक भी पहुंच गया था।
and Siddhartha and Govinda heard the myth too
और सिद्धार्थ और गोविंदा ने भी इस मिथक को सुना
slowly, drop by drop, they heard the myth
धीरे-धीरे, बूंद-बूंद करके, उन्होंने मिथक सुना।
every drop was laden with hope
हर बूंद आशा से लदी हुई थी।
every drop was laden with doubt
हर बूंद संदेह से भरी हुई थी।
They rarely talked about it
वे शायद ही कभी इसके बारे में बात करते थे।
because the oldest one of the Samanas did not like this myth
क्योंकि समनों में से सबसे पुराने को यह मिथक पसंद नहीं था।
he had heard that this alleged Buddha used to be an ascetic
उन्होंने सुना था कि यह कथित बुद्ध एक तपस्वी हुआ करते थे।
he heard he had lived in the forest
उसने सुना कि वह जंगल में रहता था।
but he had turned back to luxury and worldly pleasures
लेकिन वह विलासिता और सांसारिक सुखों की ओर वापस मुड़ गया था।
and he had no high opinion of this Gotama
और इस गोतम के बारे में उनकी कोई उच्च राय नहीं थी।
"Oh Siddhartha," Govinda spoke one day to his friend
"ओह सिद्धार्थ," गोविंदा ने एक दिन अपने दोस्त से बात की।
"Today, I was in the village"
"आज, मैं गाँव में था"
"and a Brahman invited me into his house"
"और एक ब्राह्मण ने मुझे अपने घर में आमंत्रित किया"
"and in his house, there was the son of a Brahman from Magadha"
"और उसके घर में मगध के एक ब्राह्मण का पुत्र था"
"he has seen the Buddha with his own eyes"
"उसने बुद्ध को अपनी आँखों से देखा है"
"and he has heard him teach"

"और उसने उसे सिखाते हुए सुना है"
"Verily, this made my chest ache when I breathed"
"निश्चित रूप से, जब मैंने सांस ली तो इससे मेरी छाती में दर्द हुआ"
"and I thought this to myself:"
"और मैंने खुद को यह सोचा: "
"if only we heard the teachings from the mouth of this perfected man!"
"काश हम इस सिद्ध व्यक्ति के मुंह से शिक्षाओं को सुनते!
"Speak, friend, wouldn't we want to go there too"
"बोलो दोस्त, क्या हम भी वहाँ नहीं जाना चाहेंगे?
"wouldn't it be good to listen to the teachings from the Buddha's mouth?"
"क्या बुद्ध के मुंह से शिक्षाओं को सुनना अच्छा नहीं होगा?
Spoke Siddhartha, "I had thought you would stay with the Samanas"
सिद्धार्थ बोले, "मैंने सोचा था कि तुम सामनाओं के साथ रहोगे"
"I always had believed your goal was to live to be seventy"
"मुझे हमेशा विश्वास था कि आपका लक्ष्य सत्तर तक जीना था।
"I thought you would keep practising those feats and exercises"
"मैंने सोचा था कि आप उन करतबों और अभ्यासों का अभ्यास करना जारी रखेंगे"
"and I thought you would become a Samana"
"और मैंने सोचा था कि तुम एक सामना बन जाओगे"
"But behold, I had not known Govinda well enough"
"लेकिन देखो, मैं गोविंदा को अच्छी तरह से नहीं जानता था"
"I knew little of his heart"
"मैं उसके दिल के बारे में बहुत कम जानता था"
"So now you want to take a new path"
"तो अब आप एक नया रास्ता लेना चाहते हैं"
"and you want to go there where the Buddha spreads his teachings"
"और आप वहां जाना चाहते हैं जहां बुद्ध अपनी शिक्षाओं का प्रसार करते हैं"

Spoke Govinda, "You're mocking me"
गोविंदा बोले, "तुम मेरा मजाक उड़ा रहे हो"
"Mock me if you like, Siddhartha!"
"अगर तुम चाहो तो मेरा मजाक उड़ाओ, सिद्धार्थ!"
"But have you not also developed a desire to hear these teachings?"
"लेकिन क्या तुम लोगों में भी इन शिक्षाओं को सुनने की इच्छा पैदा नहीं हुई है?
"have you not said you would not walk the path of the Samanas for much longer?"
"क्या तुमने यह नहीं कहा है कि तुम समानों के मार्ग पर अधिक समय तक नहीं चलोगे?
At this, Siddhartha laughed in his very own manner
इस पर सिद्धार्थ अपने ही अंदाज में हंस पड़े।
the manner in which his voice assumed a touch of sadness
जिस तरह से उसकी आवाज़ ने उदासी का स्पर्श ग्रहण किया
but it still had that touch of mockery
लेकिन इसमें अभी भी मजाक का स्पर्श था।
Spoke Siddhartha, "Govinda, you've spoken well"
सिद्धार्थ बोले, "गोविंदा, आपने अच्छा बोला है"
"you've remembered correctly what I said"
"आपने सही ढंग से याद किया है कि मैंने क्या कहा था"
"If only you remembered the other thing you've heard from me"
"अगर आपको दूसरी बात याद है जो आपने मुझसे सुनी है।
"I have grown distrustful and tired against teachings and learning"
"मैं शिक्षाओं और सीखने के खिलाफ अविश्वास और थका हुआ हो गया हूं"
"my faith in words, which are brought to us by teachers, is small"
"शब्दों में मेरा विश्वास, जो शिक्षकों द्वारा हमारे लिए लाया जाता है, छोटा है।
"But let's do it, my dear"

"लेकिन चलो यह करते हैं, मेरे प्रिय"
"I am willing to listen to these teachings"
"मैं इन शिक्षाओं को सुनने के लिए तैयार हूं"
"though in my heart I do not have hope"
"हालांकि मेरे दिल में आशा नहीं है।
"I believe that we've already tasted the best fruit of these teachings"
"मुझे विश्वास है कि हम पहले से ही इन शिक्षाओं का सबसे अच्छा फल चख चुके हैं।
Spoke Govinda, "Your willingness delights my heart"
गोविंदा बोले, "आपकी इच्छा मेरे दिल को प्रसन्न करती है"
"But tell me, how should this be possible?"
"लेकिन मुझे बताओ, यह कैसे संभव होना चाहिए?
"How can the Gotama's teachings have already revealed their best fruit to us?"
"गोटामा की शिक्षाओं ने पहले से ही हमारे लिए अपना सबसे अच्छा फल कैसे प्रकट किया है?
"we have not heard his words yet"
"हमने अभी तक उनके शब्द नहीं सुने हैं"
Spoke Siddhartha, "Let us eat this fruit"
सिद्धार्थ बोले, "आओ हम इस फल को खाएं"
"and let us wait for the rest, oh Govinda!"
"और हमें बाकी के लिए इंतजार करना चाहिए, ओह गोविंदा!"
"But this fruit consists in him calling us away from the Samanas"
"लेकिन इस फल में वह हमें सामनाओं से दूर बुलाने में शामिल है।
"and we have already received it thanks to the Gotama!"
"और हम पहले ही इसे गोटामा की बदौलत प्राप्त कर चुके हैं!"
"Whether he has more, let us await with calm hearts"
"क्या उनके पास और अधिक है, हमें शांत दिल से इंतजार करना चाहिए।

On this very same day Siddhartha spoke to the oldest Samana

इसी दिन सिद्धार्थ ने सबसे पुराने सामना से बात की।

he told him of his decision to leaves the Samanas
उन्होंने उन्हें समानाओं को छोड़ने के अपने फैसले के बारे में बताया।

he informed the oldest one with courtesy and modesty
उसने शिष्टाचार और विनम्रता के साथ सबसे पुराने को सूचित किया।

but the Samana became angry that the two young men wanted to leave him
लेकिन सामना नाराज हो गया कि दोनों युवक उसे छोड़ना चाहते हैं।

and he talked loudly and used crude words
और उसने जोर से बात की और असभ्य शब्दों का इस्तेमाल किया।

Govinda was startled and became embarrassed
गोविंदा चौंक गए और शर्मिंदा हो गए।

But Siddhartha put his mouth close to Govinda's ear
लेकिन सिद्धार्थ ने अपना मुंह गोविंदा के कान के पास रख दिया।

"Now, I want to show the old man what I've learned from him"
"अब, मैं बूढ़े आदमी को दिखाना चाहता हूं कि मैंने उससे क्या सीखा है।

Siddhartha positioned himself closely in front of the Samana
सिद्धार्थ ने सामना के सामने खुद को बारीकी से तैनात किया।

with a concentrated soul, he captured the old man's glance
एक केंद्रित आत्मा के साथ, उसने बूढ़े आदमी की नज़र को कैद कर लिया।

he deprived him of his power and made him mute
उसने उसे उसकी शक्ति से वंचित कर दिया और उसे मूक बना दिया।

he took away his free will
उसने उसकी स्वतंत्र इच्छा छीन ली।

he subdued him under his own will, and commanded him
उसने अपनी इच्छा के तहत उसे वश में किया, और उसे आज्ञा दी।

his eyes became motionless, and his will was paralysed
उसकी आँखें गतिहीन हो गईं, और उसकी इच्छा लकवाग्रस्त हो गई।

his arms were hanging down without power
उसकी बाहें बिना शक्ति के लटक रही थीं।

he had fallen victim to Siddhartha's spell

वह सिद्धार्थ के जादू का शिकार हो गए थे।

Siddhartha's thoughts brought the Samana under their control
सिद्धार्थ के विचारों ने सामना को अपने नियंत्रण में ला दिया।

he had to carry out what they commanded
उन्होंने जो आदेश दिया उसे पूरा करना था।

And thus, the old man made several bows
और इस प्रकार, बूढ़े आदमी ने कई धनुष बनाए।

he performed gestures of blessing
उन्होंने आशीर्वाद के इशारों का प्रदर्शन किया।

he spoke stammeringly a godly wish for a good journey
उन्होंने हकलाते हुए एक अच्छी यात्रा के लिए एक ईश्वरीय इच्छा व्यक्त की।

the young men returned the good wishes with thanks
युवाओं ने धन्यवाद के साथ शुभकामनाएं वापस कीं।

they went on their way with salutations
वे नमस्कार के साथ अपने रास्ते पर चले गए।

On the way, Govinda spoke again
रास्ते में गोविंदा फिर बोले।

"Oh Siddhartha, you have learned more from the Samanas than I knew"
"हे सिद्धार्थ, मैंने जितना जाना उससे कहीं ज्यादा सामना से सीखा है"

"It is very hard to cast a spell on an old Samana"
"एक पुराने सामना पर जादू करना बहुत मुश्किल है"

"Truly, if you had stayed there, you would soon have learned to walk on water"
"वास्तव में, यदि आप वहां रहते, तो आप जल्द ही पानी पर चलना सीख गए होते।

"I do not seek to walk on water" said Siddhartha
"मैं पानी पर चलना नहीं चाहता," सिद्धार्थ ने कहा।

"Let old Samanas be content with such feats!"
"पुराने समानों को ऐसे करतबों से संतुष्ट होने दो!"

Awakening
जागृति

In Savathi, every child knew the name of the exalted Buddha
सावती में, हर बच्चा महान बुद्ध का नाम जानता था।

every house was prepared for his coming
हर घर उसके आने के लिए तैयार था।

each house filled the alms-dishes of Gotama's disciples
प्रत्येक घर में गोतमा के शिष्यों के भिक्षा-व्यंजन भरे गए।

Gotama's disciples were the silently begging ones
गोतमा के शिष्य चुपचाप भीख माँगने वाले थे।

Near the town was Gotama's favourite place to stay
शहर के पास गोटामा का रहने के लिए पसंदीदा स्थान था।

he stayed in the garden of Jetavana
वह जेतवन के बगीचे में रुका

the rich merchant Anathapindika had given the garden to Gotama
अमीर व्यापारी अनथपिंडिका ने बाग को गोटामा को दे दिया था।

he had given it to him as a gift
उन्होंने इसे उपहार के रूप में दिया था।

he was an obedient worshipper of the exalted one
वह महान का आज्ञाकारी उपासक था

the two young ascetics had received tales and answers
दो युवा तपस्वियों को किस्से और जवाब मिले थे।

all these tales and answers pointed them to Gotama's abode
इन सभी कहानियों और उत्तरों ने उन्हें गोटामा के निवास की ओर इशारा किया।

they arrived in the town of Savathi
वे सावती शहर में पहुंचे।

they went to the very first door of the town
वे शहर के पहले दरवाजे पर गए।

and they begged for food at the door

और उन्होंने दरवाजे पर भोजन के लिए भीख मांगी।
a woman offered them food
एक महिला ने उन्हें भोजन कराया।
and they accepted the food
और उन्होंने भोजन स्वीकार कर लिया।
Siddhartha asked the woman
सिद्धार्थ ने महिला से पूछा।
"oh charitable one, where does the Buddha dwell?"
"हे धर्मार्थ, बुद्ध कहाँ रहते हैं?
"we are two Samanas from the forest"
"हम जंगल से दो समाना हैं"
"we have come to see the perfected one"
"हम परिपूर्ण व्यक्ति को देखने आए हैं"
"we have come to hear the teachings from his mouth"
"हम उनके मुंह से उपदेश सुनने आए हैं"
Spoke the woman, "you Samanas from the forest"
औरत ने कहा, "तुम जंगल से सामनास"
"you have truly come to the right place"
"आप वास्तव में सही जगह पर आए हैं"
"you should know, in Jetavana, there is the garden of Anathapindika"
"तुम्हें पता होना चाहिए, जेतवन में, अनथपिंडिका का बगीचा है"
"that is where the exalted one dwells"
"यही वह जगह है जहाँ महान व्यक्ति रहता है"
"there you pilgrims shall spend the night"
"वहाँ तुम तीर्थयात्री रात बिताओगे"
"there is enough space for the innumerable, who flock here"
"असंख्य लोगों के लिए पर्याप्त जगह है, जो यहां आते हैं"
"they too come to hear the teachings from his mouth"
"वे भी उसके मुख से शिक्षाएँ सुनने आते हैं"
This made Govinda happy, and full of joy
इससे गोविंदा खुश हो गए, और खुशी से भरे हुए।
he exclaimed, "we have reached our destination"

उन्होंने कहा, "हम अपनी मंजिल पर पहुंच गए हैं"
"our path has come to an end!"
"हमारा रास्ता समाप्त हो गया है!
"But tell us, oh mother of the pilgrims"
"लेकिन हमें बताओ, हे तीर्थयात्रियों की माँ"
"do you know him, the Buddha?"
"क्या तुम उसे, बुद्ध को जानते हो?
"have you seen him with your own eyes?"
"क्या तुमने उसे अपनी आँखों से देखा है?
Spoke the woman, "Many times I have seen him, the exalted one"
उस स्त्री ने कहा, "मैंने उसे कई बार देखा है, जो महान है।
"On many days I have seen him"
"मैंने उसे कई दिनों से देखा है"
"I have seen him walking through the alleys in silence"
"मैंने उसे चुपचाप गलियों में घूमते हुए देखा है"
"I have seen him wearing his yellow cloak"
"मैंने उसे अपना पीला लबादा पहने देखा है"
"I have seen him presenting his alms-dish in silence"
"मैंने उसे चुपचाप अपनी भिक्षा-पकवान प्रस्तुत करते हुए देखा है"
"I have seen him at the doors of the houses"
"मैंने उसे घरों के दरवाजे पर देखा है"
"and I have seen him leaving with a filled dish"
"और मैंने उसे एक भरे हुए पकवान के साथ जाते देखा है"
Delightedly, Govinda listened to the woman
खुशी से गोविंदा ने उस महिला की बात सुनी।
and he wanted to ask and hear much more
और वह और भी बहुत कुछ पूछना और सुनना चाहता था।
But Siddhartha urged him to walk on
लेकिन सिद्धार्थ ने उनसे चलने का आग्रह किया।
They thanked the woman and left
उन्होंने महिला को धन्यवाद दिया और चले गए।
they hardly had to ask for directions

उन्हें शायद ही कोई निर्देश मांगना पड़ता था।

many pilgrims and monks were on their way to the Jetavana

कई तीर्थयात्री और भिक्षु जेतवन के रास्ते में थे।

they reached it at night, so there were constant arrivals

वे रात में वहां पहुंचे, इसलिए लगातार आने-जाने का सिलसिला जारी रहा।

and those who sought shelter got it

और जिन लोगों ने आश्रय मांगा उन्हें यह मिल गया

The two Samanas were accustomed to life in the forest

दोनों सामना जंगल में जीवन के आदी थे।

so without making any noise they quickly found a place to stay

इसलिए बिना कोई शोर मचाए उन्हें जल्दी से रहने के लिए एक जगह मिल गई।

and they rested there until the morning

और वे सुबह तक वहीं आराम करते रहे।

At sunrise, they saw with astonishment the size of the crowd

सूर्योदय के समय, उन्होंने आश्चर्य के साथ भीड़ के आकार को देखा।

a great many number of believers had come

बड़ी संख्या में विश्वासी आए थे।

and a great number of curious people had spent the night here

और बड़ी संख्या में उत्सुक लोगों ने यहां रात बिताई थी।

On all paths of the marvellous garden, monks walked in yellow robes

अद्भुत बगीचे के सभी रास्तों पर, भिक्षु पीले वस्त्र ोः में चलते थे।

under the trees they sat here and there, in deep contemplation

पेड़ों के नीचे वे इधर-उधर गहरे चिंतन में बैठे थे।

or they were in a conversation about spiritual matters

या वे आध्यात्मिक मामलों के बारे में बातचीत कर रहे थे।

the shady gardens looked like a city

छायादार बगीचे एक शहर की तरह लग रहे थे।

a city full of people, bustling like bees
लोगों से भरा शहर, मधुमक्खियों की तरह हलचल
The majority of the monks went out with their alms-dish
अधिकांश भिक्षु अपने भिक्षा-पकवान के साथ बाहर गए।
they went out to collect food for their lunch
वे अपने दोपहर के भोजन के लिए भोजन इकट्ठा करने के लिए बाहर गए।
this would be their only meal of the day
यह उनके दिन का एकमात्र भोजन होगा।
The Buddha himself, the enlightened one, also begged in the mornings
स्वयं बुद्ध, जो प्रबुद्ध थे, भी सुबह में भीख मांगते थे।
Siddhartha saw him, and he instantly recognised him
सिद्धार्थ ने उसे देखा, और उसने तुरंत उसे पहचान लिया।
he recognised him as if a God had pointed him out
उसने उसे ऐसे पहचाना जैसे किसी भगवान ने उसे इंगित किया हो।
He saw him, a simple man in a yellow robe
उसने उसे देखा, एक पीले वस्त्र में एक साधारण आदमी।
he was bearing the alms-dish in his hand, walking silently
वह हाथ में भिक्षा-पकवान लिए हुए था, चुपचाप चल रहा था।
"Look here!" Siddhartha said quietly to Govinda
"इधर देखो! सिद्धार्थ ने गोविंदा से चुपचाप कहा
"This one is the Buddha"
"यह बुद्ध है"
Attentively, Govinda looked at the monk in the yellow robe
ध्यान से, गोविंदा ने पीले वस्त्र में साधु को देखा।
this monk seemed to be in no way different from any of the others
यह भिक्षु किसी भी तरह से दूसरों से अलग नहीं लग रहा था।
but soon, Govinda also realized that this is the one
लेकिन जल्द ही, गोविंदा को भी एहसास हुआ कि यह वही है
And they followed him and observed him
और उन्होंने उसका पीछा किया और उसे देखा।
The Buddha went on his way, modestly and deep in his

thoughts
बुद्ध अपने रास्ते पर चले गए, विनम्रता से और अपने विचारों में गहरे।
his calm face was neither happy nor sad
उसका शांत चेहरा न तो खुश था और न ही उदास।
his face seemed to smile quietly and inwardly
उसका चेहरा चुपचाप और अंदर से मुस्कुरा रहा था।
his smile was hidden, quiet and calm
उसकी मुस्कान छिपी हुई, शांत और शांत थी।
the way the Buddha walked somewhat resembled a healthy child
जिस तरह से बुद्ध चलते थे, वह कुछ हद तक एक स्वस्थ बच्चे जैसा दिखता था।
he walked just as all of his monks did
वह अपने सभी भिक्षुओं की तरह चलता था।
he placed his feet according to a precise rule
उसने एक सटीक नियम के अनुसार अपने पैर रखे।
his face and his walk, his quietly lowered glance
उसका चेहरा और उसका चलना, उसकी चुपचाप नीची नज़र
his quietly dangling hand, every finger of it
उसका चुपचाप झूलता हुआ हाथ, उसकी हर उंगली
all these things expressed peace
इन सब बातों ने शांति व्यक्त की।
all these things expressed perfection
इन सभी चीजों ने पूर्णता व्यक्त की।
he did not search, nor did he imitate
उसने न तो खोज की, न ही नकल की।
he softly breathed inwardly an unwhithering calm
उसने धीरे से अंदर की ओर एक शांत सांस ली।
he shone outwardly an unwhithering light
वह बाहरी रूप से एक धुंधली रोशनी से चमक रहा था।
he had about him an untouchable peace
उनके मन में एक अछूत शांति थी।
the two Samanas recognised him solely by the perfection of

his calm
दोनों समानों ने उन्हें केवल उनके शांत स्वभाव की पूर्णता से पहचाना।

they recognized him by the quietness of his appearance
उन्होंने उसे उसके रूप की शांति से पहचान लिया।

the quietness in his appearance in which there was no searching
उसके रूप में वह खामोशी जिसमें कोई खोज नहीं थी

there was no desire, nor imitation
न कोई इच्छा थी, न ही नकल।

there was no effort to be seen
देखने की कोई कोशिश नहीं की गई।

only light and peace was to be seen in his appearance
उसके रूप में केवल प्रकाश और शांति दिखाई दे रही थी।

"Today, we'll hear the teachings from his mouth" said Govinda
गोविंदा ने कहा, "आज, हम उनके मुंह से शिक्षा सुनेंगे।

Siddhartha did not answer
सिद्धार्थ ने नहीं दिया कोई जवाब

He felt little curiosity for the teachings
उन्होंने शिक्षाओं के लिए बहुत कम जिज्ञासा महसूस की।

he did not believe that they would teach him anything new
उसे विश्वास नहीं था कि वे उसे कुछ नया सिखाएंगे।

he had heard the contents of this Buddha's teachings again and again
उन्होंने बुद्ध की इस शिक्षाओं की विषयवस्तु को बार-बार सुना था।

but these reports only represented second hand information
लेकिन ये रिपोर्ट केवल सेकंड हैंड जानकारी का प्रतिनिधित्व करती हैं।

But attentively he looked at Gotama's head
लेकिन ध्यान से उसने गोतमा के सिर को देखा।

his shoulders, his feet, his quietly dangling hand
उसके कंधे, उसके पैर, उसका चुपचाप झूलता हुआ हाथ

it was as if every finger of this hand was of these teachings
ऐसा लगता था जैसे इस हाथ की हर उंगली इन शिक्षाओं की थी।

his fingers spoke of truth
उसकी उँगलियाँ सच बोल रही थीं।

his fingers breathed and exhaled the fragrance of truth
उसकी उँगलियों ने साँस ली और सत्य की सुगंध को बाहर निकाला।

his fingers glistened with truth
उसकी उँगलियाँ सच्चाई से चमक रही थीं।

this Buddha was truthful down to the gesture of his last finger
यह बुद्ध अपनी अंतिम उंगली के इशारे के प्रति सच्चे थे।

Siddhartha could see that this man was holy
सिद्धार्थ देख सकते थे कि यह आदमी पवित्र था।

Never before, Siddhartha had venerated a person so much
इससे पहले कभी भी सिद्धार्थ ने किसी व्यक्ति की इतनी पूजा नहीं की थी।

he had never before loved a person as much as this one
उसने पहले कभी किसी व्यक्ति से इतना प्यार नहीं किया था जितना इस ने किया था।

They both followed the Buddha until they reached the town
वे दोनों बुद्ध का अनुसरण करते रहे जब तक कि वे शहर में नहीं पहुंच गए।

and then they returned to their silence
और फिर वे अपनी चुप्पी पर लौट आए।

they themselves intended to abstain on this day
वे स्वयं इस दिन अनुपस्थित रहने का इरादा रखते थे।

They saw Gotama returning the food that had been given to him
उन्होंने देखा कि गोटामा उसे दिया गया भोजन लौटा रहा है।

what he ate could not even have satisfied a bird's appetite
उसने जो खाया वह एक पक्षी की भूख भी संतुष्ट नहीं कर सकता था।

and they saw him retiring into the shade of the mango-trees
और उन्होंने उसे आम के पेड़ों की छाया में रिटायर होते देखा

in the evening the heat had cooled down
शाम होते-होते गर्मी ठंडी हो गई।

everyone in the camp started to bustle about and gathered

around

शिविर में हर कोई हलचल शुरू कर देता है और चारों ओर इकट्ठा हो जाता है।

they heard the Buddha teaching, and his voice

उन्होंने बुद्ध की शिक्षाओं और उनकी वाणी को सुना।

and his voice was also perfected

और उसकी आवाज़ भी परफेक्ट थी।

his voice was of perfect calmness

उसकी आवाज पूर्ण शांति की थी।

his voice was full of peace

उसकी आवाज शांति से भरी हुई थी।

Gotama taught the teachings of suffering

गोटामा ने सिखाया दुख की सीख

he taught of the origin of suffering

उन्होंने दुख की उत्पत्ति के बारे में सिखाया।

he taught of the way to relieve suffering

उन्होंने दुख को दूर करने का तरीका सिखाया।

Calmly and clearly his quiet speech flowed on

शांति से और स्पष्ट रूप से उनका शांत भाषण बह रहा था।

Suffering was life, and full of suffering was the world

दुख ही जीवन था, और दुख से भरा संसार था।

but salvation from suffering had been found

लेकिन दुख से मुक्ति मिल गई थी।

salvation was obtained by him who would walk the path of the Buddha

मोक्ष उसी को प्राप्त हुआ जो बुद्ध के मार्ग पर चलेगा।

With a soft, yet firm voice the exalted one spoke

एक नरम, लेकिन दृढ़ आवाज के साथ महान व्यक्ति बोला

he taught the four main doctrines

उन्होंने चार मुख्य सिद्धांतों को पढ़ाया।

he taught the eight-fold path

उन्होंने अष्टांग मार्ग सिखाया।

patiently he went the usual path of the teachings

धैर्यपूर्वक वह शिक्षाओं के सामान्य मार्ग पर चले गए।

his teachings contained the examples
उनकी शिक्षाओं में उदाहरण शामिल थे।

his teaching made use of the repetitions
उनकी शिक्षा ने दोहराव का उपयोग किया।

brightly and quietly his voice hovered over the listeners
उज्ज्वल और चुपचाप उसकी आवाज़ श्रोताओं पर मंडरा रही थी।

his voice was like a light
उसकी आवाज एक रोशनी की तरह थी।

his voice was like a starry sky
उसकी आवाज तारों से भरे आसमान की तरह थी।

When the Buddha ended his speech, many pilgrims stepped forward
जब बुद्ध ने अपना भाषण समाप्त किया, तो कई तीर्थयात्री आगे बढ़े।

they asked to be accepted into the community
उन्होंने समुदाय में स्वीकार किए जाने के लिए कहा।

they sought refuge in the teachings
उन्होंने शिक्षाओं में शरण मांगी।

And Gotama accepted them by speaking
और गोतम ने उन्हें बोलकर स्वीकार कर लिया।

"You have heard the teachings well"
"आपने शिक्षाओं को अच्छी तरह से सुना है"

"join us and walk in holiness"
"हमसे जुड़ें और पवित्रता में चलें"

"put an end to all suffering"
"सभी दुखों का अंत करें"

Behold, then Govinda, the shy one, also stepped forward and spoke
देखो, फिर शर्मीले गोविंदा ने भी आगे बढ़कर अपनी बात रखी।

"I also take my refuge in the exalted one and his teachings"
"मैं भी महान व्यक्ति और उसकी शिक्षाओं में अपनी शरण लेता हूं"

and he asked to be accepted into the community of his disciples
और उसने अपने शिष्यों के समुदाय में स्वीकार किए जाने के लिए कहा।

and he was accepted into the community of Gotama's disciples
और उन्हें गोटामा के शिष्यों के समुदाय में स्वीकार कर लिया गया।

the Buddha had retired for the night
बुद्ध रात के लिए सेवानिवृत्त हो गए थे।
Govinda turned to Siddhartha and spoke eagerly
गोविंदा सिद्धार्थ की ओर मुड़े और उत्सुकता से बोले।
"Siddhartha, it is not my place to scold you"
"सिद्धार्थ, तुम्हें डांटना मेरी जगह नहीं है"
"We have both heard the exalted one"
"हम दोनों ने महान को सुना है"
"we have both perceived the teachings"
"हम दोनों ने शिक्षाओं को महसूस किया है"
"Govinda has heard the teachings"
"गोविंदा ने शिक्षाओं को सुना है"
"he has taken refuge in the teachings"
"उन्होंने शिक्षाओं की शरण ली है"
"But, my honoured friend, I must ask you"
"लेकिन, मेरे सम्मानित दोस्त, मुझे आपसे पूछना चाहिए।
"don't you also want to walk the path of salvation?"
"क्या तुम भी उद्धार के मार्ग पर चलना नहीं चाहते हो?
"Would you want to hesitate?"
"क्या आप संकोच करना चाहेंगे?
"do you want to wait any longer?"
"क्या आप और अधिक इंतजार करना चाहते हैं?
Siddhartha awakened as if he had been asleep
सिद्धार्थ ऐसे जाग गया जैसे वह सो गया हो।
For a long time, he looked into Govinda's face
काफी देर तक वह गोविंदा के चेहरे में देखते रहे।
Then he spoke quietly, in a voice without mockery
फिर वह चुपचाप, बिना मजाक के एक आवाज में बोला।
"Govinda, my friend, now you have taken this step"

"गोविंदा, मेरे दोस्त, अब तुमने यह कदम उठाया है"
"now you have chosen this path"
"अब तुमने यह रास्ता चुन लिया है"
"Always, oh Govinda, you've been my friend"
"हमेशा, ओह गोविंदा, तुम मेरे दोस्त रहे हो"
"you've always walked one step behind me"
"आप हमेशा मेरे पीछे एक कदम चले हैं।
"Often I have thought about you"
"अक्सर मैंने तुम्हारे बारे में सोचा है"
"'Won't Govinda for once also take a step by himself'"
'क्या गोविंदा एक बार के लिए भी खुद से कदम नहीं उठाएंगे'
"'won't Govinda take a step without me?'"
'क्या गोविंदा मेरे बिना एक कदम भी नहीं उठाएंगे?'
"'won't he take a step driven by his own soul?'"
"क्या वह अपनी आत्मा से प्रेरित एक कदम नहीं उठाएगा?
"Behold, now you've turned into a man"
"देखो, अब तुम एक आदमी में बदल गए हो।
"you are choosing your path for yourself"
"आप अपने लिए अपना रास्ता चुन रहे हैं"
"I wish that you would go it up to its end"
"मैं चाहता हूं कि आप इसे इसके अंत तक ले जाएं।
"oh my friend, I hope that you shall find salvation!"
"हे मेरे दोस्त, मुझे आशा है कि आपको उद्धार मिलेगा!

Govinda, did not completely understand it yet
गोविंदा, अभी तक इसे पूरी तरह से समझ नहीं पाए थे।

he repeated his question in an impatient tone
उसने अधीर स्वर में अपना प्रश्न दोहराया।

"Speak up, I beg you, my dear!"
"बोलो, मैं तुमसे भीख माँगता हूँ, मेरे प्रिय!
"Tell me, since it could not be any other way"
"मुझे बताओ, क्योंकि यह कोई अन्य तरीका नहीं हो सकता है"
"won't you also take your refuge with the exalted Buddha?"
"क्या तुम भी महान बुद्ध की शरण नहीं लोगे?

Siddhartha placed his hand on Govinda's shoulder
सिद्धार्थ ने गोविंदा के कंधे पर हाथ रखा

"You failed to hear my good wish for you"
"आप अपने लिए मेरी शुभकामना सुनने में विफल रहे"

"I'm repeating my wish for you"
"मैं आपके लिए अपनी इच्छा दोहरा रहा हूं"

"I wish that you would go this path"
"मैं चाहता हूं कि आप इस रास्ते पर चलें"

"I wish that you would go up to this path's end"
"मैं चाहता हूं कि आप इस रास्ते के अंत तक जाएं।

"I wish that you shall find salvation!"
"मैं चाहता हूं कि आपको उद्धार मिले!

In this moment, Govinda realized that his friend had left him
इसी पल में गोविंदा को एहसास हुआ कि उनका दोस्त उन्हें छोड़कर चला गया है।

when he realized this he started to weep
जब उसे इस बात का एहसास हुआ तो वह रोने लगा।

"Siddhartha!" he exclaimed lamentingly
"सिद्धार्थ!" उसने विलाप करते हुए कहा।

Siddhartha kindly spoke to him
सिद्धार्थ ने उनसे प्यार से बात की।

"don't forget, Govinda, who you are"
"मत भूलना, गोविंदा, तुम कौन हो"

"you are now one of the Samanas of the Buddha"
"अब आप बुद्ध के समनों में से एक हैं"

"You have renounced your home and your parents"
"आपने अपना घर और अपने माता-पिता को त्याग दिया है"

"you have renounced your birth and possessions"
"आपने अपने जन्म और संपत्ति का त्याग कर दिया है"

"you have renounced your free will"
"आपने अपनी स्वतंत्र इच्छा का त्याग कर दिया है"

"you have renounced all friendship"

"आपने सभी दोस्ती को त्याग दिया है"
"This is what the teachings require"
"यही वह है जो शिक्षाओं की आवश्यकता है"
"this is what the exalted one wants"
"यह वही है जो महान व्यक्ति चाहता है"
"This is what you wanted for yourself"
"यह वही है जो आप अपने लिए चाहते थे"
"Tomorrow, oh Govinda, I will leave you"
"कल, ओह गोविंदा, मैं तुम्हें छोड़ दूंगा"
For a long time, the friends continued walking in the garden
काफी देर तक दोस्त बाग में टहलते रहे।

for a long time, they lay there and found no sleep
काफी देर तक वे वहीं पड़े रहे और उन्हें नींद नहीं आई।

And over and over again, Govinda urged his friend
और बार-बार गोविंदा ने अपने दोस्त से किया आग्रह

"why would you not want to seek refuge in Gotama's teachings?"
"आप गोटामा की शिक्षाओं में शरण क्यों नहीं लेना चाहेंगे?"
"what fault could you find in these teachings?"
"इन शिक्षाओं में तुम क्या दोष पा सकते हो?
But Siddhartha turned away from his friend
लेकिन सिद्धार्थ अपने दोस्त से दूर हो गए।

every time he said, "Be content, Govinda!"
हर बार उन्होंने कहा, "संतुष्ट रहो, गोविंदा!"
"Very good are the teachings of the exalted one"
"महान व्यक्ति की शिक्षाएँ बहुत अच्छी हैं"
"how could I find a fault in his teachings?"
"मैं उनकी शिक्षाओं में दोष कैसे पा सकता हूं?

it was very early in the morning
सुबह का समय बहुत सुबह का था।

one of the oldest monks went through the garden
सबसे पुराने भिक्षुओं में से एक बगीचे के माध्यम से चला गया।

he called to those who had taken their refuge in the teachings
उन्होंने उन लोगों को बुलाया जिन्होंने शिक्षाओं में अपनी शरण ली थी।

he called them to dress them up in the yellow robe
उसने उन्हें पीले वस्त्र पहनाने के लिए बुलाया।

and he instruct them in the first teachings and duties of their position
और वह उन्हें उनकी स्थिति की पहली शिक्षाओं और कर्तव्यों में निर्देश देता है।

Govinda once again embraced his childhood friend
गोविंदा ने एक बार फिर अपने बचपन के दोस्त को गले लगाया

and then he left with the novices
और फिर वह नौसिखियों के साथ चला गया।

But Siddhartha walked through the garden, lost in thought
लेकिन सिद्धार्थ सोच में खोए हुए बगीचे के माध्यम से चला गया।

Then he happened to meet Gotama, the exalted one
फिर उसकी मुलाकात महान व्यक्ति गोतमा से हुई।

he greeted him with respect
उन्होंने सम्मान के साथ उनका अभिवादन किया।

the Buddha's glance was full of kindness and calm
बुद्ध की दृष्टि दयालुता और शांति से भरी हुई थी।

the young man summoned his courage
युवक ने अपनी हिम्मत बुलवाई।

he asked the venerable one for the permission to talk to him
उसने आदरणीय से बात करने की अनुमति मांगी।

Silently, the exalted one nodded his approval
चुपचाप, महान व्यक्ति ने अपनी स्वीकृति में सिर हिलाया।

Spoke Siddhartha, "Yesterday, oh exalted one"
सिद्धार्थ बोले, "कल, ओह उच्च"

"I had been privileged to hear your wondrous teachings"
"मुझे आपकी अद्भुत शिक्षाओं को सुनने का सौभाग्य मिला था"

"Together with my friend, I had come from afar, to hear your teachings"

"अपने दोस्त के साथ, मैं दूर से आया था, आपकी शिक्षाओं को सुनने के लिए।
"And now my friend is going to stay with your people"
"और अब मेरा दोस्त आपके लोगों के साथ रहने जा रहा है"
"he has taken his refuge with you"
"उसने तुम्हारी शरण ली है"
"But I will again start on my pilgrimage"
"लेकिन मैं फिर से अपनी तीर्थयात्रा शुरू करूंगा"
"As you please," the venerable one spoke politely
"जैसा आप चाहें," आदरणीय व्यक्ति ने विनम्रता से बात की।
"Too bold is my speech," Siddhartha continued
सिद्धार्थ ने आगे कहा, "मेरा भाषण बहुत बोल्ड है।
"but I do not want to leave the exalted on this note"
"लेकिन मैं इस नोट पर महान नहीं छोड़ना चाहता"
"I want to share with the most venerable one my honest thoughts"
"मैं अपने ईमानदार विचारों को सबसे आदरणीय व्यक्ति के साथ साझा करना चाहता हूं।
"Does it please the venerable one to listen for one moment longer?"
"क्या आदरणीय व्यक्ति को एक पल के लिए सुनना अच्छा लगता है?
Silently, the Buddha nodded his approval
चुपचाप, बुद्ध ने अपनी स्वीकृति में सिर हिलाया।
Spoke Siddhartha, "oh most venerable one"
सिद्धार्थ बोले, "ओह सबसे आदरणीय"
"there is one thing I have admired in your teachings most of all"
"आपकी शिक्षाओं में एक चीज है जिसकी मैंने सबसे अधिक प्रशंसा की है।
"Everything in your teachings is perfectly clear"
"आपकी शिक्षाओं में सब कुछ पूरी तरह से स्पष्ट है"
"what you speak of is proven"
"आप जिस बारे में बात कर रहे हैं वह साबित हो गया है"
"you are presenting the world as a perfect chain"

"आप दुनिया को एक आदर्श श्रृंखला के रूप में प्रस्तुत कर रहे हैं"
"a chain which is never and nowhere broken"
"एक श्रृंखला जो कभी और कहीं भी नहीं टूटती है"
"an eternal chain the links of which are causes and effects"
"एक शाश्वत श्रृंखला, जिसके लिंक कारण और प्रभाव हैं"
"Never before, has this been seen so clearly"
"पहले कभी नहीं, यह इतना स्पष्ट रूप से देखा गया है"
"never before, has this been presented so irrefutably"
"पहले कभी नहीं, इसे इतने अकाट्य रूप से प्रस्तुत किया गया है"
"truly, the heart of every Brahman has to beat stronger with love"
"वास्तव में, हर ब्राह्मण के दिल को प्यार से मजबूत होना चाहिए।
"he has seen the world through your perfectly connected teachings"
"उन्होंने आपकी पूरी तरह से जुड़ी शिक्षाओं के माध्यम से दुनिया को देखा है।
"without gaps, clear as a crystal"
"अंतराल के बिना, एक क्रिस्टल के रूप में स्पष्ट"
"not depending on chance, not depending on Gods"
"मौके पर निर्भर नहीं, देवताओं पर निर्भर नहीं"
"he has to accept it whether it may be good or bad"
"उसे इसे स्वीकार करना होगा चाहे वह अच्छा हो या बुरा"
"he has to live by it whether it would be suffering or joy"
"उसे इसके साथ जीना होगा चाहे वह दुख या खुशी हो।
"but I do not wish to discuss the uniformity of the world"
"लेकिन मैं दुनिया की एकरूपता पर चर्चा नहीं करना चाहता"
"it is possible that this is not essential"
"यह संभव है कि यह आवश्यक नहीं है"
"everything which happens is connected"
"जो कुछ भी होता है वह जुड़ा हुआ है"
"the great and the small things are all encompassed"
"बड़ी और छोटी चीजें सभी शामिल हैं।
"they are connected by the same forces of time"

"वे समय की एक ही ताकत से जुड़े हुए हैं"
"they are connected by the same law of causes"
"वे कारणों के एक ही नियम से जुड़े हुए हैं"
"the causes of coming into being and of dying"
"अस्तित्व में आने और मरने के कारण"
"this is what shines brightly out of your exalted teachings"
"यह वही है जो आपकी महान शिक्षाओं से उज्ज्वल रूप से चमकता है"
"But, according to your very own teachings, there is a small gap"
"लेकिन, आपकी अपनी शिक्षाओं के अनुसार, एक छोटा सा अंतर है।
"this unity and necessary sequence of all things is broken in one place"
"सभी चीजों की यह एकता और आवश्यक क्रम एक ही स्थान पर टूट गया है"
"this world of unity is invaded by something alien"
"एकता की इस दुनिया पर किसी विदेशी चीज़ द्वारा आक्रमण किया गया है"
"there is something new, which had not been there before"
"कुछ नया है, जो पहले नहीं था"
"there is something which cannot be demonstrated"
"ऐसा कुछ है जिसे प्रदर्शित नहीं किया जा सकता है"
"there is something which cannot be proven"
"कुछ ऐसा है जिसे साबित नहीं किया जा सकता है"
"these are your teachings of overcoming the world"
"ये दुनिया पर काबू पाने की आपकी शिक्षाएं हैं"
"these are your teachings of salvation"
"ये उद्धार की आपकी शिक्षाएँ हैं"
"But with this small gap, the eternal breaks apart again"
"लेकिन इस छोटे से अंतर के साथ, अनन्त फिर से अलग हो जाता है।
"with this small breach, the law of the world becomes void"
"इस छोटे से उल्लंघन के साथ, दुनिया का कानून शून्य हो जाता है"
"Please forgive me for expressing this objection"
"कृपया मुझे इस आपत्ति को व्यक्त करने के लिए क्षमा करें"

Quietly, Gotama had listened to him, unmoved
चुपचाप, गोटामा ने उसकी बात सुनी, बिना विचलित हुए।
Now he spoke, the perfected one, with his kind and polite clear voice
अब वह अपनी दयालु और विनम्र स्पष्ट आवाज़ के साथ पूर्ण व्यक्ति से बोला।
"You've heard the teachings, oh son of a Brahman"
"तुमने शिक्षाओं को सुना है, हे ब्राह्मण के पुत्र"
"and good for you that you've thought about it this deeply"
"और आपके लिए अच्छा है कि आपने इसके बारे में इतनी गहराई से सोचा है।
"You've found a gap in my teachings, an error"
"आपने मेरी शिक्षाओं में एक अंतर पाया है, एक त्रुटि"
"You should think about this further"
"आपको इस बारे में आगे सोचना चाहिए"
"But be warned, oh seeker of knowledge, of the thicket of opinions"
"लेकिन हे ज्ञान के साधक, विचारों की गहराई से सावधान रहो।
"be warned of arguing about words"
"शब्दों के बारे में बहस करने की चेतावनी दी जाए"
"There is nothing to opinions"
"राय के लिए कुछ भी नहीं है"
"they may be beautiful or ugly"
"वे सुंदर या बदसूरत हो सकते हैं"
"opinions may be smart or foolish"
"राय स्मार्ट या मूर्खतापूर्ण हो सकती है"
"everyone can support opinions, or discard them"
"हर कोई राय का समर्थन कर सकता है, या उन्हें त्याग सकता है"
"But the teachings, you've heard from me, are no opinion"
"लेकिन शिक्षाएं, आपने मुझसे सुनी हैं, कोई राय नहीं है।
"their goal is not to explain the world to those who seek knowledge"
"उनका लक्ष्य दुनिया को उन लोगों को समझाना नहीं है जो ज्ञान की तलाश

करते हैं।

"They have a different goal"

"उनके पास एक अलग लक्ष्य है"

"their goal is salvation from suffering"

"उनका लक्ष्य पीड़ा से मुक्ति है"

"This is what Gotama teaches, nothing else"

"यह वही है जो गोतमा सिखाता है, और कुछ नहीं।

"I wish that you, oh exalted one, would not be angry with me" said the young man

"मैं चाहता हूँ कि आप, ओह, महान, मुझसे नाराज न हों" युवक ने कहा।

"I have not spoken to you like this to argue with you"

"मैंने आपसे बहस करने के लिए इस तरह से बात नहीं की है"

"I do not wish to argue about words"

"मैं शब्दों के बारे में बहस नहीं करना चाहता"

"You are truly right, there is little to opinions"

"आप वास्तव में सही हैं, विचारों के लिए बहुत कम है।

"But let me say one more thing"

"लेकिन मैं एक और बात कहना चाहता हूं"

"I have not doubted in you for a single moment"

"मैंने एक पल के लिए भी आप पर संदेह नहीं किया।

"I have not doubted for a single moment that you are Buddha"

"मैंने एक पल के लिए भी संदेह नहीं किया कि आप बुद्ध हैं।

"I have not doubted that you have reached the highest goal"

"मुझे संदेह नहीं है कि आप उच्चतम लक्ष्य तक पहुंच गए हैं"

"the highest goal towards which so many Brahmans are on their way"

"उच्चतम लक्ष्य जिसकी ओर इतने सारे ब्राहमण अपने रास्ते पर हैं"

"You have found salvation from death"

"आपने मृत्यु से उद्धार पाया है"

"It has come to you in the course of your own search"

"यह आपकी अपनी खोज के दौरान आपके पास आया है"

"it has come to you on your own path"

"यह आपके अपने रास्ते पर आपके पास आया है"

"it has come to you through thoughts and meditation"

"यह विचारों और ध्यान के माध्यम से आपके पास आया है"

"it has come to you through realizations and enlightenment"

"यह आपके पास अनुभूतियों और आत्मज्ञान के माध्यम से आया है"

"but it has not come to you by means of teachings!"

"लेकिन यह शिक्षाओं के माध्यम से आपके पास नहीं आया है!

"And this is my thought"

"और यह मेरा विचार है"

"nobody will obtain salvation by means of teachings!"

"शिक्षाओं के माध्यम से कोई भी उद्धार प्राप्त नहीं करेगा!

"You will not be able to convey your hour of enlightenment"

"आप अपने आत्मज्ञान के घंटे को व्यक्त करने में सक्षम नहीं होंगे"

"words of what has happened to you won't convey the moment!"

"आपके साथ जो हुआ है, उसके शब्द इस पल को व्यक्त नहीं करेंगे!

"The teachings of the enlightened Buddha contain much"

"प्रबुद्ध बुद्ध की शिक्षाओं में बहुत कुछ है"

"it teaches many to live righteously"

"यह कई लोगों को धार्मिकता से जीना सिखाता है"

"it teaches many to avoid evil"

"यह कई लोगों को बुराई से बचने के लिए सिखाता है"

"But there is one thing which these teachings do not contain"

"लेकिन एक बात है जो इन शिक्षाओं में शामिल नहीं है।

"they are clear and venerable, but the teachings miss something"

"वे स्पष्ट और आदरणीय हैं, लेकिन शिक्षाओं में कुछ कमी है।

"the teachings do not contain the mystery"

"शिक्षाओं में रहस्य नहीं है"

"the mystery of what the exalted one has experienced for himself"

"महान व्यक्ति ने अपने लिए क्या अनुभव किया है, इसका रहस्य"

"among hundreds of thousands, only he experienced it"

"सैकड़ों हजारों के बीच, केवल उसने इसका अनुभव किया।

"This is what I have thought and realized, when I heard the teachings"

"यह वही है जो मैंने सोचा और महसूस किया है, जब मैंने शिक्षाओं को सुना है।

"This is why I am continuing my travels"

"यही कारण है कि मैं अपनी यात्रा जारी रख रहा हूं"

"this is why I do not to seek other, better teachings"

"यही कारण है कि मैं अन्य, बेहतर शिक्षाओं की तलाश नहीं करता।

"I know there are no better teachings"

"मुझे पता है कि कोई बेहतर शिक्षा नहीं है"

"I leave to depart from all teachings and all teachers"

"मैं सभी शिक्षाओं और सभी शिक्षकों से दूर जाने के लिए छोड़ देता हूं"

"I leave to reach my goal by myself, or to die"

"मैं अपने लक्ष्य तक पहुंचने के लिए खुद से निकलता हूं, या मरने के लिए।

"But often, I'll think of this day, oh exalted one"

"लेकिन अक्सर, मैं इस दिन के बारे में सोचता हूं, ओह महान"

"and I'll think of this hour, when my eyes beheld a holy man"

"और मैं इस घड़ी के बारे में सोचूंगा, जब मेरी आँखें एक पवित्र व्यक्ति को देखती हैं।

The Buddha's eyes quietly looked to the ground

बुद्ध की आंखें चुपचाप जमीन की ओर देखने लगीं।

quietly, in perfect equanimity, his inscrutable face was smiling

चुपचाप, पूर्ण समभाव में, उसका विस्मयकारी चेहरा मुस्कुरा रहा था।

the venerable one spoke slowly

आदरणीय धीरे-धीरे बोला।

"I wish that your thoughts shall not be in error"

"मैं चाहता हूं कि आपके विचार त्रुटि में न हों"

"I wish that you shall reach the goal!"

"मैं चाहता हूं कि आप लक्ष्य तक पहुंचेंगे!

"But there is something I ask you to tell me"

"लेकिन कुछ है जो मैं आपको बताने के लिए कहता हूं।

"Have you seen the multitude of my Samanas?"
"क्या तुमने मेरे सामानों की भीड़ देखी है?

"they have taken refuge in the teachings"
"उन्होंने शिक्षाओं की शरण ली है"

"do you believe it would be better for them to abandon the teachings?"
"क्या आप मानते हैं कि उनके लिए शिक्षाओं को छोड़ना बेहतर होगा?

"should they to return into the world of desires?"
"क्या उन्हें इच्छाओं की दुनिया में लौटना चाहिए?

"Far is such a thought from my mind" exclaimed Siddhartha
सिद्धार्थ ने कहा, "मेरे दिमाग से ऐसा विचार दूर है।

"I wish that they shall all stay with the teachings"
"मैं चाहता हूं कि वे सभी शिक्षाओं के साथ रहें"

"I wish that they shall reach their goal!"
"मैं चाहता हूं कि वे अपने लक्ष्य तक पहुंचेंगे!

"It is not my place to judge another person's life"
"किसी अन्य व्यक्ति के जीवन का न्याय करना मेरी जगह नहीं है।

"I can only judge my own life"
"मैं केवल अपने जीवन का न्याय कर सकता हूं"

"I must decide, I must chose, I must refuse"
"मुझे फैसला करना होगा, मुझे चुनना होगा, मुझे इनकार करना होगा"

"Salvation from the self is what we Samanas search for"
"स्वयं से मुक्ति वह है जिसे हम समनस खोजते हैं"

"oh exalted one, if only I were one of your disciples"
"हे महान, यदि मैं केवल तुम्हारे शिष्यों में से एक होता"

"I'd fear that it might happen to me"
"मुझे डर है कि यह मेरे साथ हो सकता है"

"only seemingly, would my self be calm and be redeemed"
"केवल प्रतीत होता है, मेरा आत्म शांत होगा और छुटकारा दिया जाएगा।

"but in truth it would live on and grow"
"लेकिन वास्तव में यह जीवित रहेगा और बढ़ेगा"

"because then I would replace my self with the teachings"

"क्योंकि तब मैं अपने आप को शिक्षाओं के साथ बदल दूंगा"
"my self would be my duty to follow you"
"मेरा स्वयं आपका अनुसरण करने का कर्तव्य होगा"
"my self would be my love for you"
"मेरा स्वयं तुम्हारे लिए मेरा प्यार होगा"
"and my self would be the community of the monks!"
"और मेरा स्वयं भिक्षुओं का समुदाय होगा!

With half of a smile Gotama looked into the stranger's eyes
आधी मुस्कान के साथ गोटामा ने अजनबी की आंखों में देखा।

his eyes were unwaveringly open and kind
उसकी आँखें अटूट रूप से खुली और दयालु थीं।

he bid him to leave with a hardly noticeable gesture
उसने उसे शायद ही ध्यान देने योग्य इशारे के साथ जाने के लिए मना किया।

"You are wise, oh Samana" the venerable one spoke
"तुम बुद्धिमान हो, ओह सामना" आदरणीय ने कहा।

"You know how to talk wisely, my friend"
"आप जानते हैं कि बुद्धिमानी से कैसे बात की जाती है, मेरे दोस्त।

"Be aware of too much wisdom!"
"बहुत अधिक ज्ञान के बारे में जागरूक रहो!

The Buddha turned away
बुद्ध दूर हो गए।

Siddhartha would never forget his glance
सिद्धार्थ उनकी नज़र कभी नहीं भूलेंगे।

his half smile remained forever etched in Siddhartha's memory
उनकी आधी मुस्कान सिद्धार्थ की स्मृति में हमेशा के लिए अंकित रही।

Siddhartha thought to himself
सिद्धार्थ ने मन ही मन सोचा।

"I have never before seen a person glance and smile this way"
"मैंने पहले कभी किसी व्यक्ति को इस तरह से देखते और मुस्कुराते हुए नहीं देखा है।

"no one else sits and walks like he does"
"कोई और उसकी तरह बैठता और चलता नहीं है।

"truly, I wish to be able to glance and smile this way"
"वास्तव में, मैं इस तरह से देखने और मुस्कुराने में सक्षम होना चाहता हूं।

"I wish to be able to sit and walk this way, too"
"मैं भी इस तरह बैठने और चलने में सक्षम होना चाहता हूं।

"liberated, venerable, concealed, open, childlike and mysterious"
"मुक्त, आदरणीय, छिपा हुआ, खुला, बच्चे जैसा और रहस्यमय"

"he must have succeeded in reaching the innermost part of his self"
"वह अपने आप के सबसे भीतरी हिस्से तक पहुंचने में सफल रहा होगा"

"only then can someone glance and walk this way"
"केवल तभी कोई इस तरह से देख सकता है और चल सकता है।

"I will also seek to reach the innermost part of my self"
"मैं अपने आप के सबसे भीतरी हिस्से तक पहुंचने की भी कोशिश करूंगा।

"I saw a man" Siddhartha thought
"मैंने एक आदमी को देखा," सिद्धार्थ ने सोचा।

"a single man, before whom I would have to lower my glance"
"एक अकेला आदमी, जिसके सामने मुझे अपनी नज़र कम करनी होगी"

"I do not want to lower my glance before anyone else"
"मैं किसी और के सामने अपनी नज़र कम नहीं करना चाहता"

"No teachings will entice me more anymore"
"कोई भी शिक्षा मुझे अब और अधिक लुभा नहीं पाएगी"

"because this man's teachings have not enticed me"
"क्योंकि इस आदमी की शिक्षाओं ने मुझे लुभाया नहीं है"

"I am deprived by the Buddha" thought Siddhartha
"मैं बुद्ध से वंचित हूं," सिद्धार्थ ने सोचा।

"I am deprived, although he has given so much"
"मैं वंचित हूं, हालांकि उसने बहुत कुछ दिया है"

"he has deprived me of my friend"
"उसने मुझे मेरे दोस्त से वंचित कर दिया है"

"my friend who had believed in me"
"मेरे दोस्त जिसने मुझ पर विश्वास किया था"
"my friend who now believes in him"
"मेरा दोस्त जो अब उस पर विश्वास करता है"
"my friend who had been my shadow"
"मेरा दोस्त जो मेरी छाया था"
"and now he is Gotama's shadow"
"और अब वह गोटामा की छाया है"
"but he has given me Siddhartha"
"लेकिन उसने मुझे सिद्धार्थ दिया है"
"he has given me myself"
"उसने मुझे खुद दिया है"

Part Two - भाग दो।

***

Kamala
कमला

Siddhartha left the mango grove behind him
सिद्धार्थ ने अपने पीछे आम का बाग छोड़ दिया।
but he felt his past life also stayed behind
लेकिन उन्होंने महसूस किया कि उनका पिछला जीवन भी पीछे रह गया।
the Buddha, the perfected one, stayed behind
बुद्ध, सिद्ध व्यक्ति, पीछे रह गए।
and Govinda stayed behind too
और गोविंदा भी पीछे रह गए
and his past life had parted from him
और उसका पिछला जीवन उससे अलग हो गया था।
he pondered as he was walking slowly
वह सोच रहा था क्योंकि वह धीरे-धीरे चल रहा था।
he pondered about this sensation, which filled him completely
उसने इस सनसनी के बारे में सोचा, जिसने उसे पूरी तरह से भर दिया।
He pondered deeply, like diving into a deep water
उसने गहराई से सोचा, जैसे एक गहरे पानी में गोता लगाना।
he let himself sink down to the ground of the sensation
उसने खुद को सनसनी की जमीन पर डूबने दिया।
he let himself sink down to the place where the causes lie
उसने खुद को उस स्थान पर डूबने दिया जहां कारण निहित हैं।
to identify the causes is the very essence of thinking
कारणों की पहचान करना सोच का सार है।
this was how it seemed to him
उसे ऐसा लग रहा था
and by this alone, sensations turn into realizations
और अकेले इसी से, संवेदनाएं अहसास में बदल जाती हैं।
and these sensations are not lost

और ये संवेदनाएं खो नहीं जाती हैं।

but the sensations become entities
लेकिन संवेदनाएं संस्थाएं बन जाती हैं।

and the sensations start to emit what is inside of them
और संवेदनाएं उनके अंदर जो कुछ भी है उसका उत्सर्जन करना शुरू कर देती हैं।

they show their truths like rays of light
वे प्रकाश की किरणों की तरह अपनी सच्चाइयों को दिखाते हैं।

Slowly walking along, Siddhartha pondered
धीरे-धीरे चलते हुए, सिद्धार्थ ने सोचा।

He realized that he was no youth any more
उसे एहसास हुआ कि वह अब जवान नहीं है।

he realized that he had turned into a man
उसे एहसास हुआ कि वह एक आदमी में बदल गया था।

He realized that something had left him
उसे एहसास हुआ कि कुछ उसे छोड़ गया है।

the same way a snake is left by its old skin
उसी तरह एक सांप को उसकी पुरानी त्वचा से छोड़ दिया जाता है।

what he had throughout his youth no longer existed in him
अपनी युवावस्था में जो कुछ उसके पास था, वह अब उसमें मौजूद नहीं था।

it used to be a part of him; the wish to have teachers
यह उसका एक हिस्सा हुआ करता था; शिक्षकों की इच्छा

the wish to listen to teachings
शिक्षाओं को सुनने की इच्छा

He had also left the last teacher who had appeared on his path
उन्होंने अपने रास्ते पर दिखाई देने वाले अंतिम शिक्षक को भी छोड़ दिया था।

he had even left the highest and wisest teacher
उन्होंने सर्वोच्च और बुद्धिमान शिक्षक को भी छोड़ दिया था।

he had left the most holy one, Buddha
उन्होंने परम पवित्र, बुद्ध को छोड़ दिया था।

he had to part with him, unable to accept his teachings

उन्हें उनकी शिक्षाओं को स्वीकार करने में असमर्थ होने के कारण उनसे अलग होना पड़ा।

Slower, he walked along in his thoughts
धीमी गति से, वह अपने विचारों में साथ चला गया।

and he asked himself, "But what is this?"
उसने खुद से पूछा, "लेकिन यह क्या है?

"what have you sought to learn from teachings and from teachers?"
"आपने शिक्षाओं और शिक्षकों से क्या सीखना चाहा है?

"and what were they, who have taught you so much?"
"और वे क्या थे, जिन्होंने तुम्हें इतना कुछ सिखाया है?

"what are they if they have been unable to teach you?"
"वे क्या हैं अगर वे आपको सिखाने में असमर्थ हैं?

And he found, "It was the self"
और उसने पाया, "यह स्वयं था"

"it was the purpose and essence of which I sought to learn"
"यह वह उद्देश्य और सार था जिसे मैंने सीखने की कोशिश की"

"It was the self I wanted to free myself from"
"यह वह स्वयं था जिससे मैं खुद को मुक्त करना चाहता था।

"the self which I sought to overcome"
"वह आत्म जिसे मैंने दूर करने की कोशिश की"

"But I was not able to overcome it"
"लेकिन मैं इसे दूर करने में सक्षम नहीं था"

"I could only deceive it"
"मैं केवल इसे धोखा दे सकता था"

"I could only flee from it"
"मैं केवल इससे भाग सकता था"

"I could only hide from it"
"मैं केवल इससे छिप सकता था"

"Truly, no thing in this world has kept my thoughts so busy"
"वास्तव में, इस दुनिया में किसी भी चीज ने मेरे विचारों को इतना व्यस्त नहीं रखा है।

"I have been kept busy by the mystery of me being alive"

"मुझे जीवित होने के रहस्य से व्यस्त रखा गया है"
"the mystery of me being one"
"मेरे एक होने का रहस्य"
"the mystery if being separated and isolated from all others"
"रहस्य अगर अलग हो रहा है और अन्य सभी से अलग हो रहा है"
"the mystery of me being Siddhartha!"
"मेरे सिद्धार्थ होने का रहस्य!"
"And there is no thing in this world I know less about"
"और इस दुनिया में ऐसी कोई चीज नहीं है जिसके बारे में मैं कम जानता हूं।

he had been pondering while slowly walking along
वह धीरे-धीरे चलते हुए सोच रहा था।

he stopped as these thoughts caught hold of him
वह रुक गया क्योंकि इन विचारों ने उसे पकड़ लिया।

and right away another thought sprang forth from these thoughts
और तुरंत इन विचारों से एक और विचार उभरा।

"there's one reason why I know nothing about myself"
"एक कारण है कि मैं अपने बारे में कुछ भी नहीं जानता।

"there's one reason why Siddhartha has remained alien to me"
"एक कारण है कि सिद्धार्थ मेरे लिए विदेशी क्यों बने हुए हैं"

"all of this stems from one cause"
"यह सब एक कारण से उपजा है"

"I was afraid of myself, and I was fleeing"
"मैं खुद से डरता था, और मैं भाग रहा था।

"I have searched for both Atman and Brahman"
"मैंने आत्मान और ब्रह्म दोनों की खोज की है"

"for this I was willing to dissect my self"
"इसके लिए मैं अपने आप को विच्छेदित करने के लिए तैयार था"

"and I was willing to peel off all of its layers"
"और मैं इसकी सभी परतों को छीलने के लिए तैयार था"

"I wanted to find the core of all peels in its unknown interior"

"मैं अपने अज्ञात इंटीरियर में सभी छिलकों के मूल को खोजना चाहता था"
"the Atman, life, the divine part, the ultimate part"
"आत्मान, जीवन, दिव्य भाग, परम भाग"
"But I have lost myself in the process"
"लेकिन मैंने इस प्रक्रिया में खुद को खो दिया है"
Siddhartha opened his eyes and looked around
सिद्धार्थ ने अपनी आँखें खोलीं और चारों ओर देखा।
looking around, a smile filled his face
चारों ओर देखते हुए, उसके चेहरे पर मुस्कान भर गई।
a feeling of awakening from long dreams flowed through him
लम्बे स्वप्नों से जागृति की भावना उसके माध्यम से प्रवाहित हुई।
the feeling flowed from his head down to his toes
भावना उसके सिर से नीचे उसके पैर की उंगलियों तक बह रही थी।
And it was not long before he walked again
और उसे फिर से चलने में ज्यादा समय नहीं लगा।
he walked quickly, like a man who knows what he has got to do
वह तेजी से चला गया, एक आदमी की तरह जो जानता है कि उसे क्या करना है।
"now I will not let Siddhartha escape from me again!"
"अब मैं सिद्धार्थ को फिर से अपने से भागने नहीं दूंगी!"
"I no longer want to begin my thoughts and my life with Atman"
"मैं अब आत्मान के साथ अपने विचारों और अपने जीवन को शुरू नहीं करना चाहता।
"nor do I want to begin my thoughts with the suffering of the world"
"न ही मैं दुनिया की पीड़ा के साथ अपने विचारों को शुरू करना चाहता हूं।
"I do not want to kill and dissect myself any longer"
"मैं अब खुद को मारना और विच्छेदित नहीं करना चाहता"
"Yoga-Veda shall not teach me any more"
"योग-वेद मुझे अब और नहीं सिखाएगा"

"nor Atharva-Veda, nor the ascetics"
"न अथर्ववेद, न तपस्वी"
"there will not be any kind of teachings"
"किसी भी प्रकार की शिक्षा नहीं होगी"
"I want to learn from myself and be my student"
"मैं खुद से सीखना चाहता हूं और मेरा छात्र बनना चाहता हूं।
"I want to get to know myself; the secret of Siddhartha"
"मैं खुद को जानना चाहता हूं; सिद्धार्थ का रहस्य"

He looked around, as if he was seeing the world for the first time
उसने चारों ओर देखा, जैसे कि वह पहली बार दुनिया देख रहा था।
Beautiful and colourful was the world
सुंदर और रंगीन दुनिया थी
strange and mysterious was the world
अजीब और रहस्यमय थी दुनिया
Here was blue, there was yellow, here was green
यहां नीला था, पीला था, यहां हरा था।
the sky and the river flowed
आकाश और नदी बह रही थी।
the forest and the mountains were rigid
जंगल और पहाड़ कठोर थे।
all of the world was beautiful
सारी दुनिया सुंदर थी।
all of it was mysterious and magical
यह सब रहस्यमय और जादुई था।
and in its midst was he, Siddhartha, the awakening one
और इसके बीच में वह था, सिद्धार्थ, जागृति।
and he was on the path to himself
और वह खुद के रास्ते पर था
all this yellow and blue and river and forest entered Siddhartha
यह सब पीला-नीला और नदी और जंगल ने सिद्धार्थ में प्रवेश किया।

for the first time it entered through the eyes
पहली बार यह आंखों के माध्यम से प्रवेश किया।

it was no longer a spell of Mara
यह अब मारा का जादू नहीं था।

it was no longer the veil of Maya
अब माया का घूंघट नहीं रह गया था।

it was no longer a pointless and coincidental
यह अब एक व्यर्थ और संयोग नहीं था।

things were not just a diversity of mere appearances
चीजें केवल दिखावे की विविधता नहीं थीं।

appearances despicable to the deeply thinking Brahman
गहरी सोच रखने वाले ब्राह्मण के लिए घृणित प्रकटन

the thinking Brahman scorns diversity, and seeks unity
सोचने वाला ब्रह्म विविधता को रोकता है, और एकता की तलाश करता है।

Blue was blue and river was river
नीला नीला था और नदी नदी थी।

the singular and divine lived hidden in Siddhartha
सिद्धार्थ में छिपा हुआ विलक्षण और दिव्य जीवन

divinity's way and purpose was to be yellow here, and blue there
देवत्व का मार्ग और उद्देश्य यहां पीला होना था, और वहां नीला होना था।

there sky, there forest, and here Siddhartha
वहां आकाश है, वहां जंगल है, और यहां सिद्धार्थ हैं।

The purpose and essential properties was not somewhere behind the things
उद्देश्य और आवश्यक गुण चीजों के पीछे कहीं नहीं थे।

the purpose and essential properties was inside of everything
उद्देश्य और आवश्यक गुण हर चीज के अंदर थे।

"How deaf and stupid have I been!" he thought
"मैं कितना बहरा और बेवकूफ हो गया हूँ!" उसने सोचा।

and he walked swiftly along
और वह तेजी से चल पड़ा।

"When someone reads a text he will not scorn the symbols and letters"

"जब कोई पाठ पढ़ता है तो वह प्रतीकों और अक्षरों को अपमानित नहीं करेगा।

"he will not call the symbols deceptions or coincidences"

"वह प्रतीकों को धोखे या संयोग नहीं कहेगा"

"but he will read them as they were written"

"लेकिन वह उन्हें वैसे ही पढ़ेगा जैसे वे लिखे गए थे।

"he will study and love them, letter by letter"

"वह उन्हें पत्र द्वारा अध्ययन और प्यार करेगा।

"I wanted to read the book of the world and scorned the letters"

"मैं दुनिया की किताब पढ़ना चाहता था और पत्रों को अपमानित करता था।

"I wanted to read the book of myself and scorned the symbols"

"मैं खुद की किताब पढ़ना चाहता था और प्रतीकों को अपमानित करता था"

"I called my eyes and my tongue coincidental"

"मैंने अपनी आँखों और अपनी जीभ को संयोग कहा"

"I said they were worthless forms without substance"

"मैंने कहा कि वे पदार्थ के बिना बेकार रूप थे"

"No, this is over, I have awakened"

"नहीं, यह खत्म हो गया है, मैं जाग गया हूँ"

"I have indeed awakened"

"मैं वास्तव में जाग गया हूं"

"I had not been born before this very day"

"मैं इस दिन से पहले पैदा नहीं हुआ था"

In thinking these thoughts, Siddhartha suddenly stopped once again

इन विचारों को सोचते-सोचते सिद्धार्थ अचानक एक बार फिर रुक गए।

he stopped as if there was a snake lying in front of him

वह ऐसे रुक गया जैसे उसके सामने कोई सांप पड़ा हो।

suddenly, he had also become aware of something else

अचानक उसे किसी और बात का भी पता चल गया था।

He was indeed like someone who had just woken up
वह वास्तव में किसी ऐसे व्यक्ति की तरह था जो अभी-अभी जाग गया था।
he was like a new-born baby starting life anew
वह एक नए जन्मे बच्चे की तरह था जो जीवन को नए सिरे से शुरू कर रहा था।
and he had to start again at the very beginning
और उसे शुरुआत में ही फिर से शुरू करना पड़ा।
in the morning he had had very different intentions
सुबह उसके बहुत अलग इरादे थे।
he had thought to return to his home and his father
उसने अपने घर और अपने पिता के पास लौटने के बारे में सोचा था।
But now he stopped as if a snake was lying on his path
लेकिन अब वह ऐसे रुक गया जैसे कोई सांप उसके रास्ते पर पड़ा हो।
he made a realization of where he was
उसे एहसास हुआ कि वह कहां है।
"I am no longer the one I was"
"मैं अब वह नहीं हूं जो मैं था"
"I am no ascetic any more"
"मैं अब तपस्वी नहीं हूं"
"I am not a priest any more"
"मैं अब पुजारी नहीं हूं"
"I am no Brahman any more"
'मैं अब ब्राह्मण नहीं हूं'
"Whatever should I do at my father's place?"
"मुझे अपने पिता के घर पर क्या करना चाहिए?
"Study? Make offerings? Practise meditation?"
"पढ़ाई? प्रसाद बनाते हैं? ध्यान का अभ्यास करें?
"But all this is over for me"
"लेकिन यह सब मेरे लिए खत्म हो गया है"
"all of this is no longer on my path"
"यह सब अब मेरे रास्ते पर नहीं है"
Motionless, Siddhartha remained standing there
गतिहीन, सिद्धार्थ वहीं खड़े रहे।

and for the time of one moment and breath, his heart felt cold
और एक पल और सांस के एक पल के लिए, उसका दिल ठंडा महसूस हुआ।

he felt a coldness in his chest
उसे अपने सीने में ठंडक महसूस हुई।

the same feeling a small animal feels when it sees how alone it is
एक छोटा जानवर भी ऐसा ही महसूस करता है जब वह देखता है कि वह कितना अकेला है।

For many years, he had been without home and had felt nothing
कई सालों से, वह घर के बिना था और कुछ भी महसूस नहीं किया था।

Now, he felt he had been without a home
अब, उसे लगा कि वह बिना घर के था।

Still, even in the deepest meditation, he had been his father's son
फिर भी, सबसे गहरे ध्यान में भी, वह अपने पिता का बेटा था।

he had been a Brahman, of a high caste
वह एक ब्राह्मण था, एक उच्च जाति का था।

he had been a cleric
वह एक मौलवी था।

Now, he was nothing but Siddhartha, the awoken one
अब, वह सिद्धार्थ के अलावा कुछ भी नहीं था, जाग गया।

nothing else was left of him
उसके पास और कुछ नहीं बचा था।

Deeply, he inhaled and felt cold
गहरी सांस लेते हुए उसे ठंड लग रही थी।

a shiver ran through his body
उसके शरीर में सिहरन दौड़ गई।

Nobody was as alone as he was
कोई भी इतना अकेला नहीं था जितना वह था।

There was no nobleman who did not belong to the noblemen

ऐसा कोई रईस नहीं था जो रईसों से संबंधित नहीं था।

there was no worker that did not belong to the workers
ऐसा कोई श्रमिक नहीं था जो श्रमिकों का नहीं था।

they had all found refuge among themselves
उन सभी ने आपस में शरण ले ली थी।

they shared their lives and spoke their languages
उन्होंने अपने जीवन को साझा किया और अपनी भाषाएं बोलीं।

there are no Brahman who would not be regarded as Brahmans
ऐसा कोई ब्राह्मण नहीं है जिसे ब्राह्मण नहीं माना जाएगा।

and there are no Brahmans that didn't live as Brahmans
और ऐसा कोई ब्राह्मण नहीं है जो ब्राह्मण के रूप में नहीं रहता था।

there are no ascetic who could not find refuge with the Samanas
ऐसा कोई तपस्वी नहीं है जिसे समनों की शरण न मिल सके।

and even the most forlorn hermit in the forest was not alone
और यहां तक कि जंगल में सबसे अधिक जंगली जानवर भी अकेला नहीं था।

he was also surrounded by a place he belonged to
वह एक ऐसी जगह से भी घिरा हुआ था जहां से वह संबंधित था।

he also belonged to a caste in which he was at home
वह भी एक ऐसी जाति से संबंधित था जिसमें वह घर पर था।

Govinda had left him and became a monk
गोविंदा उन्हें छोड़कर साधु बन गए थे।

and a thousand monks were his brothers
और एक हजार भिक्षु उसके भाई थे।

they wore the same robe as him
वे उसके जैसे ही वस्त्र पहनते थे।

they believed in his faith and spoke his language
वे उसके विश्वास में विश्वास करते थे और उसकी भाषा बोलते थे।

But he, Siddhartha, where did he belong to?
लेकिन वह, सिद्धार्थ, वह कहां से संबंधित था?

With whom would he share his life?

वह अपना जीवन किसके साथ साझा करेगा?
Whose language would he speak?
वह किसकी भाषा बोलेगा?
the world melted away all around him
दुनिया उसके चारों ओर पिघल गई।
he stood alone like a star in the sky
वह आकाश में एक तारे की तरह अकेला खड़ा था।
cold and despair surrounded him
ठंड और निराशा ने उसे घेर लिया।
but Siddhartha emerged out of this moment
लेकिन सिद्धार्थ इस पल से बाहर निकल आए।
Siddhartha emerged more his true self than before
सिद्धार्थ पहले की तुलना में अधिक अपने सच्चे आत्म के रूप में उभरे।
he was more firmly concentrated than he had ever been
वह पहले से कहीं अधिक दृढ़ता से केंद्रित था।
He felt; "this had been the last tremor of the awakening"
उसने महसूस किया; "यह जागृति का अंतिम झटका था"
"the last struggle of this birth"
'इस जन्म का अंतिम संघर्ष'
And it was not long until he walked again in long strides
और यह तब तक लंबा नहीं हुआ जब तक कि वह लंबे कदमों में फिर से नहीं चला।
he started to proceed swiftly and impatiently
उसने तेजी से और बेसब्री से आगे बढ़ना शुरू कर दिया।
he was no longer going home
वह अब घर नहीं जा रहा था।
he was no longer going to his father
वह अब अपने पिता के पास नहीं जा रहा था।

***
***

Siddhartha learned something new on every step of his path
सिद्धार्थ ने अपने रास्ते के हर कदम पर कुछ नया सीखा।

because the world was transformed and his heart was enchanted
क्योंकि दुनिया बदल गई थी और उसका दिल मुग्ध हो गया था।
He saw the sun rising over the mountains
उसने पहाड़ों पर उगते सूरज को देखा।
and he saw the sun setting over the distant beach
और उसने दूर समुद्र तट पर सूरज को डूबते हुए देखा।
At night, he saw the stars in the sky in their fixed positions
रात को, उसने आकाश में सितारों को उनकी निश्चित स्थिति में देखा।
and he saw the crescent of the moon floating like a boat in the blue
और उसने चंद्रमा के अर्धचंद्र को नीले रंग में नाव की तरह तैरते हुए देखा।
He saw trees, stars, animals, and clouds
उसने पेड़ों, सितारों, जानवरों और बादलों को देखा।
rainbows, rocks, herbs, flowers, streams and rivers
इंद्रधनुष, चट्टानें, जड़ी-बूटियाँ, फूल, धाराएँ और नदियाँ
he saw the glistening dew in the bushes in the morning
उसने सुबह झाड़ियों में चमकती ओस देखी।
he saw distant high mountains which were blue
उसने दूर के ऊंचे पहाड़ों को देखा जो नीले थे।
wind blew through the rice-field
हवा चावल के खेत में बह रही थी।
all of this, a thousand-fold and colourful, had always been there
यह सब, एक हजार गुना और रंगीन, हमेशा से था।
the sun and the moon had always shone
सूरज और चाँद हमेशा चमकते थे।
rivers had always roared and bees had always buzzed
नदियाँ हमेशा गरजती थीं और मधुमक्खियां हमेशा बजती थीं।
but in former times all of this had been a deceptive veil
लेकिन पूर्व समय में यह सब एक भ्रामक घूंघट था।
to him it had been nothing more than fleeting
उसके लिए यह क्षणभंगुर से ज्यादा कुछ नहीं था।

it was supposed to be looked upon in distrust
इसे अविश्वास की दृष्टि से देखा जाना चाहिए था।

it was destined to be penetrated and destroyed by thought
यह विचार से प्रवेश और नष्ट होने के लिए नियत था।

since it was not the essence of existence
चूंकि यह अस्तित्व का सार नहीं था

since this essence lay beyond, on the other side of, the visible
चूंकि यह सार दृश्य मान के दूसरी ओर, परे था।

But now, his liberated eyes stayed on this side
लेकिन अब, उसकी मुक्त आंखें इस तरफ रह गईं।

he saw and became aware of the visible
उसने देखा और दृश्य के बारे में जागरूक हो गया

he sought to be at home in this world
वह इस दुनिया में घर पर रहना चाहता था।

he did not search for the true essence
उन्होंने सच्चे सार की खोज नहीं की।

he did not aim at a world beyond
उन्होंने इससे परे की दुनिया को लक्ष्य नहीं किया।

this world was beautiful enough for him
यह दुनिया उसके लिए काफी सुंदर थी।

looking at it like this made everything childlike
इसे इस तरह से देखने से सब कुछ बच्चों जैसा हो गया।

Beautiful were the moon and the stars
सुंदर चाँद और सितारे थे।

beautiful was the stream and the banks
सुंदर धारा और किनारे थे।

the forest and the rocks, the goat and the gold-beetle
जंगल और चट्टानें, बकरी और सोना-भृंग

the flower and the butterfly; beautiful and lovely it was
फूल और तितली; सुंदर और सुंदर यह था

to walk through the world was childlike again
दुनिया के माध्यम से चलना फिर से बच्चों जैसा था।

this way he was awoken
इस तरह वह जाग गया

this way he was open to what is near
इस तरह वह निकट की चीजों के लिए खुला था।

this way he was without distrust
इस तरह वह अविश्वास के बिना था।

differently the sun burnt the head
अलग तरह से सूरज ने सिर जला दिया

differently the shade of the forest cooled him down
अलग तरह से जंगल की छाया ने उसे ठंडा कर दिया।

differently the pumpkin and the banana tasted
कद्दू और केले का स्वाद अलग-अलग होता है।

Short were the days, short were the nights
दिन छोटे थे, रातें छोटी थीं।

every hour sped swiftly away like a sail on the sea
हर घंटे समुद्र पर पाल की तरह तेजी से दूर चला गया।

and under the sail was a ship full of treasures, full of joy
और पाल के नीचे खजाने से भरा एक जहाज था, जो खुशी से भरा था।

Siddhartha saw a group of apes moving through the high canopy
सिद्धार्थ ने वानरों के एक समूह को ऊंची छतरी से गुजरते हुए देखा।

they were high in the branches of the trees
वे पेड़ों की शाखाओं में ऊंचे थे।

and he heard their savage, greedy song
और उसने उनका वहशी, लालची गीत सुना।

Siddhartha saw a male sheep following a female one and mating with her
सिद्धार्थ ने एक नर भेड़ को मादा का पीछा करते और उसके साथ संभोग करते हुए देखा।

In a lake of reeds, he saw the pike hungrily hunting for its dinner
सरकंडे की एक झील में, उन्होंने पाईक को अपने रात के खाने के लिए शिकार करते हुए देखा।

young fish were propelling themselves away from the pike
युवा मछली खुद को पाईक से दूर धकेल रही थीं।
they were scared, wiggling and sparkling
वे डरे हुए थे, खिलखिला रहे थे और चमक रहे थे।
the young fish jumped in droves out of the water
युवा मछली पानी से बाहर कूद गई।
the scent of strength and passion came forcefully out of the water
ताकत और जुनून की खुशबू पानी से बलपूर्वक बाहर आई।
and the pike stirred up the scent
और पाईक ने खुशबू को हिला दिया।
All of this had always existed
यह सब हमेशा से अस्तित्व में था।
and he had not seen it, nor had he been with it
और उसने इसे नहीं देखा था, न ही वह इसके साथ था।
Now he was with it and he was part of it
अब वह इसके साथ था और वह इसका हिस्सा था।
Light and shadow ran through his eyes
प्रकाश और छाया उसकी आँखों में दौड़ रही थी।
stars and moon ran through his heart
तारे और चंद्रमा उसके दिल में दौड़ते थे।

Siddhartha remembered everything he had experienced in the Garden Jetavana
सिद्धार्थ को वह सब कुछ याद था जो उन्होंने गार्डन जेतवन में अनुभव किया था।
he remembered the teaching he had heard there from the divine Buddha
उसे दिव्य बुद्ध से सुनी गई शिक्षा याद आ गई।
he remembered the farewell from Govinda
गोविंदा से हुई विदाई को किया याद
he remembered the conversation with the exalted one
उसे महान व्यक्ति के साथ बातचीत याद थी।

Again he remembered his own words that he had spoken to the exalted one
फिर से उसे अपने शब्द याद आ गए जो उसने महान व्यक्ति से कहे थे।

he remembered every word
उसे हर शब्द याद था।

he realized he had said things which he had not really known
उसे एहसास हुआ कि उसने ऐसी बातें कही थीं जो वह वास्तव में नहीं जानता था।

he astonished himself with what he had said to Gotama
उसने गोतामा से जो कुछ कहा था उससे वह आश्चर्यचकित था।

the Buddha's treasure and secret was not the teachings
बुद्ध का खजाना और रहस्य शिक्षाएं नहीं थीं।

but the secret was the inexpressable and not teachable
लेकिन रहस्य अकथनीय था और सिखाने योग्य नहीं था।

the secret which he had experienced in the hour of his enlightenment
वह रहस्य जो उसने अपने प्रबुद्धता के समय में अनुभव किया था

the secret was nothing but this very thing which he had now gone to experience
रहस्य कुछ और नहीं बल्कि यह वही चीज थी जिसे वह अब अनुभव करने के लिए गया था।

the secret was what he now began to experience
रहस्य वह था जो उसने अब अनुभव करना शुरू कर दिया था।

Now he had to experience his self
अब उसे स्वयं का अनुभव करना था।

he had already known for a long time that his self was Atman
वह पहले से ही लंबे समय से जानता था कि उसका स्वयं आत्मान था।

he knew Atman bore the same eternal characteristics as Brahman
वह जानता था कि आत्मान में ब्रह्म के समान शाश्वत विशेषताएं हैं।

But he had never really found this self

लेकिन उसने वास्तव में कभी भी यह नहीं पाया था।
because he had wanted to capture the self in the net of thought
क्योंकि वह स्वयं को विचारों के जाल में कैद करना चाहता था।
but the body was not part of the self
लेकिन शरीर स्वयं का हिस्सा नहीं था।
it was not the spectacle of the senses
यह इंद्रियों का तमाशा नहीं था।
so it also was not the thought, nor the rational mind
तो यह भी विचार नहीं था, न ही तर्कसंगत मन।
it was not the learned wisdom, nor the learned ability
यह न तो सीखा ज्ञान था, न ही सीखने की क्षमता।
from these things no conclusions could be drawn
इन बातों से कोई निष्कर्ष नहीं निकाला जा सका।
No, the world of thought was also still on this side
नहीं, विचारों की दुनिया भी अभी भी इस तरफ थी।
Both, the thoughts as well as the senses, were pretty things
दोनों, विचार और साथ ही इंद्रियां, सुंदर चीजें थीं।
but the ultimate meaning was hidden behind both of them
लेकिन अंतिम अर्थ उन दोनों के पीछे छिपा हुआ था।
both had to be listened to and played with
दोनों को सुनना और उनके साथ खेलना था।
neither had to be scorned nor overestimated
न तो निंदा की जानी चाहिए और न ही कम आंका जाना चाहिए।
there were secret voices of the innermost truth
आंतरिक सत्य की गुप्त आवाज़ें थीं।
these voices had to be attentively perceived
इन आवाज़ों को ध्यान से देखा जाना चाहिए था।
He wanted to strive for nothing else
वह किसी और चीज के लिए प्रयास नहीं करना चाहता था।
he would do what the voice commanded him to do
वह वही करेगा जो आवाज ने उसे करने की आज्ञा दी थी।
he would dwell where the voices adviced him to

वह वहीं रहता था जहां आवाजें उसे सलाह देती थीं।

Why had Gotama sat down under the Bodhi tree?

गोतमा बोधि वृक्ष के नीचे क्यों बैठ गया था?

He had heard a voice in his own heart

उसने अपने दिल में एक आवाज सुनी थी।

a voice which had commanded him to seek rest under this tree

एक आवाज जिसने उसे इस पेड़ के नीचे आराम करने की आज्ञा दी थी।

he could have gone on to make offerings

वह प्रसाद बनाने के लिए आगे बढ़ सकता था।

he could have performed his ablutions

वह अपनी प्रार्थनाएं कर सकता था।

he could have spent that moment in prayer

वह उस पल को प्रार्थना में बिता सकता था।

he had chosen not to eat or drink

उसने खाना या पीना नहीं चुना था।

he had chosen not to sleep or dream

उसने सोने या सपने देखने का फैसला नहीं किया था।

instead, he had obeyed the voice

इसके बजाय, उसने आवाज का पालन किया था।

To obey like this was good

इस तरह आज्ञा पालन करना अच्छा था।

it was good not to obey to an external command

बाहरी आदेश का पालन न करना अच्छा था।

it was good to obey only the voice

केवल आवाज का पालन करना अच्छा था।

to be ready like this was good and necessary

इस तरह तैयार होना अच्छा और आवश्यक था।

there was nothing else that was necessary

कुछ और जरूरी नहीं था।

in the night Siddhartha got to a river

रात में सिद्धार्थ एक नदी पर चढ़ गया।

he slept in the straw hut of a ferryman
वह एक फेरीवाले की पुआल की झोपड़ी में सोता था।

this night Siddhartha had a dream
इस रात सिद्धार्थ ने एक सपना देखा

Govinda was standing in front of him
गोविंदा उनके सामने खड़े थे।

he was dressed in the yellow robe of an ascetic
वह एक तपस्वी के पीले वस्त्र पहने हुए था।

Sad was how Govinda looked
उदास थे गोविंदा

sadly he asked, "Why have you forsaken me?"
दुखी होकर उसने पूछा, "तुमने मुझे क्यों छोड़ दिया?

Siddhartha embraced Govinda, and wrapped his arms around him
सिद्धार्थ ने गोविंदा को गले लगा लिया, और उनके चारों ओर अपनी बाहों को लपेट लिया।

he pulled him close to his chest and kissed him
उसने उसे अपनी छाती के करीब खींच लिया और उसे चूम लिया।

but it was not Govinda anymore, but a woman
लेकिन अब गोविंदा नहीं, बल्कि एक महिला थी।

a full breast popped out of the woman's dress
महिला की पोशाक से एक पूरा स्तन बाहर निकल आया।

Siddhartha lay and drank from the breast
सिद्धार्थ लेट गया और स्तन से पीने लगा।

sweetly and strongly tasted the milk from this breast
मीठा और दृढ़ता से इस स्तन से दूध का स्वाद लिया।

It tasted of woman and man
यह महिला और पुरुष का स्वाद चखा

it tasted of sun and forest
यह सूरज और जंगल का स्वाद था।

it tasted of animal and flower
यह जानवर और फूल का स्वाद लेता है

it tasted of every fruit and every joyful desire

यह हर फल और हर हर्षित इच्छा का स्वाद लेता था।
It intoxicated him and rendered him unconscious
इसने उसे नशा कर दिया और उसे बेहोश कर दिया।
Siddhartha woke up from the dream
सपने से जाग गए सिद्धार्थ
the pale river shimmered through the door of the hut
पीली नदी झोपड़ी के दरवाजे से झिलमिला रही थी।
a dark call of an owl resounded deeply through the forest
उल्लू की एक अंधेरी पुकार जंगल के माध्यम से गहराई से गूंज रही थी।
Siddhartha asked the ferryman to get him across the river
सिद्धार्थ ने फेरीवाले से उसे नदी पार करने के लिए कहा।
The ferryman got him across the river on his bamboo-raft
फेरीवाले ने उसे अपने बांस-बेड़ा पर नदी पार कर दिया।
the water shimmered reddish in the light of the morning
सुबह की रोशनी में पानी लाल हो गया।
"This is a beautiful river," he said to his companion
"यह एक सुंदर नदी है," उसने अपने साथी से कहा।
"Yes," said the ferryman, "a very beautiful river"
"हाँ," फेरीवाले ने कहा, "एक बहुत सुंदर नदी"।
"I love it more than anything"
"मैं इसे किसी भी चीज़ से ज्यादा प्यार करता हूं"
"Often I have listened to it"
"अक्सर मैंने इसे सुना है"
"often I have looked into its eyes"
"अक्सर मैंने इसकी आंखों में देखा है"
"and I have always learned from it"
"और मैंने हमेशा इससे सीखा है"
"Much can be learned from a river"
"एक नदी से बहुत कुछ सीखा जा सकता है"
"I thank you, my benefactor" spoke Siddhartha
"मैं आपको धन्यवाद देता हूं, मेरे दाता" सिद्धार्थ ने कहा।
he disembarked on the other side of the river
वह नदी के दूसरी ओर उतर गया।

"I have no gift I could give you for your hospitality, my dear"
"मेरे पास कोई उपहार नहीं है जो मैं आपको आपके आतिथ्य के लिए दे सकता हूं, मेरे प्रिय।

"and I also have no payment for your work"
"और मेरे पास आपके काम के लिए कोई भुगतान नहीं है"

"I am a man without a home"
"मैं एक घर के बिना एक आदमी हूँ"

"I am the son of a Brahman and a Samana"
"मैं एक ब्राह्मण और एक समन का पुत्र हूँ"

"I did see it," spoke the ferryman
"मैंने इसे देखा," फेरीवाले ने कहा।

"I did not expect any payment from you"
"मुझे आपसे किसी भी भुगतान की उम्मीद नहीं थी"

"it is custim for guests to bear a gift"
"मेहमानों के लिए उपहार सहन करना उचित है"

"but I did not expect this from you either"
"लेकिन मुझे आपसे भी ऐसी उम्मीद नहीं थी"

"You will give me the gift another time"
"आप मुझे एक और बार उपहार देंगे"

"Do you think so?" asked Siddhartha, bemusedly
"क्या आपको ऐसा लगता है?" सिद्धार्थ ने मुस्कुराते हुए पूछा।

"I am sure of it," replied the ferryman
"मुझे इस पर यकीन है," फेरीवाले ने जवाब दिया।

"This too, I have learned from the river"
"यह भी, मैंने नदी से सीखा है"

"everything that goes comes back!"
"जो कुछ भी जाता है वह वापस आता है!

"You too, Samana, will come back"
"तुम भी, समाना, वापस आ जाओगे"

"Now farewell! Let your friendship be my reward"
"अब अलविदा! तुम्हारी दोस्ती को मेरा इनाम बनने दो"

"Commemorate me, when you make offerings to the gods"

"जब तुम देवताओं को प्रसाद चढ़ाते हो तो मुझे याद करो"
Smiling, they parted from each other
मुस्कुराते हुए, वे एक-दूसरे से अलग हो गए।
Smiling, Siddhartha was happy about the friendship
मुस्कुराते हुए, सिद्धार्थ दोस्ती के बारे में खुश था।
and he was happy about the kindness of the ferryman
और वह फेरीवाले की दया के बारे में खुश था।
"He is like Govinda," he thought with a smile
"वह गोविंदा की तरह है," उसने मुस्कुराते हुए सोचा।
"all I meet on my path are like Govinda"
"मैं अपने रास्ते पर जो कुछ भी मिलता हूं वह गोविंदा की तरह है"
"All are thankful for what they have"
"उनके पास जो कुछ भी है उसके लिए सभी आभारी हैं"
"but they are the ones who would have a right to receive thanks"
"लेकिन वे वे हैं जिन्हें धन्यवाद प्राप्त करने का अधिकार होगा।
"all are submissive and would like to be friends"
"सभी विनम्र हैं और दोस्त बनना चाहते हैं"
"all like to obey and think little"
"सभी को आज्ञा पालन करना और थोड़ा सोचना पसंद है"
"all people are like children"
"सभी लोग बच्चों की तरह हैं"

At about noon, he came through a village
दोपहर के समय, वह एक गाँव से होकर आया।
In front of the mud cottages, children were rolling about in the street
मिट्टी की झोपड़ी के सामने, बच्चे गली में घूम रहे थे।
they were playing with pumpkin-seeds and sea-shells
वे कद्दू-बीज और समुद्र-गोले के साथ खेल रहे थे।
they screamed and wrestled with each other
वे एक-दूसरे के साथ चिल्लाए और कुश्ती की।
but they all timidly fled from the unknown Samana

लेकिन वे सभी डरते हुए अज्ञात सामना से भाग गए।

In the end of the village, the path led through a stream
गाँव के अंत में, रास्ता एक धारा के माध्यम से जाता था।

by the side of the stream, a young woman was kneeling
धारा के किनारे, एक जवान औरत घुटने टेक रही थी।

she was washing clothes in the stream
वह नदी में कपड़े धो रही थी।

When Siddhartha greeted her, she lifted her head
जब सिद्धार्थ ने उनका अभिवादन किया, तो उन्होंने अपना सिर उठा लिया।

and she looked up to him with a smile
और उसने एक मुस्कान के साथ उसकी ओर देखा।

he could see the white in her eyes glistening
वह उसकी आँखों में सफेद रंग देख सकता था।

He called out a blessing to her
उसने उसे आशीर्वाद दिया।

this was the custom among travellers
यात्रियों के बीच यह प्रथा थी।

and he asked how far it was to the large city
और उसने पूछा कि यह बड़े शहर से कितनी दूर है।

Then she got up and came to him
फिर वह उठा और उसके पास आया।

beautifully her wet mouth was shimmering in her young face
खूबसूरती से उसका गीला मुंह उसके युवा चेहरे में झिलमिला रहा था।

She exchanged humorous banter with him
उसने उसके साथ विनोदी मजाक का आदान-प्रदान किया।

she asked whether he had eaten already
उसने पूछा कि क्या उसने पहले से ही खाना खा लिया है।

and she asked curious questions
और उसने उत्सुक प्रश्न पूछे।

"is it true that the Samanas slept alone in the forest at night?"
"क्या यह सच है कि सामना रात में जंगल में अकेले सोता था?

"is it true Samanas are not allowed to have women with

them"
"क्या यह सच है कि समाना को महिलाओं को अपने साथ रखने की अनुमति नहीं है"

While talking, she put her left foot on his right one
बात करते हुए, उसने अपना बायां पैर उसके दाहिने पैर पर रख दिया।

the movement of a woman who would want to initiate sexual pleasure
एक महिला का आंदोलन जो यौन सुख शुरू करना चाहता है

the textbooks call this "climbing a tree"
पाठ्यपुस्तकें इसे "पेड़ पर चढ़ना" कहती हैं।

Siddhartha felt his blood heating up
सिद्धार्थ ने महसूस किया कि उसका खून गर्म हो रहा है।

he had to think of his dream again
उसे फिर से अपने सपने के बारे में सोचना पड़ा।

he bend slightly down to the woman
वह महिला की ओर थोड़ा नीचे झुकता है।

and he kissed with his lips the brown nipple of her breast
और उसने अपने होंठों से उसके स्तन के भूरे निप्पल को चूमा।

Looking up, he saw her face smiling
ऊपर देखते हुए, उसने उसका चेहरा मुस्कुराते हुए देखा।

and her eyes were full of lust
और उसकी आँखें वासना से भरी हुई थीं।

Siddhartha also felt desire for her
सिद्धार्थ ने भी उसके लिए इच्छा महसूस की।

he felt the source of his sexuality moving
उसने महसूस किया कि उसकी कामुकता का स्रोत आगे बढ़ रहा है।

but he had never touched a woman before
लेकिन उसने पहले कभी किसी औरत को नहीं छुआ था।

so he hesitated for a moment
इसलिए वह एक पल के लिए हिचकिचाया।

his hands were already prepared to reach out for her
उसके हाथ पहले से ही उसके पास पहुंचने के लिए तैयार थे।

but then he heard the voice of his innermost self

लेकिन फिर उसने अपने अंतरतम स्व की आवाज सुनी।

he shuddered with awe at his voice
वह उसकी आवाज़ सुनकर विस्मय से कांप उठा।

and this voice told him no
और इस आवाज़ ने उसे नहीं कहा

all charms disappeared from the young woman's smiling face
युवती के मुस्कुराते हुए चेहरे से सभी आकर्षण गायब हो गए।

he no longer saw anything else but a damp glance
उसे अब नम नज़र के अलावा और कुछ दिखाई नहीं दे रहा था।

all he could see was female animal in heat
वह केवल गर्मी में मादा जानवर देख सकता था।

Politely, he petted her cheek
विनम्रता से, उसने उसके गाल को चूमा।

he turned away from her and disappeared away
वह उससे दूर हो गया और गायब हो गया।

he left from the disappointed woman with light steps
वह हल्के कदमों से निराश महिला के पास से चला गया।

and he disappeared into the bamboo-wood
और वह बांस-लकड़ी में गायब हो गया।

he reached the large city before the evening
वह शाम होने से पहले बड़े शहर में पहुंच गया।

and he was happy to have reached the city
और वह शहर में पहुंचकर खुश था।

because he felt the need to be among people
क्योंकि उन्हें लोगों के बीच रहने की जरूरत महसूस हुई।

or a long time, he had lived in the forests
या लंबे समय तक, वह जंगलों में रहता था।

for first time in a long time he slept under a roof
लंबे समय में पहली बार वह एक छत के नीचे सोया

Before the city was a beautifully fenced garden
शहर से पहले एक सुंदर बाड़ वाला बगीचा था।

the traveller came across a small group of servants
यात्री नौकरों के एक छोटे समूह से मिला।

the servants were carrying baskets of fruit
नौकर फलों की टोकरी ले जा रहे थे।

four servants were carrying an ornamental sedan-chair
चार नौकर एक सजावटी सेडान-कुर्सी ले जा रहे थे।

on this chair sat a woman, the mistress
इस कुर्सी पर एक औरत, मालकिन बैठी थी।

she was on red pillows under a colourful canopy
वह एक रंगीन छतरी के नीचे लाल तकिए पर थी।

Siddhartha stopped at the entrance to the pleasure-garden
सिद्धार्थ आनंद-उद्यान के प्रवेश द्वार पर रुक गए।

and he watched the parade go by
और उसने परेड को गुजरते हुए देखा।

he saw saw the servants and the maids
उसने नौकरों और दासियों को देखा।

he saw the baskets and the sedan-chair
उसने टोकरी और सेडान-कुर्सी देखी।

and he saw the lady on the chair
और उसने महिला को कुर्सी पर देखा।

Under her black hair he saw a very delicate face
उसके काले बालों के नीचे उसने एक बहुत ही नाजुक चेहरा देखा।

a bright red mouth, like a freshly cracked fig
एक चमकदार लाल मुंह, एक ताजा फटे अंजीर की तरह

eyebrows which were well tended and painted in a high arch
भौंहें जो अच्छी तरह से झुकी हुई थीं और एक उच्च मेहराब में चित्रित की गई थीं

they were smart and watchful dark eyes
वे स्मार्ट और सतर्क अंधेरे आँखें थीं।

a clear, tall neck rose from a green and golden garment
एक हरे और सुनहरे वस्त्र से एक स्पष्ट, लंबी गर्दन उठी।

her hands were resting, long and thin

उसके हाथ आराम कर रहे थे, लंबे और पतले।

she had wide golden bracelets over her wrists
उसकी कलाई पर चौड़े सुनहरे कंगन थे।

Siddhartha saw how beautiful she was, and his heart rejoiced
सिद्धार्थ ने देखा कि वह कितनी सुंदर थी, और उसका दिल खुश हो गया।

He bowed deeply, when the sedan-chair came closer
वह गहराई से झुक गया, जब सेडान-कुर्सी करीब आ गई।

straightening up again, he looked at the fair, charming face
फिर से सीधा होकर, उसने निष्पक्ष, आकर्षक चेहरे को देखा।

he read her smart eyes with the high arcs
उसने उच्च चाप के साथ उसकी स्मार्ट आंखों को पढ़ा।

he breathed in a fragrance of something he did not know
उसने किसी ऐसी चीज की खुशबू में सांस ली जिसे वह नहीं जानता था।

With a smile, the beautiful woman nodded for a moment
एक मुस्कान के साथ, सुंदर महिला ने एक पल के लिए सिर हिलाया।

then she disappeared into the garden
फिर वह बगीचे में गायब हो गया।

and then the servants disappeared as well
और फिर नौकर भी गायब हो गए।

"I am entering this city with a charming omen" Siddhartha thought
"मैं एक आकर्षक शगुन के साथ इस शहर में प्रवेश कर रहा हूं" सिद्धार्थ ने सोचा।

He instantly felt drawn into the garden
उसने तुरंत बगीचे में खींचा हुआ महसूस किया।

but he thought about his situation
लेकिन उसने अपनी स्थिति के बारे में सोचा।

he became aware of how the servants and maids had looked at him
उसे पता चल गया कि नौकर और नौकरानियां उसे कैसे देखती हैं।

they thought him despicable, distrustful, and rejected him
उन्होंने उसे घृणित, अविश्वासी माना, और उसे अस्वीकार कर दिया।

"I am still a Samana" he thought
"मैं अभी भी एक सामना हूं," उन्होंने सोचा।

"I am still an ascetic and beggar"
"मैं अभी भी एक तपस्वी और भिखारी हूं"

"I must not remain like this"
'मुझे ऐसे नहीं रहना चाहिए'

"I will not be able to enter the garden like this," he laughed
"मैं इस तरह बगीचे में प्रवेश नहीं कर पाऊंगा," वह हँसे।

he asked the next person who came along the path about the garden
उसने रास्ते में आए अगले व्यक्ति से बगीचे के बारे में पूछा।

and he asked for the name of the woman
उसने उस स्त्री का नाम पूछा।

he was told that this was the garden of Kamala, the famous courtesan
उन्हें बताया गया कि यह प्रसिद्ध दरबारी कमला का बगीचा था।

and he was told that she also owned a house in the city
और उसे बताया गया कि उसके पास शहर में एक घर भी है।

Then, he entered the city with a goal
फिर, उसने एक लक्ष्य के साथ शहर में प्रवेश किया।

Pursuing his goal, he allowed the city to suck him in
अपने लक्ष्य का पीछा करते हुए, उसने शहर को उसे चूसने की अनुमति दी।

he drifted through the flow of the streets
वह सड़कों के प्रवाह के माध्यम से बह गया।

he stood still on the squares in the city
वह शहर में चौक-चौराहों पर स्थिर खड़ा था।

he rested on the stairs of stone by the river
उसने नदी के किनारे पत्थर की सीढ़ियों पर विश्राम किया।

When the evening came, he made friends with a barber's assistant
जब शाम हुई, तो उसने एक नाई के सहायक के साथ दोस्ती की।

he had seen him working in the shade of an arch
उसने उसे मेहराब की छाया में काम करते हुए देखा था।

and he found him again praying in a temple of Vishnu
और उसने उसे फिर से विष्णु के मंदिर में प्रार्थना करते हुए पाया।

he told about stories of Vishnu and the Lakshmi
उन्होंने विष्णु और लक्ष्मी की कहानियों के बारे में बताया।

Among the boats by the river, he slept this night
नदी के किनारे नावों के बीच, वह इस रात सोया था।

Siddhartha came to him before the first customers came into his shop
सिद्धार्थ उनकी दुकान में पहले ग्राहकों के आने से पहले उनके पास आए।

he had the barber's assistant shave his beard and cut his hair
उसने नाई के सहायक से अपनी दाढ़ी कटवाई और उसके बाल कटवाए।

he combed his hair and anointed it with fine oil
उसने अपने बालों में कंघी की और उसे महीन तेल से अभिषेक किया।

Then he went to take his bath in the river
फिर वह नदी में स्नान करने चला गया।

late in the afternoon, beautiful Kamala approached her garden
दोपहर की देर बाद, सुंदर कमला अपने बगीचे के पास पहुंची।

Siddhartha was standing at the entrance again
सिद्धार्थ फिर से प्रवेश द्वार पर खड़ा था।

he made a bow and received the courtesan's greeting
उसने एक धनुष बनाया और दरबारी का अभिवादन प्राप्त किया।

he got the attention of one of the servant
उसे नौकर में से एक का ध्यान मिला।

he asked him to inform his mistress
उसने उसे अपनी मालकिन को सूचित करने के लिए कहा।

"a young Brahman wishes to talk to her"
"एक युवा ब्राह्मण उससे बात करना चाहता है"

After a while, the servant returned
थोड़ी देर बाद नौकर लौट आया।

the servant asked Siddhartha to follow him
नौकर ने सिद्धार्थ को उसका पीछा करने के लिए कहा।

Siddhartha followed the servant into a pavilion
सिद्धार्थ नौकर के पीछे-पीछे मंडप में चला गया।

here Kamala was lying on a couch
यहां कमला एक सोफे पर लेटी हुई थी।

and the servant left him alone with her
और नौकर ने उसे उसके साथ अकेला छोड़ दिया।

"Weren't you also standing out there yesterday, greeting me?" asked Kamala
"क्या तुम भी कल वहाँ खड़े होकर मेरा अभिवादन नहीं कर रहे थे?" कमला ने पूछा।

"It's true that I've already seen and greeted you yesterday"
"यह सच है कि मैंने कल ही आपको देखा और बधाई दी है।

"But didn't you yesterday wear a beard, and long hair?"
"लेकिन क्या तुमने कल दाढ़ी और लंबे बाल नहीं पहने थे?

"and was there not dust in your hair?"
"और क्या तुम्हारे बालों में धूल नहीं थी?

"You have observed well, you have seen everything"
"आपने अच्छी तरह से देखा है, आपने सब कुछ देखा है।

"You have seen Siddhartha, the son of a Brahman"
"तुमने एक ब्राह्मण के पुत्र सिद्धार्थ को देखा है"

"the Brahman who has left his home to become a Samana"
"वह ब्राह्मण जिसने समन बनने के लिए अपना घर छोड़ दिया है"

"the Brahman who has been a Samana for three years"
"ब्राह्मण जो तीन साल से समन है"

"But now, I have left that path and came into this city"
"लेकिन अब, मैं उस रास्ते को छोड़ दिया है और इस शहर में आ गया हूं।

"and the first one I met, even before I had entered the city, was you"
"और शहर में प्रवेश करने से पहले ही मैं जिस पहले व्यक्ति से मिला, वह तुम थे।

"To say this, I have come to you, oh Kamala!"
"यह कहने के लिए, मैं तुम्हारे पास आया हूँ, हे कमला!

"before, Siddhartha addressed all woman with his eyes to

the ground"
"इससे पहले, सिद्धार्थ ने अपनी आंखों से सभी महिलाओं को जमीन पर संबोधित किया"
"You are the first woman whom I address otherwise"
"आप पहली महिला हैं जिन्हें मैं अन्यथा संबोधित करता हूं।
"Never again do I want to turn my eyes to the ground"
"मैं फिर कभी अपनी आँखें जमीन पर नहीं मोड़ना चाहता"
"I won't turn when I'm coming across a beautiful woman"
"जब मैं एक सुंदर महिला से मिल रहा हू तो मैं मुड़ूंगा नहीं।
Kamala smiled and played with her fan of peacocks' feathers
कमला मुस्कुराई और मोर के पंखों के अपने प्रशंसक के साथ खेला।
"And only to tell me this, Siddhartha has come to me?"
"और केवल मुझे यह बताने के लिए, सिद्धार्थ मेरे पास आए हैं?
"To tell you this and to thank you for being so beautiful"
"आपको यह बताने के लिए और इतनी सुंदर होने के लिए धन्यवाद देने के लिए"
"I would like to ask you to be my friend and teacher"
"मैं आपको अपना दोस्त और शिक्षक बनने के लिए कहना चाहता हूं।
"for I know nothing yet of that art which you have mastered"
"क्योंकि मैं अभी तक उस कला के बारे में कुछ नहीं जानता जिसे तुमने महारत हासिल की है।
At this, Kamala laughed aloud
इस पर कमला जोर से हंस पड़ीं।
"Never before this has happened to me, my friend"
"मेरे साथ ऐसा पहले कभी नहीं हुआ, मेरे दोस्त।
"a Samana from the forest came to me and wanted to learn from me!"
"जंगल से एक समाना मेरे पास आया और मुझसे सीखना चाहता था!
"Never before this has happened to me"
"मेरे साथ ऐसा पहले कभी नहीं हुआ"
"a Samana came to me with long hair and an old, torn loincloth!"

"एक सामना लंबे बालों और एक पुराने, फटे हुए कपड़े के साथ मेरे पास आया!"

"Many young men come to me"
"कई युवा मेरे पास आते हैं"

"and there are also sons of Brahmans among them"
"और उनमें ब्राह्मणों के पुत्र भी हैं।

"but they come in beautiful clothes"
"लेकिन वे सुंदर कपड़ों में आते हैं"

"they come in fine shoes"
"वे अच्छे जूते में आते हैं"

"they have perfume in their hair
"उनके बालों में इत्र है।

"and they have money in their pouches"
"और उनके पाउच में पैसे हैं"

"This is how the young men are like, who come to me"
"ऐसे ही जवान होते हैं, जो मेरे पास आते हैं"

Spoke Siddhartha, "Already I am starting to learn from you"
सिद्धार्थ बोले, "पहले से ही मैं आपसे सीखना शुरू कर रहा हूं"

"Even yesterday, I was already learning"
"कल भी, मैं पहले से ही सीख रहा था"

"I have already taken off my beard"
"मैंने पहले ही अपनी दाढ़ी उतार दी है"

"I have combed the hair"
"मैंने बालों को कंघी की है"

"and I have oil in my hair"
"और मेरे बालों में तेल है"

"There is little which is still missing in me"
"मेरे अंदर अभी भी बहुत कम कमी है"

"oh excellent one, fine clothes, fine shoes, money in my pouch"
"ओह बहुत बढ़िया, बढ़िया कपड़े, बढ़िया जूते, मेरी थैली में पैसा"

"You shall know Siddhartha has set harder goals for himself"

"आपको पता होगा कि सिद्धार्थ ने अपने लिए कठिन लक्ष्य निर्धारित किए हैं"

"and he has reached these goals"

"और वह इन लक्ष्यों तक पहुंच गया है"

"How shouldn't I reach that goal?"

"मुझे उस लक्ष्य तक कैसे नहीं पहुंचना चाहिए?"

"the goal which I have set for myself yesterday"

"वह लक्ष्य जो मैंने कल अपने लिए निर्धारित किया है"

"to be your friend and to learn the joys of love from you"

"आपका दोस्त बनना और आपसे प्यार की खुशियां सीखना"

"You'll see that I'll learn quickly, Kamala"

"आप देखेंगे कि मैं जल्दी सीख जाऊँगा, कमला"

"I have already learned harder things than what you're supposed to teach me"

"मैंने पहले से ही कठिन चीजें सीखी हैं जो आप मुझे सिखाने वाले हैं।

"And now let's get to it"

"और अब चलो इस पर आते हैं"

"You aren't satisfied with Siddhartha as he is?"

"आप सिद्धार्थ से संतुष्ट नहीं हैं जैसा कि वह है?

"with oil in his hair, but without clothes"

"अपने बालों में तेल के साथ, लेकिन कपड़ों के बिना"

"Siddhartha without shoes, without money"

"बिना जूतों के, बिना पैसे के"

Laughing, Kamala exclaimed, "No, my dear"

हंसते हुए, कमला ने कहा, "नहीं, मेरे प्रिय"

"he doesn't satisfy me, yet"

"वह मुझे संतुष्ट नहीं करता है, फिर भी"

"Clothes are what he must have"

"कपड़े वही हैं जो उसके पास होने चाहिए"

"pretty clothes, and shoes is what he needs"

"सुंदर कपड़े, और जूते वह है जो उसे चाहिए"

"pretty shoes, and lots of money in his pouch"

"सुंदर जूते, और उसकी थैली में बहुत सारे पैसे"

"and he must have gifts for Kamala"
"और उसके पास कमला के लिए उपहार होना चाहिए"

"Do you know it now, Samana from the forest?"
"क्या तुम अब इसे जानते हो, जंगल से समाना?"

"Did you mark my words?"
"क्या आपने मेरे शब्दों को चिह्नित किया?"

"Yes, I have marked your words," Siddhartha exclaimed
"हां, मैंने आपके शब्दों को चिह्नित किया है," सिद्धार्थ ने कहा।

"How should I not mark words which are coming from such a mouth!"
"मुझे ऐसे शब्दों को कैसे चिह्नित नहीं करना चाहिए जो ऐसे मुंह से आ रहे हैं!

"Your mouth is like a freshly cracked fig, Kamala"
"तुम्हारा मुंह एक ताज़े फटे अंजीर की तरह है, कमला"

"My mouth is red and fresh as well"
"मेरा मुंह लाल और ताजा भी है"

"it will be a suitable match for yours, you'll see"
"यह आपके लिए एक उपयुक्त मैच होगा, आप देखेंगे"

"But tell me, beautiful Kamala"
"लेकिन मुझे बताओ, सुंदर कमला"

"aren't you at all afraid of the Samana from the forest""
"क्या तुम जंगल से आने वाले समाना से बिल्कुल नहीं डरते हो"

"the Samana who has come to learn how to make love"
"वह सामना जो प्यार करना सीखने आया है"

"Whatever for should I be afraid of a Samana?"
"मुझे सामना से डरना क्यों चाहिए?

"a stupid Samana from the forest"
"जंगल से एक बेवकूफ सामना"

"a Samana who is coming from the jackals"
"एक सामना जो सियार से आ रहा है"

"a Samana who doesn't even know yet what women are?"
"एक समाना जो अभी तक यह भी नहीं जानता कि महिलाएं क्या हैं?"

"Oh, he's strong, the Samana"

"ओह, वह मजबूत है, सामना"
"and he isn't afraid of anything"
"और वह किसी भी चीज़ से डरता नहीं है"
"He could force you, beautiful girl"
"वह आपको मजबूर कर सकता है, सुंदर लड़की"
"He could kidnap you and hurt you"
"वह आपका अपहरण कर सकता है और आपको चोट पहुंचा सकता है"
"No, Samana, I am not afraid of this"
"नहीं, सामाना, मुझे इस बात का डर नहीं है"
"Did any Samana or Brahman ever fear someone might come and grab him?"
क्या किसी समन या ब्राह्मण को कभी डर था कि कोई आकर उसे पकड़ सकता है?
"could he fear someone steals his learning?"
"क्या वह डर सकता है कि कोई उसकी शिक्षा चुरा ता है?
"could anyone take his religious devotion"
"क्या कोई उनकी धार्मिक भक्ति ले सकता है"
"is it possible to take his depth of thought?
"क्या उनके विचारों की गहराई को लेना संभव है?
"No, because these things are his very own"
"नहीं, क्योंकि ये बातें उसकी अपनी हैं"
"he would only give away the knowledge he is willing to give"
"वह केवल उस ज्ञान को देगा जो वह देने के लिए तैयार है।
"he would only give to those he is willing to give to"
"वह केवल उन लोगों को देगा जिन्हें वह देने के लिए तैयार है।
"precisely like this it is also with Kamala"
"ठीक इसी तरह कमला के साथ भी ऐसा ही है"
"and it is the same way with the pleasures of love"
"और यह प्यार के सुख के साथ भी ऐसा ही है।
"Beautiful and red is Kamala's mouth," answered Siddhartha
"कमला का मुंह सुंदर और लाल है," सिद्धार्थ ने जवाब दिया।
"but don't try to kiss it against Kamala's will"

"लेकिन कमला की इच्छा के विरुद्ध इसे चूमने की कोशिश मत करो"

"because you will not obtain a single drop of sweetness from it"

"क्योंकि आप इससे मिठास की एक बूंद भी प्राप्त नहीं करेंगे"

"You are learning easily, Siddhartha"

"आप आसानी से सीख रहे हैं, सिद्धार्थ"

"you should also learn this"

"आपको यह भी सीखना चाहिए"

"love can be obtained by begging, buying"

"प्यार भीख मांगने, खरीदने से प्राप्त किया जा सकता है"

"you can receive it as a gift"

"आप इसे उपहार के रूप में प्राप्त कर सकते हैं"

"or you can find it in the street"

"या आप इसे सड़क पर पा सकते हैं"

"but love cannot be stolen"

"लेकिन प्यार चुराया नहीं जा सकता"

"In this, you have come up with the wrong path"

"इसमें, आप गलत रास्ते पर आ गए हैं"

"it would be a pity if you would want to tackle love in such a wrong manner"

"यह अफ़सोस की बात होगी अगर आप इस तरह के गलत तरीके से प्यार से निपटना चाहते हैं।

Siddhartha bowed with a smile

सिद्धार्थ मुस्कुराते हुए झुक गए।

"It would be a pity, Kamala, you are so right"

"अफ़सोस की बात होगी, कमला, तुम बहुत सही कह रही हो"

"It would be such a great pity"

"यह बहुत अफ़सोस की बात होगी"

"No, I shall not lose a single drop of sweetness from your mouth"

"नहीं, मैं तुम्हारे मुँह से मिठास की एक बूंद भी नहीं खोऊँगा"

"nor shall you lose sweetness from my mouth"

"और न ही तुम मेरे मुंह से मिठास खोओगे"

"So it is agreed. Siddhartha will return"
उन्होंने कहा, 'इसलिए इस पर सहमति बनी है। सिद्धार्थ वापस आएंगे"
"Siddhartha will return once he has what he still lacks"
"सिद्धार्थ तब वापस आएंगे जब उनके पास वह होगा जो उनके पास अभी भी कमी है"
"he will come back with clothes, shoes, and money"
"वह कपड़े, जूते और पैसे के साथ वापस आएगा"
"But speak, lovely Kamala, couldn't you still give me one small advice?"
"लेकिन बोलो, प्यारी कमला, क्या तुम अभी भी मुझे एक छोटी सी सलाह नहीं दे सकती हो?
"Give you an advice? Why not?"
"आपको एक सलाह दें? क्यों नहीं?"
"Who wouldn't like to give advice to a poor, ignorant Samana?"
"एक गरीब, अज्ञानी सामना को कौन सलाह नहीं देना चाहेगा?
"Dear Kamala, where I should go to find these three things most quickly?"
"प्रिय कमला, मुझे इन तीन चीजों को सबसे जल्दी खोजने के लिए कहां जाना चाहिए?
"Friend, many would like to know this"
"दोस्त, बहुत से लोग यह जानना चाहते हैं"
"You must do what you've learned and ask for money"
"आपको वही करना चाहिए जो आपने सीखा है और पैसे मांगें।
"There is no other way for a poor man to obtain money"
"एक गरीब आदमी के लिए पैसा प्राप्त करने का कोई अन्य तरीका नहीं है"
"What might you be able to do?"
"आप क्या कर सकते हैं?
"I can think. I can wait. I can fast" said Siddhartha
"मैं सोच सकता हूँ। मैं इंतजार कर सकता हूं। मैं उपवास कर सकता हूं" सिद्धार्थ ने कहा।
"Nothing else?" asked Kamala
"और कुछ नहीं?" कमला ने पूछा।

"yes, I can also write poetry"
"हाँ, मैं कविता भी लिख सकता हूँ"
"Would you like to give me a kiss for a poem?"
"क्या आप मुझे एक कविता के लिए एक चुंबन देना चाहेंगे?
"I would like to, if I like your poem"
"अगर मुझे आपकी कविता पसंद आई तो मैं चाहूंगा"
"What would be its title?"
"इसका शीर्षक क्या होगा?
Siddhartha spoke, after he had thought about it for a moment
सिद्धार्थ ने एक पल के लिए इसके बारे में सोचने के बाद बात की।
"Into her shady garden stepped the pretty Kamala"
"अपने छायादार बगीचे में सुंदर कमला ने कदम रखा"
"At the garden's entrance stood the brown Samana"
"बगीचे के प्रवेश द्वार पर भूरे रंग का समाना खड़ा था"
"Deeply, seeing the lotus's blossom, Bowed that man"
"गहराई से, कमल के खिलने को देखकर, उस आदमी को नमन किया"
"and smiling, Kamala thanked him"
"और मुस्कुराते हुए, कमला ने उसे धन्यवाद दिया"
"More lovely, thought the young man, than offerings for gods"
"देवताओं के लिए प्रसाद की तुलना में युवा आदमी ने सोचा अधिक प्यारा"
Kamala clapped her hands so loud that the golden bracelets clanged
कमला ने अपने हाथों को इतनी जोर से ताली बजाई कि सुनहरे कंगन गूंज उठे।
"Beautiful are your verses, oh brown Samana"
"आपके छंद सुंदर हैं, ओह ब्राउन सामना"
"and truly, I'm losing nothing when I'm giving you a kiss for them"
"और सच में, जब मैं आपको उनके लिए चुंबन दे रहा हूं तो मैं कुछ भी नहीं खो रहा हूं।
She beckoned him with her eyes

उसने उसे अपनी आँखों से इशारा किया।
he tilted his head so that his face touched hers
उसने अपना सिर झुका या ताकि उसका चेहरा उसे छू सके।
and he placed his mouth on her mouth
और उसने अपना मुँह उसके मुँह पर रख दिया।
the mouth which was like a freshly cracked fig
मुंह जो एक ताजे फटे अंजीर की तरह था
For a long time, Kamala kissed him
काफी देर तक कमला उसे चूमती रही।
and with a deep astonishment Siddhartha felt how she taught him
और एक गहरी आश्चर्य के साथ सिद्धार्थ ने महसूस किया कि उसने उसे कैसे सिखाया
he felt how wise she was
उसने महसूस किया कि वह कितना बुद्धिमान था।
he felt how she controlled him
उसने महसूस किया कि वह उसे कैसे नियंत्रित करता है।
he felt how she rejected him
उसने महसूस किया कि उसने उसे कैसे अस्वीकार कर दिया।
he felt how she lured him
उसने महसूस किया कि उसने उसे कैसे लुभाया।
and he felt how there were to be more kisses
और उसने महसूस किया कि कैसे और अधिक चुंबन होने थे।
every kiss was different from the others
हर चुंबन दूसरों से अलग था।
he was still, when he received the kisses
वह अभी भी था, जब उसे चुंबन मिला।
Breathing deeply, he remained standing where he was
गहरी सांस लेते हुए वह जहां था वहीं खड़ा रहा।
he was astonished like a child about the things worth learning
वह सीखने लायक चीजों के बारे में एक बच्चे की तरह आश्चर्यचकित था।
the knowledge revealed itself before his eyes

ज्ञान ने अपनी आँखों के सामने खुद को प्रकट किया।

"Very beautiful are your verses" exclaimed Kamala

"तुम्हारे छंद बहुत सुंदर हैं," कमला ने कहा।

"if I were rich, I would give you pieces of gold for them"

"अगर मैं अमीर होता, तो मैं आपको उनके लिए सोने के टुकड़े देता।

"But it will be difficult for you to earn enough money with verses"

"लेकिन तुम्हारे लिए छंदों के साथ पर्याप्त पैसा कमाना मुश्किल होगा"

"because you need a lot of money, if you want to be Kamala's friend"

"क्योंकि आपको बहुत सारे पैसे की ज़रूरत है, अगर आप कमला के दोस्त बनना चाहते हैं"

"The way you're able to kiss, Kamala!" stammered Siddhartha

"जिस तरह से तुम किस कर पा रही हो, कमला!" सिद्धार्थ ने हकलाते हुए कहा।

"Yes, this I am able to do"

"हाँ, यह मैं करने में सक्षम हूँ"

"therefore I do not lack clothes, shoes, bracelets"

"इसलिए मुझे कपड़े, जूते, कंगन की कमी नहीं है"

"I have all the beautiful things"

"मेरे पास सभी सुंदर चीजें हैं"

"But what will become of you?"

"लेकिन तुम्हारा क्या होगा?

"Aren't you able to do anything else?"

"क्या आप कुछ और नहीं कर सकते?

"can you do mroe than think, fast, and make poetry?"

"क्या आप सोचने, उपवास करने और कविता बनाने से ज्यादा कर सकते हैं?

"I also know the sacrificial songs" said Siddhartha

सिद्धार्थ ने कहा, "मैं बलिदान के गीतों को भी जानता हूं।

"but I do not want to sing those songs any more"

"लेकिन मैं उन गीतों को और नहीं गाना चाहता।

"I also know how to make magic spells"
"मुझे जादू मंत्र बनाना भी आता है"

"but I do not want to speak them any more"
"लेकिन मैं उन्हें और अधिक नहीं बोलना चाहता।

"I have read the scriptures"
'मैंने शास्त्र पढ़े हैं'

"Stop!" Kamala interrupted him
"रुक जाओ!" कमला ने उसे टोका।

"You're able to read and write?"
"आप पढ़ और लिख सकते हैं?

"Certainly, I can do this, many people can"
"निश्चित रूप से, मैं यह कर सकता हूं, कई लोग कर सकते हैं।

"Most people can't," Kamala replied
"ज्यादातर लोग नहीं कर सकते," कमला ने जवाब दिया।

"I am also one of those who can't do it"
"मैं भी उन लोगों में से एक हूं जो ऐसा नहीं कर सकते।

"It is very good that you're able to read and write"
"यह बहुत अच्छा है कि आप पढ़ने और लिखने में सक्षम हैं।

"you will also find use for the magic spells"
"आप जादू मंत्र के लिए भी उपयोग पाएंगे'

In this moment, a maid came running in
इसी क्षण एक नौकरानी दौड़कर अंदर आई।

she whispered a message into her mistress's ear
उसने अपनी मालकिन के कान में एक संदेश फुसफुसाया।

"There's a visitor for me" exclaimed Kamala
"मेरे लिए एक आगंतुक है," कमला ने कहा।

"Hurry and get yourself away, Siddhartha"
"जल्दी करो और खुद को दूर करो, सिद्धार्थ"

"nobody may see you in here, remember this!"
"कोई भी आपको यहाँ नहीं देख सकता है, यह याद रखें!

"Tomorrow, I'll see you again"
"कल, मैं आपको फिर से मिलूंगा"

Kamala ordered her maid to give Siddhartha white garments

कमला नें अपनी नौकरानी को सिद्धार्थ को सफेद वस्त्र देने का आदेश दिया।
and then Siddhartha found himself being dragged away by the maid
और फिर सिद्धार्थ ने खुद को नौकरानी द्वारा खींचकर दूर ले जाते हुए पाया।
he was brought into a garden-house out of sight of any paths
उसे किसी भी रास्ते की दृष्टि से बाहर एक बगीचे-घर में लाया गया था।
then he was led into the bushes of the garden
फिर उसे बगीचे की झाड़ियों में ले जाया गया।
he was urged to get himself out of the garden as soon as possible
उसे जल्द से जल्द बगीचे से बाहर निकलने का आग्रह किया गया था।
and he was told he must not be seen
और उसे बताया गया कि उसे नहीं देखा जाना चाहिए।
he did as he had been told
उसने वैसा ही किया जैसा उसे बताया गया था।
he was accustomed to the forest
वह जंगल का आदी था।
so he managed to get out without making a sound
इसलिए वह बिना आवाज किए बाहर निकलने में कामयाब रहा।

he returned to the city carrying the rolled up garments under his arm
वह लुढ़के हुए कपड़ों को अपनी बांह के नीचे लेकर शहर लौट आया।
At the inn, where travellers stay, he positioned himself by the door
सराय में, जहां यात्री ठहरते हैं, उन्होंने खुद को दरवाजे के पास तैनात किया।
without words he asked for food
बिना शब्दों के उसने भोजन मांगा।
without a word he accepted a piece of rice-cake
एक शब्द के बिना उन्होंने चावल-केक का एक टुकड़ा स्वीकार कर लिया।
he thought about how he had always begged
उसने सोचा कि वह हमेशा कैसे भीख मांगता था।
"Perhaps as soon as tomorrow I will ask no one for food any

more"
"शायद कल जितनी जल्दी मैं किसी से भोजन के लिए नहीं मांगूंगा"

Suddenly, pride flared up in him
अचानक, उसके अंदर गर्व भड़क उठा।

He was no Samana any more
वह अब कोई सामना नहीं था।

it was no longer appropriate for him to beg for food
भोजन के लिए भीख मांगना अब उसके लिए उचित नहीं था।

he gave the rice-cake to a dog
उसने एक कुत्ते को चावल-केक दिया।

and that night he remained without food
और उस रात वह बिना भोजन के पड़ा रहा।

Siddhartha thought to himself about the city
सिद्धार्थ ने मन ही मन शहर के बारे में सोचा।

"Simple is the life which people lead in this world"
"सरल वह जीवन है जो लोग इस दुनिया में जीते हैं।

"this life presents no difficulties"
"यह जीवन कोई कठिनाई प्रस्तुत नहीं करता है"

"Everything was difficult and toilsome when I was a Samana"
"जब मैं एक सामना था तो सब कुछ मुश्किल और कठिन था"

"as a Samana everything was hopeless"
"एक सामना के रूप में सब कुछ निराशाजनक था"

"but now everything is easy"
"लेकिन अब सब कुछ आसान है"

"it is easy like the lesson in kissing from Kamala"
"यह कमला से चुंबन में सबक की तरह आसान है"

"I need clothes and money, nothing else"
"मुझे कपड़े और पैसे चाहिए, और कुछ नहीं।

"these goals are small and achievable"
"ये लक्ष्य छोटे और प्राप्त करने योग्य हैं"

"such goals won't make a person lose any sleep"
"इस तरह के लक्ष्य किसी व्यक्ति को नींद नहीं खोएंगे"

the next day he returned to Kamala's house
अगले दिन वह कमला के घर लौट आया।
"Things are working out well" she called out to him
"चीजें अच्छी तरह से काम कर रही हैं," उसने उसे बुलाया।
"They are expecting you at Kamaswami's"
"वे कामस्वामी के घर में आपसे उम्मीद कर रहे हैं"
"he is the richest merchant of the city"
"वह शहर का सबसे अमीर व्यापारी है"
"If he likes you, he'll accept you into his service"
"अगर वह आपको पसंद करता है, तो वह आपको अपनी सेवा में स्वीकार करेगा।
"but you must be smart, brown Samana"
"लेकिन आपको स्मार्ट होना चाहिए, ब्राउन समाना"
"I had others tell him about you"
"मैंने दूसरों को आपके बारे में बताया"
"Be polite towards him, he is very powerful"
"उसके प्रति विनम्र रहो, वह बहुत शक्तिशाली है"
"But I warn you, don't be too modest!"
"लेकिन मैं आपको चेतावनी देता हूं, बहुत विनम्र मत बनो!
"I do not want you to become his servant"
"मैं नहीं चाहता कि तुम उसके सेवक बनो"
"you shall become his equal"
"तुम उसके बराबर हो जाओगे"
"or else I won't be satisfied with you"
"नहीं तो मैं आपसे संतुष्ट नहीं होऊँगा"
"Kamaswami is starting to get old and lazy"
"कामस्वामी बूढ़ा और आलसी होने लगा है"
"If he likes you, he'll entrust you with a lot"
"अगर वह आपको पसंद करता है, तो वह आपको बहुत कुछ सौंपेगा।
Siddhartha thanked her and laughed
सिद्धार्थ ने उसे धन्यवाद दिया और हंस दिया।
she found out that he had not eaten

उसे पता चला कि उसने खाना नहीं खाया है।
so she sent him bread and fruits
इसलिए उसने उसे रोटी और फल भेजे।

"You've been lucky" she said when they parted
"आप भाग्यशाली रहे हैं," उसने कहा जब वे अलग हो गए।

"I'm opening one door after another for you"
"मैं तुम्हारे लिए एक के बाद एक दरवाजे खोल रहा हूँ"

"How come? Do you have a spell?"
"कैसे? क्या आपके पास एक मंत्र है?

"I told you I knew how to think, to wait, and to fast"
"मैंने आपको बताया कि मुझे पता है कि कैसे सोचना है, इंतजार करना है, और उपवास करना है।

"but you thought this was of no use"
"लेकिन आपने सोचा कि इसका कोई फायदा नहीं था"

"But it is useful for many things"
"लेकिन यह कई चीजों के लिए उपयोगी है"

"Kamala, you'll see that the stupid Samanas are good at learning"
"कमला, आप देखेंगे कि बेवकूफ समाना सीखने में अच्छे हैं"

"you'll see they are able to do many pretty things in the forest"
"आप देखेंगे कि वे जंगल में कई सुंदर चीजें करने में सक्षम हैं।

"things which the likes of you aren't capable of"
"चीजें जो आप जैसे लोग करने में सक्षम नहीं हैं"

"The day before yesterday, I was still a shaggy beggar"
"परसों, मैं अभी भी एक शैगी भिखारी था"

"as recently as yesterday I have kissed Kamala"
"हाल ही में कल मैंने कमला को चूमा है"

"and soon I'll be a merchant and have money"
"और जल्द ही मैं एक व्यापारी बन जाऊंगा और मेरे पास पैसा होगा।

"and I'll have all those things you insist upon"
"और मेरे पास वे सभी चीजें होंगी जिन पर आप जोर देते हैं"

"Well yes," she admitted, "but where would you be without

me?"

"ठीक है," उसने स्वीकार किया, "लेकिन आप मेरे बिना कहाँ होंगे?

"What would you be, if Kamala wasn't helping you?"

"अगर कमला तुम्हारी मदद नहीं कर रही होती तो तुम क्या होते?

"Dear Kamala" said Siddhartha

"प्रिय कमला," सिद्धार्थ ने कहा।

and he straightened up to his full height

और वह अपनी पूरी ऊंचाई तक सीधा हो गया।

"when I came to you into your garden, I did the first step"

"जब मैं तुम्हारे बगीचे में आया, तो मैंने पहला कदम उठाया।

"It was my resolution to learn love from this most beautiful woman"

"इस सबसे खूबसूरत महिला से प्यार सीखने का मेरा संकल्प था"

"that moment I had made this resolution"

"उसी क्षण मैंने यह संकल्प लिया था"

"and I knew I would carry it out"

"और मुझे पता था कि मैं इसे पूरा करूंगा"

"I knew that you would help me"

"मुझे पता था कि आप मेरी मदद करेंगे"

"at your first glance at the entrance of the garden I already knew it"

"बगीचे के प्रवेश द्वार पर आपकी पहली नज़र में मुझे पहले से ही यह पता था।

"But what if I hadn't been willing?" asked Kamala

"लेकिन क्या होता अगर मैं तैयार नहीं होती?" कमला ने पूछा।

"You were willing" replied Siddhartha

"आप तैयार थे," सिद्धार्थ ने जवाब दिया।

"When you throw a rock into water, it takes the fastest course to the bottom"

"जब आप एक चट्टान को पानी में फेंकते हैं, तो यह नीचे की ओर सबसे तेज़ रास्ता लेता है।

"This is how it is when Siddhartha has a goal"

"ऐसा तब होता है जब सिद्धार्थ का एक लक्ष्य होता है"

"Siddhartha does nothing; he waits, he thinks, he fasts"
"सिद्धार्थ कुछ नहीं करता; वह इंतजार करता है, वह सोचता है, वह उपवास करता है।

"but he passes through the things of the world like a rock through water"
"लेकिन वह पानी के माध्यम से चट्टान की तरह दुनिया की चीजों से गुजरता है"

"he passed through the water without doing anything"
"वह बिना कुछ किए पानी से गुजर गया"

"he is drawn to the bottom of the water"
"वह पानी के तल पर खींचा गया है"

"he lets himself fall to the bottom of the water"
"वह खुद को पानी के तल पर गिरने देता है"

"His goal attracts him towards it"
"उसका लक्ष्य उसे अपनी ओर आकर्षित करता है"

"he doesn't let anything enter his soul which might oppose the goal"
"वह अपनी आत्मा में कुछ भी प्रवेश नहीं करने देता है जो लक्ष्य का विरोध कर सकता है।

"This is what Siddhartha has learned among the Samanas"
"यही सिद्धार्थ ने सामना के बीच सीखा है"

"This is what fools call magic"
"यह वही है जिसे मूर्ख जादू कहते हैं"

"they think it is done by daemons"
"उन्हें लगता है कि यह डेमन द्वारा किया जाता है"

"but nothing is done by daemons"
"लेकिन डेमन द्वारा कुछ भी नहीं किया जाता है"

"there are no daemons in this world"
"इस दुनिया में कोई डेमन नहीं है"

"Everyone can perform magic, should they choose to"
"हर कोई जादू कर सकता है, अगर वे चुनते हैं"

"everyone can reach his goals if he is able to think"
"हर कोई अपने लक्ष्यों तक पहुंच सकता है यदि वह सोचने में सक्षम है।

"everyone can reach his goals if he is able to wait"
"हर कोई अपने लक्ष्यों तक पहुंच सकता है यदि वह इंतजार करने में सक्षम है।

"everyone can reach his goals if he is able to fast"
"हर कोई अपने लक्ष्यों तक पहुंच सकता है यदि वह उपवास करने में सक्षम है।

Kamala listened to him; she loved his voice
कमला ने उसकी बात सुनी; वह उसकी आवाज से प्यार करता था।

she loved the look from his eyes
उसे अपनी आंखों से दिखना बहुत पसंद था।

"Perhaps it is as you say, friend"
"शायद जैसा आप कहते हैं, दोस्त।

"But perhaps there is another explanation"
"लेकिन शायद एक और स्पष्टीकरण है"

"Siddhartha is a handsome man"
"सिद्धार्थ एक सुंदर आदमी है"

"his glance pleases the women"
"उसकी नज़र महिलाओं को खुश करती है"

"good fortune comes towards him because of this"
"इस वजह से सौभाग्य उसकी ओर आता है"

With one kiss, Siddhartha bid his farewell
एक चुंबन के साथ, सिद्धार्थ ने अपनी विदाई दी

"I wish that it should be this way, my teacher"
"मैं चाहता हूं कि यह इस तरह होना चाहिए, मेरे शिक्षक।

"I wish that my glance shall please you"
"मैं चाहता हूं कि मेरी नज़र आपको खुश करे।

"I wish that that you always bring me good fortune"
"मैं कामना करता हूं कि आप हमेशा मेरे लिए अच्छा भाग्य लाएं।

With the Childlike People
बच्चों जैसे लोगों के साथ

Siddhartha went to Kamaswami the merchant
सिद्धार्थ व्यापारी कामस्वामी के पास गए।

he was directed into a rich house
उसे एक अमीर घर में ले जाया गया।

servants led him between precious carpets into a chamber
नौकर उसे कीमती कालीनों के बीच एक कक्ष में ले गए।

in the chamber was where he awaited the master of the house
कक्ष में वह जगह थी जहां वह घर के मालिक की प्रतीक्षा कर रहा था।

Kamaswami entered swiftly into the room
कामस्वामी तेजी से कमरे में दाखिल हुआ।

he was a smoothly moving man
वह एक सहज रूप से चलने वाला आदमी था।

he had very gray hair and very intelligent, cautious eyes
उसके पास बहुत भूरे बाल और बहुत बुद्धिमान, सतर्क आँखें थीं।

and he had a greedy mouth
और उसके पास एक लालची मुंह था।

Politely, the host and the guest greeted one another
विनम्रता से, मेजबान और अतिथि ने एक दूसरे का अभिवादन किया।

"I have been told that you were a Brahman" the merchant began
"मुझे बताया गया है कि आप एक ब्राह्मण थे," व्यापारी ने शुरू किया।

"I have been told that you are a learned man"
"मुझे बताया गया है कि आप एक विद्वान व्यक्ति हैं"

"and I have also been told something else"
"और मुझे कुछ और भी बताया गया है"

"you seek to be in the service of a merchant"
"आप एक व्यापारी की सेवा में रहना चाहते हैं"

"Might you have become destitute, Brahman, so that you seek to serve?"

"क्या तुम बेसहारा हो गए हो, ब्राह्मण, ताकि तुम सेवा करना चाहो?

"No," said Siddhartha, "I have not become destitute"

"नहीं," सिद्धार्थ ने कहा, "मैं बेसहारा नहीं हुआ हूँ"

"nor have I ever been destitute" added Siddhartha

सिद्धार्थ ने कहा, "न ही मैं कभी बेसहारा रहा हूं।

"You should know that I'm coming from the Samanas"

"तुम्हें पता होना चाहिए कि मैं सामना से आ रहा हूँ"

"I have lived with them for a long time"

"मैं लंबे समय से उनके साथ रह रहा हूं"

"you are coming from the Samanas"

"तुम सामना से आ रहे हो"

"how could you be anything but destitute?"

"आप बेसहारा के अलावा कुछ भी कैसे हो सकते हैं?

"Aren't the Samanas entirely without possessions?"

"क्या समणा पूरी तरह से संपत्ति के बिना नहीं हैं?

"I am without possessions, if that is what you mean" said Siddhartha

"मैं संपत्ति के बिना हूं, अगर आपका मतलब यही है" सिद्धार्थ ने कहा

"But I am without possessions voluntarily"

"लेकिन मैं स्वेच्छा से संपत्ति के बिना हूं"

"and therefore I am not destitute"

"और इसलिए मैं निराश्रित नहीं हूँ"

"But what are you planning to live of, being without possessions?"

"लेकिन आप संपत्ति के बिना रहने के लिए क्या योजना बना रहे हैं?

"I haven't thought of this yet, sir"

"मैंने अभी तक इस बारे में नहीं सोचा है, सर"

"For more than three years, I have been without possessions"

"तीन साल से अधिक समय से, मैं बिना संपत्ति के रहा हूं"

"and I have never thought about of what I should live"

"और मैंने कभी नहीं सोचा कि मुझे क्या जीना चाहिए"

"So you've lived of the possessions of others"

"तो आप दूसरों की संपत्ति के बारे में जीते हैं"

"Presumable, this is how it is?"
"अनुमान है, यह ऐसा ही है?
"Well, merchants also live of what other people own"
"ठीक है, व्यापारी भी वही जीते हैं जो अन्य लोगों के पास है।
"Well said," granted the marchent
"अच्छा कहा," मार्चेंट ने स्वीकार किया।
"But he wouldn't take anything from another person for nothing"
"लेकिन वह किसी अन्य व्यक्ति से कुछ भी नहीं लेगा"
"he would give his merchandise in return" said Kamaswami
कामास्वामी ने कहा, "वह बदले में अपना माल देगा।
"So it seems to be indeed"
"तो यह वास्तव में लगता है"
"Everyone takes, everyone gives, such is life"
"हर कोई लेता है, हर कोई देता है, ऐसा जीवन है।
"But if you don't mind me asking, I have a question"
"लेकिन अगर आपको मेरे पूछने पर कोई आपत्ति नहीं है, तो मेरे पास एक सवाल है।
"being without possessions, what would you like to give?"
"संपत्ति के बिना, आप क्या देना चाहेंगे?
"Everyone gives what he has"
"हर कोई वही देता है जो उसके पास है"
"The warrior gives strength"
"योद्धा ताकत देता है"
"the merchant gives merchandise"
"व्यापारी माल देता है"
"the teacher gives teachings"
"शिक्षक शिक्षा देता है"
"the farmer gives rice"
"किसान चावल देता है"
"the fisher gives fish"
"मछुआरा मछली देता है"
"Yes indeed. And what is it that you've got to give?"

"हाँ सचमुच। और यह क्या है जो आपको देना है?
"What is it that you've learned?"
"आपने क्या सीखा है?
"what you're able to do?"
"आप क्या कर सकते हैं?
"I can think. I can wait. I can fast"
"मैं सोच सकता हूँ। मैं इंतजार कर सकता हूं। मैं उपवास कर सकता हूं"
"That's everything?" asked Kamaswami
"यही सब कुछ है?" कामस्वामी ने पूछा।
"I believe that is everything there is!"
"मुझे विश्वास है कि यह सब कुछ है!
"And what's the use of that?"
"और इसका क्या फायदा?
"For example; fasting. What is it good for?"
"उदाहरण के लिए; उपवास। यह किस लिए अच्छा है?
"It is very good, sir"
"बहुत अच्छा है सर"
"there are times a person has nothing to eat"
"ऐसे समय होते हैं जब किसी व्यक्ति के पास खाने के लिए कुछ नहीं होता है।
"then fasting is the smartest thing he can do"
"तो उपवास सबसे चतुर चीज है जो वह कर सकता है।
"there was a time where Siddhartha hadn't learned to fast"
"एक समय था जहां सिद्धार्थ ने उपवास करना नहीं सीखा था"
"in this time he had to accept any kind of service"
"इस समय में उसे किसी भी प्रकार की सेवा स्वीकार करनी थी"
"because hunger would force him to accept the service"
"क्योंकि भूख उसे सेवा स्वीकार करने के लिए मजबूर करेगी"
"But like this, Siddhartha can wait calmly"
"लेकिन इस तरह, सिद्धार्थ शांति से इंतजार कर सकते हैं"
"he knows no impatience, he knows no emergency"
"वह कोई अधीरता नहीं जानता है, वह कोई आपातकाल नहीं जानता है।
"for a long time he can allow hunger to besiege him"

"लंबे समय तक वह भूख को घेरने की अनुमति दे सकता है"
"and he can laugh about the hunger"
"और वह भूख के बारे में हंस सकता है"
"This, sir, is what fasting is good for"
"यह, सर, उपवास किसके लिए अच्छा है"
"You're right, Samana" acknowledged Kamaswami
"आप सही हैं, सामना" कामस्वामी ने स्वीकार किया।
"Wait for a moment" he asked of his guest
"एक पल के लिए रुको," उसने अपने मेहमान से पूछा।
Kamaswami left the room and returned with a scroll
कामस्वामी कमरे से बाहर चले गए और एक स्क्रॉल के साथ लौट आए।
he handed Siddhartha the scroll and asked him to read it
उन्होंने सिद्धार्थ को स्क्रॉल दिया और उसे पढ़ने के लिए कहा।
Siddhartha looked at the scroll handed to him
सिद्धार्थ ने उसे सौंपे गए स्क्रॉल को देखा।
on the scroll a sales-contract had been written
स्क्रॉल पर एक बिक्री-अनुबंध लिखा गया था।
he began to read out the scroll's contents
उन्होंने स्क्रॉल की सामग्री को पढ़ना शुरू कर दिया।
Kamaswami was very pleased with Siddhartha
कामस्वामी सिद्धार्थ से बहुत प्रसन्न हुए।
"would you write something for me on this piece of paper?"
"क्या आप इस कागज पर मेरे लिए कुछ लिख सकते हैं?
He handed him a piece of paper and a pen
उसने उसे एक कागज का टुकड़ा और एक कलम दी।
Siddhartha wrote, and returned the paper
सिद्धार्थ ने लिखा, और पेपर वापस कर दिया।
Kamaswami read, "Writing is good, thinking is better"
कामस्वामी ने लिखा, "लिखना अच्छा है, सोच बेहतर है"
"Being smart is good, being patient is better"
"स्मार्ट होना अच्छा है, धैर्य रखना बेहतर है।
"It is excellent how you're able to write" the merchant praised him

- 132 -

"यह उत्कृष्ट है कि आप कैसे लिख सकते हैं," व्यापारी ने उसकी प्रशंसा की।
"Many a thing we will still have to discuss with one another"
"कई चीजें हैं जो हमें अभी भी एक दूसरे के साथ चर्चा करनी होगी।

"For today, I'm asking you to be my guest"
"आज के लिए, मैं आपको अपना अतिथि बनने के लिए कह रहा हूं।

"please come to live in this house"
"कृपया इस घर में रहने के लिए आओ"

Siddhartha thanked Kamaswami and accepted his offer
सिद्धार्थ ने कामस्वामी को धन्यवाद दिया और उनका प्रस्ताव स्वीकार कर लिया।

he lived in the dealer's house from now on
वह अब से डीलर के घर में रहता था।

Clothes were brought to him, and shoes
उसके पास कपड़े और जूते लाए गए।

and every day, a servant prepared a bath for him
और हर दिन, एक सेवक उसके लिए स्नान तैयार करता था।

Twice a day, a plentiful meal was served
दिन में दो बार, भरपूर भोजन परोसा जाता था।

but Siddhartha only ate once a day
लेकिन सिद्धार्थ दिन में केवल एक बार ही खाना खाते थे।

and he ate neither meat, nor did he drink wine
और उसने न मांस खाया, न दाखमधु पी।

Kamaswami told him about his trade
कामस्वामी ने उसे अपने व्यापार के बारे में बताया।

he showed him the merchandise and storage-rooms
उसने उसे माल और भंडारण-कमरे दिखाए।

he showed him how the calculations were done
उन्होंने उसे दिखाया कि गणना कैसे की जाती है।

Siddhartha got to know many new things
सिद्धार्थ को कई नई बातें जानने को मिलीं।

he heard a lot and spoke little

उसने बहुत कुछ सुना और बहुत कम बोला।
but he did not forget Kamala's words
लेकिन वह कमला की बातों को नहीं भूला।

so he was never subservient to the merchant
इसलिए वह कभी भी व्यापारी के अधीन नहीं था।

he forced him to treat him as an equal
उसने उसे एक समान व्यवहार करने के लिए मजबूर किया

perhaps he forced him to treat him as even more than an equal
शायद उसने उसे एक समान से भी अधिक के रूप में व्यवहार करने के लिए मजबूर किया।

Kamaswami conducted his business with care
कामस्वामी ने सावधानी के साथ अपने व्यवसाय का संचालन किया।

and he was very passionate about his business
और वह अपने व्यवसाय के बारे में बहुत भावुक था।

but Siddhartha looked upon all of this as if it was a game
लेकिन सिद्धार्थ ने यह सब ऐसे देखा जैसे यह कोई खेल हो।

he tried hard to learn the rules of the game precisely
उन्होंने खेल के नियमों को ठीक से सीखने की कोशिश की।

but the contents of the game did not touch his heart
लेकिन खेल की सामग्री उसके दिल को नहीं छू पाई।

He had not been in Kamaswami's house for long
वह लंबे समय से कामस्वामी के घर में नहीं थे।

but soon he took part in his landlord's business
लेकिन जल्द ही उन्होंने अपने मकान मालिक के व्यवसाय में भाग लिया।

every day he visited beautiful Kamala
हर दिन वह सुंदर कमला से मिलने जाता था।

Kamala had an hour appointed for their meetings
कमला के पास उनकी बैठकों के लिए एक घंटे का समय निर्धारित था।

she was wearing pretty clothes and fine shoes
उसने सुंदर कपड़े और अच्छे जूते पहने हुए थे।

and soon he brought her gifts as well

और जल्द ही वह उसे उपहार भी लाया।

Much he learned from her red, smart mouth
उसने अपने लाल, स्मार्ट मुंह से बहुत कुछ सीखा।

Much he learned from her tender, supple hand
उसने उसके कोमल, कोमल हाथ से बहुत कुछ सीखा।

regarding love, Siddhartha was still a boy
प्यार के बारे में, सिद्धार्थ अभी भी एक लड़का था।

and he had a tendency to plunge into love blindly
और उसके पास आँख बंद करके प्यार में डूबने की प्रवृत्ति थी।

he fell into lust like into a bottomless pit
वह वासना में एक अथाह गड्ढे की तरह गिर गया।

she taught him thoroughly, starting with the basics
उसने उसे मूल बातें से शुरू करते हुए पूरी तरह से सिखाया।

pleasure cannot be taken without giving pleasure
आनंद दिए बिना आनंद नहीं लिया जा सकता है।

every gesture, every caress, every touch, every look
हर इशारा, हर दुलार, हर स्पर्श, हर लुक

every spot of the body, however small it was, had its secret
शरीर का हर स्थान, चाहे वह कितना भी छोटा क्यों न हो, उसका अपना रहस्य था।

the secrets would bring happiness to those who know them
रहस्य उन लोगों के लिए खुशी लाएगा जो उन्हें जानते हैं।

lovers must not part from one another after celebrating love
प्यार का जश्न मनाने के बाद प्रेमियों को एक-दूसरे से अलग नहीं होना चाहिए

they must not part without one admiring the other
उन्हें एक दूसरे की प्रशंसा किए बिना भाग नहीं लेना चाहिए।

they must be as defeated as they have been victorious
उन्हें उतना ही पराजित होना चाहिए जितना वे विजयी हुए हैं।

neither lover should start feeling fed up or bored
न तो प्रेमी को तंग या ऊब महसूस करना शुरू करना चाहिए

they should not get the evil feeling of having been abusive

उन्हें अपमानजनक होने की बुरी भावना नहीं मिलनी चाहिए।
and they should not feel like they have been abused
और उन्हें ऐसा महसूस नहीं होना चाहिए कि उनके साथ दुर्व्यवहार किया गया है।
Wonderful hours he spent with the beautiful and smart artist
सुंदर और स्मार्ट कलाकार के साथ बिताए अद्भुत घंटे
he became her student, her lover, her friend
वह उसका छात्र, उसका प्रेमी, उसका दोस्त बन गया।
Here with Kamala was the worth and purpose of his present life
यहाँ कमला के साथ उनके वर्तमान जीवन का मूल्य और उद्देश्य था।
his purpose was not with the business of Kamaswami
उनका उद्देश्य कामस्वामी के व्यवसाय के साथ नहीं था।

Siddhartha received important letters and contracts
सिद्धार्थ को महत्वपूर्ण पत्र और अनुबंध प्राप्त हुए।
Kamaswami began discussing all important affairs with him
कामस्वामी ने उनके साथ सभी महत्वपूर्ण मामलों पर चर्चा शुरू की।
He soon saw that Siddhartha knew little about rice and wool
उन्होंने जल्द ही देखा कि सिद्धार्थ चावल और ऊन के बारे में बहुत कम जानते थे।
but he saw that he acted in a fortunate manner
लेकिन उन्होंने देखा कि उन्होंने भाग्यशाली तरीके से काम किया।
and Siddhartha surpassed him in calmness and equanimity
और सिद्धार्थ ने शांति और समभाव में उनसे आगे निकल गए।
he surpassed him in the art of understanding previously unknown people
उन्होंने पहले से अज्ञात लोगों को समझने की कला में उन्हें पीछे छोड़ दिया।
Kamaswami spoke about Siddhartha to a friend
कामस्वामी ने एक दोस्त से सिद्धार्थ के बारे में बात की।
"This Brahman is no proper merchant"
"यह ब्रह्म उचित व्यापारी नहीं है"

"he will never be a merchant"
"वह कभी व्यापारी नहीं होगा"
"for business there is never any passion in his soul"
"व्यवसाय के लिए उनकी आत्मा में कभी कोई जुनून नहीं होता है।
"But he has a mysterious quality about him"
"लेकिन उसके बारे में एक रहस्यमय गुण है"
"this quality brings success about all by itself"
"यह गुण अपने आप में सभी के बारे में सफलता लाता है"
"it could be from a good Star of his birth"
"यह उसके जन्म के एक अच्छे सितारे से हो सकता है"
"or it could be something he has learned among Samanas"
"या यह कुछ ऐसा हो सकता है जो उसने समाना के बीच सीखा है"
"He always seems to be merely playing with our business-affairs"
"वह हमेशा हमारे व्यापार-मामलों के साथ खेलते हुए प्रतीत होते हैं"
"his business never fully becomes a part of him"
"उसका व्यवसाय कभी भी पूरी तरह से उसका हिस्सा नहीं बन पाता है"
"his business never rules over him"
"उसका व्यवसाय कभी भी उस पर शासन नहीं करता है"
"he is never afraid of failure"
"वह कभी भी विफलता से नहीं डरता"
"he is never upset by a loss"
"वह कभी भी हार से परेशान नहीं होता है"
The friend advised the merchant
मित्र ने व्यापारी को सलाह दी।
"Give him a third of the profits he makes for you"
"उसे आपके लिए होने वाले मुनाफे का एक तिहाई हिस्सा दें"
"but let him also be liable when there are losses"
"लेकिन जब नुकसान होता है तो उसे भी उत्तरदायी होने दें"
"Then, he'll become more zealous"
"फिर, वह और अधिक उत्साही हो जाएगा"
Kamaswami was curious, and followed the advice
कामस्वामी उत्सुक थे, और सलाह का पालन किया।

But Siddhartha cared little about loses or profits
लेकिन सिद्धार्थ ने नुकसान या मुनाफे के बारे में बहुत कम परवाह की।

When he made a profit, he accepted it with equanimity
जब उसे लाभ हुआ, तो उसने इसे समभाव के साथ स्वीकार कर लिया।

when he made losses, he laughed it off
जब उसे घाटा हुआ, तो उसने इसे हंसकर टाल दिया।

It seemed indeed, as if he did not care about the business
यह वास्तव में लग रहा था, जैसे कि उसे व्यवसाय की परवाह नहीं थी।

At one time, he travelled to a village
एक समय उन्होंने एक गाँव की यात्रा की।

he went there to buy a large harvest of rice
वह चावल की एक बड़ी फसल खरीदने के लिए वहां गया था।

But when he got there, the rice had already been sold
लेकिन जब वह वहां पहुंचा, तो चावल पहले ही बिक चुका था।

another merchant had gotten to the village before him
एक और व्यापारी उससे पहले गाँव में आ गया था।

Nevertheless, Siddhartha stayed for several days in that village
फिर भी, सिद्धार्थ उस गांव में कई दिनों तक रहे।

he treated the farmers for a drink
उन्होंने किसानों को पीने के लिए इलाज किया।

he gave copper-coins to their children
उसने उनके बच्चों को तांबे के सिक्के दिए।

he joined in the celebration of a wedding
वह एक शादी के जश्न में शामिल हुए

and he returned extremely satisfied from his trip
और वह अपनी यात्रा से बेहद संतुष्ट होकर लौट आया।

Kamaswami was angry that Siddhartha had wasted time and money
कामस्वामी इस बात से नाराज थे कि सिद्धार्थ ने समय और पैसा बर्बाद किया था।

Siddhartha answered "Stop scolding, dear friend!"
सिद्धार्थ ने जवाब दिया, "डांटना बंद करो, प्रिय दोस्त!

"Nothing was ever achieved by scolding"
"डांटने से कभी कुछ हासिल नहीं हुआ"

"If a loss has occurred, let me bear that loss"
"अगर कोई नुकसान हुआ है, तो मुझे उस नुकसान को सहन करने दें"

"I am very satisfied with this trip"
"मैं इस यात्रा से बहुत संतुष्ट हूं"

"I have gotten to know many kinds of people"
"मैं कई तरह के लोगों को जानता हूं"

"a Brahman has become my friend"
"एक ब्राह्मण मेरा मित्र बन गया है"

"children have sat on my knees"
"बच्चे मेरे घुटनों पर बैठ गए हैं"

"farmers have shown me their fields"
"किसानों ने मुझे अपने खेत दिखाए हैं"

"nobody knew that I was a merchant"
"कोई नहीं जानता था कि मैं एक व्यापारी था"

"That's all very nice," exclaimed Kamaswami indignantly
"यह सब बहुत अच्छा है," कामस्वामी ने गुस्से से कहा।

"but in fact, you are a merchant after all"
"लेकिन वास्तव में, आप आखिरकार एक व्यापारी हैं"

"Or did you have only travel for your amusement?"
"या आपने केवल अपने मनोरंजन के लिए यात्रा की थी?

"of course I have travelled for my amusement" Siddhartha laughed
सिद्धार्थ ने हंसते हुए कहा, "बेशक मैंने अपने मनोरंजन के लिए यात्रा की है।

"For what else would I have travelled?"
"मैं और किस लिए यात्रा करता?

"I have gotten to know people and places"
"मुझे लोगों और स्थानों को जानने का मौका मिला है।

"I have received kindness and trust"
"मुझे दयालुता और विश्वास मिला है"

"I have found friendships in this village"
"मुझे इस गांव में दोस्ती मिली है"

"if I had been Kamaswami, I would have travelled back annoyed"

"अगर मैं कामस्वामी होता, तो मैं नाराज होकर वापस आ जाता"

"I would have been in hurry as soon as my purchase failed"

"जैसे ही मेरी खरीद विफल हो जाती, मैं जल्दी में होता"

"and time and money would indeed have been lost"

"और समय और पैसा वास्तव में खो गया होगा"

"But like this, I've had a few good days"

"लेकिन इस तरह, मेरे पास कुछ अच्छे दिन हैं।

"I've learned from my time there"

"मैंने वहां अपने समय से सीखा है"

"and I have had joy from the experience"

"और मुझे अनुभव से खुशी मिली है"

"I've neither harmed myself nor others by annoyance and hastiness"

"मैंने झुंझलाहट और जल्दबाजी से न तो खुद को और न ही दूसरों को नुकसान पहुंचाया है।

"if I ever return friendly people will welcome me"

"अगर मैं कभी लौटता हूं तो दोस्ताना लोग मेरा स्वागत करेंगे।

"if I return to do business friendly people will welcome me too"

"अगर मैं व्यापार करने के लिए लौटता हूं, तो लोग भी मेरा स्वागत करेंगे।

"I praise myself for not showing any hurry or displeasure"

"मैं कोई जल्दबाजी या नाराजगी नहीं दिखाने के लिए खुद की प्रशंसा करता हूं"

"So, leave it as it is, my friend"

"तो, इसे वैसे ही छोड़ दो, मेरे दोस्त।

"and don't harm yourself by scolding"

"और डांटकर खुद को नुकसान मत पहुंचाओ"

"If you see Siddhartha harming himself, then speak with me"

"अगर आप सिद्धार्थ को खुद को नुकसान पहुंचाते हुए देखते हैं, तो मुझसे बात करें"

"and Siddhartha will go on his own path"
"और सिद्धार्थ अपने रास्ते पर चलेंगे"

"But until then, let's be satisfied with one another"
"लेकिन तब तक, चलो एक दूसरे से संतुष्ट रहें।

the merchant's attempts to convince Siddhartha were futile
सिद्धार्थ को मनाने के व्यापारी के प्रयास व्यर्थ थे।

he could not make Siddhartha eat his bread
वह सिद्धार्थ को अपनी रोटी नहीं खिला सकता था।

Siddhartha ate his own bread
सिद्धार्थ ने खुद खाई रोटी

or rather, they both ate other people's bread
या यों कहें कि दोनों ने दूसरे लोगों की रोटी खाई।

Siddhartha never listened to Kamaswami's worries
सिद्धार्थ ने कभी कामस्वामी की चिंताओं को नहीं सुना।

and Kamaswami had many worries he wanted to share
और कामस्वामी की कई चिंताएं थीं जिन्हें वह साझा करना चाहते थे।

there were business-deals going on in danger of failing
व्यापारिक सौदे चल रहे थे, जिनके असफल होने का खतरा था।

shipments of merchandise seemed to have been lost
माल के शिपमेंट खो गए प्रतीत होते थे

debtors seemed to be unable to pay
देनदार भुगतान करने में असमर्थ लग रहे थे।

Kamaswami could never convince Siddhartha to utter words of worry
कामस्वामी कभी भी सिद्धार्थ को चिंता के शब्द बोलने के लिए राजी नहीं कर सके।

Kamaswami could not make Siddhartha feel anger towards business
कामस्वामी सिद्धार्थ को व्यवसाय के प्रति क्रोध महसूस नहीं करा सके।

he could not get him to to have wrinkles on the forehead
वह उसे माथे पर झुर्रियां नहीं डाल सकता था।

he could not make Siddhartha sleep badly
वह सिद्धार्थ को बुरी तरह से सुला नहीं सका।

one day, Kamaswami tried to speak with Siddhartha
एक दिन, कामस्वामी ने सिद्धार्थ के साथ बात करने की कोशिश की।

"Siddhartha, you have failed to learn anything new"
"सिद्धार्थ, आप कुछ भी नया सीखने में विफल रहे हैं"

but again, Siddhartha laughed at this
लेकिन फिर से, सिद्धार्थ इस पर हंस पड़े।

"Would you please not kid me with such jokes"
"क्या आप कृपया मुझे इस तरह के चुटकुलों के साथ नहीं बोलेंगे"

"What I've learned from you is how much a basket of fish costs"
"मैंने आपसे जो सीखा है वह यह है कि मछली की एक टोकरी की लागत कितनी है"

"and I learned how much interest may be charged on loaned money"
"और मैंने सीखा कि उधार के पैसे पर कितना ब्याज लगाया जा सकता है"

"These are your areas of expertise"
"ये आपकी विशेषज्ञता के क्षेत्र हैं"

"I haven't learned to think from you, my dear Kamaswami"
"मैंने आपसे सोचना नहीं सीखा है, मेरे प्रिय कामस्वामी"

"you ought to be the one seeking to learn from me"
"आपको वह होना चाहिए जो मुझसे सीखना चाहता है।

Indeed his soul was not with the trade
वास्तव में उनकी आत्मा व्यापार के साथ नहीं थी।

The business was good enough to provide him with money for Kamala
व्यवसाय कमला के लिए उन्हें पैसे प्रदान करने के लिए काफी अच्छा था।

and it earned him much more than he needed
और इसने उसे जरूरत से ज्यादा कमाया।

Besides Kamala, Siddhartha's curiosity was with the people
कमला के अलावा सिद्धार्थ की उत्सुकता लोगों के साथ थी।

their businesses, crafts, worries, and pleasures
उनके व्यवसाय, शिल्प, चिंताएं और सुख

all these things used to be alien to him

ये सारी चीजें उसके लिए पराई हुआ करती थीं।

their acts of foolishness used to be as distant as the moon
उनकी मूर्खता के कृत्य चंद्रमा की तरह दूर हुआ करते थे।

he easily succeeded in talking to all of them
वह उन सभी से बात करने में आसानी से सफल हो गया।

he could live with all of them
वह उन सभी के साथ रह सकता था।

and he could continue to learn from all of them
और वह उन सभी से सीखना जारी रख सकता था।

but there was something which separated him from them
लेकिन कुछ ऐसा था जो उसे उनसे अलग कर देता था।

he could feel a divide between him and the people
वह अपने और लोगों के बीच विभाजन महसूस कर सकता था।

this separating factor was him being a Samana
यह अलगाव कारक वह एक सामना था।

He saw mankind going through life in a childlike manner
उन्होंने मानव जाति को एक बच्चे की तरह जीवन से गुजरते हुए देखा।

in many ways they were living the way animals live
कई मायनों में वे जानवरों के रहने के तरीके को जी रहे थे।

he loved and also despised their way of life
वह उनके जीवन के तरीके से प्यार करता था और घृणा भी करता था।

He saw them toiling and suffering
उसने उन्हें परिश्रम और पीड़ा में देखा।

they were becoming gray for things unworthy of this price
वे इस कीमत के लायक चीजों के लिए ग्रे होते जा रहे थे।

they did things for money and little pleasures
वे पैसे और छोटे सुखों के लिए चीजें करते थे।

they did things for being slightly honoured
उन्होंने थोड़ा सम्मानित होने के लिए चीजें कीं।

he saw them scolding and insulting each other
उसने उन्हें एक-दूसरे को डांटते और अपमानित करते देखा।

he saw them complaining about pain
उसने उन्हें दर्द की शिकायत करते देखा।

pains at which a Samana would only smile
दर्द जिस पर एक सामना केवल मुस्कुराएगा
and he saw them suffering from deprivations
और उसने उन्हें अभावों से पीड़ित देखा
deprivations which a Samana would not feel
अभाव जो एक सामना महसूस नहीं करेगा
He was open to everything these people brought his way
वह उन सभी चीजों के लिए खुला था जो ये लोग उसके रास्ते में लाते थे।
welcome was the merchant who offered him linen for sale
स्वागत व्यापारी था जिसने उसे बिक्री के लिए लिनन की पेशकश की थी।
welcome was the debtor who sought another loan
स्वागत था देनदार जिसने एक और ऋण मांगा
welcome was the beggar who told him the story of his poverty
स्वागत था भिखारी जिसने उसे अपनी गरीबी की कहानी सुनाई।
the beggar who was not half as poor as any Samana
भिखारी जो किसी भी समाना जितना गरीब नहीं था
He did not treat the rich merchant and his servant different
वह अमीर व्यापारी और उसके नौकर के साथ अलग-अलग व्यवहार नहीं करता था।
he let street-vendor cheat him when buying bananas
उसने केले खरीदते समय स्ट्रीट-वेंडर को धोखा देने दिया।
Kamaswami would often complain to him about his worries
कामस्वामी अक्सर अपनी चिंताओं के बारे में उनसे शिकायत करते थे।
or he would reproach him about his business
या वह उसे अपने व्यवसाय के बारे में फटकार लगाएगा।
he listened curiously and happily
वह उत्सुकता से और खुशी से सुन रहा था।
but he was puzzled by his friend
लेकिन वह अपने दोस्त से हैरान था।
he tried to understand him
उसने उसे समझने की कोशिश की।
and he admitted he was right, up to a certain point

और उन्होंने स्वीकार किया कि वह सही थे, एक निश्चित बिंदु तक।
there were many who asked for Siddhartha
सिद्धार्थ को मांगने वाले कई लोग थे।
many wanted to do business with him
कई लोग उसके साथ व्यापार करना चाहते थे।
there were many who wanted to cheat him
कई लोग थे जो उसे धोखा देना चाहते थे।
many wanted to draw some secret out of him
कई लोग उससे कुछ रहस्य निकालना चाहते थे।
many wanted to appeal to his sympathy
कई लोग उसकी सहानुभूति की अपील करना चाहते थे।
many wanted to get his advice
कई लोग उनकी सलाह लेना चाहते थे।
He gave advice to those who wanted it
उन्होंने उन लोगों को सलाह दी जो इसे चाहते थे।
he pitied those who needed pity
उसने उन लोगों पर दया की ज़रूरत की जिन्हें दया की ज़रूरत थी।
he made gifts to those who liked presents
उन्होंने उन लोगों को उपहार दिए जो उपहार पसंद करते थे।
he let some cheat him a bit
उसने कुछ लोगों को उसे थोड़ा धोखा देने दिया।
this game which all people played occupied his thoughts
यह खेल जो सभी लोग खेलते थे, उसके विचारों पर कब्जा कर लेते थे।
he thought about this game just as much as he had about the Gods
वह इस खेल के बारे में उतना ही सोचता था जितना कि देवताओं के बारे में।
deep in his chest he felt a dying voice
उसकी छाती में गहराई से उसने एक मरती हुई आवाज महसूस की।
this voice admonished him quietly
इस आवाज ने उसे चुपचाप चेतावनी दी।
and he hardly perceived the voice inside of himself
और वह शायद ही खुद के अंदर की आवाज को महसूस करता था।
And then, for an hour, he became aware of something

और फिर, एक घंटे के लिए, वह कुछ के बारे में जागरूक हो गया।

he became aware of the strange life he was leading
वह उस अजीब जीवन से अवगत हो गया जो वह जी रहा था।

he realized this life was only a game
उन्होंने महसूस किया कि यह जीवन केवल एक खेल था।

at times he would feel happiness and joy
कभी-कभी वह खुशी और आनंद महसूस करता था।

but real life was still passing him by
लेकिन वास्तविक जीवन अभी भी उसके पास से गुजर रहा था।

and it was passing by without touching him
और वह उसे छुए बिना वहां से गुजर रहा था।

Siddhartha played with his business-deals
सिद्धार्थ ने अपने व्यापार-सौदों के साथ खिलवाड़ किया।

Siddhartha found amusement in the people around him
सिद्धार्थ ने अपने आस-पास के लोगों में मनोरंजन पाया।

but regarding his heart, he was not with them
लेकिन अपने दिल के बारे में, वह उनके साथ नहीं था।

The source ran somewhere, far away from him
स्रोत उससे बहुत दूर कहीं भाग गया।

it ran and ran invisibly
यह अदृश्य रूप से दौड़ता और दौड़ता था।

it had nothing to do with his life any more
इसका अब उनके जीवन से कोई लेना-देना नहीं था।

at several times he became scared on account of such thoughts
कई बार वह इस तरह के विचारों के कारण डर गया।

he wished he could participate in all of these childlike games
वह चाहता था कि वह इन सभी बच्चों के समान खेलों में भाग ले सके।

he wanted to really live
वह वास्तव में जीना चाहता था।

he wanted to really act in their theatre
वह वास्तव में अपने थिएटर में अभिनय करना चाहते थे।

he wanted to really enjoy their pleasures
वह वास्तव में उनके सुखों का आनंद लेना चाहता था।
and he wanted to live, instead of just standing by as a spectator
और वह सिर्फ एक दर्शक के रूप में खड़े होने के बजाय जीना चाहता था।

But again and again, he came back to beautiful Kamala
लेकिन बार-बार, वह सुंदर कमला के पास वापस आया।
he learned the art of love
उसने प्यार की कला सीखी।
and he practised the cult of lust
और उसने वासना के पंथ का अभ्यास किया
lust, in which giving and taking becomes one
वासना, जिसमें देना और लेना एक हो जाता है
he chatted with her and learned from her
उन्होंने उसके साथ बातचीत की और उससे सीखा।
he gave her advice, and he received her advice
उसने उसे सलाह दी, और उसने उसकी सलाह प्राप्त की।
She understood him better than Govinda used to understand him
वह उन्हें गोविंदा से बेहतर समझती थीं।
she was more similar to him than Govinda had been
वह गोविंदा की तुलना में उनसे अधिक मिलती-जुलती थीं।
"You are like me," he said to her
"तुम मेरे जैसे हो," उसने उससे कहा।
"you are different from most people"
"आप ज्यादातर लोगों से अलग हैं"
"You are Kamala, nothing else"
"तुम कमला हो, और कुछ नहीं"
"and inside of you, there is a peace and refuge"
"और तुम्हारे अंदर, एक शांति और शरण है।
"a refuge to which you can go at every hour of the day"
"एक शरण जिसमें आप दिन के हर घंटे जा सकते हैं"

"you can be at home with yourself"
"आप अपने साथ घर पर रह सकते हैं"
"I can do this too"
"मैं भी यह कर सकता हूँ"
"Few people have this place"
"बहुत कम लोगों के पास यह जगह होती है"
"and yet all of them could have it"
"और फिर भी उनमें से सभी इसे प्राप्त कर सकते हैं"
"Not all people are smart" said Kamala
"सभी लोग स्मार्ट नहीं हैं," कमला ने कहा।
"No," said Siddhartha, "that's not the reason why"
"नहीं," सिद्धार्थ ने कहा, "यह कारण नहीं है कि क्यों"
"Kamaswami is just as smart as I am"
"कामस्वामी उतना ही स्मार्ट है जितना मैं हूं"
"but he has no refuge in himself"
"लेकिन उसके पास खुद में कोई शरण नहीं है"
"Others have it, although they have the minds of children"
"दूसरों के पास यह है, हालांकि उनके पास बच्चों का दिमाग है।
"Most people, Kamala, are like a falling leaf"
"ज्यादातर लोग, कमला, एक गिरते पत्ते की तरह हैं"
"a leaf which is blown and is turning around through the air"
"एक पत्ता जो उड़ गया है और हवा के माध्यम से घूम रहा है"
"a leaf which wavers, and tumbles to the ground"
"एक पत्ता जो लहराता है, और जमीन पर गिरता है"
"But others, a few, are like stars"
"लेकिन अन्य, कुछ, सितारों की तरह हैं।
"they go on a fixed course"
"वे एक निश्चित पाठ्यक्रम पर जाते हैं"
"no wind reaches them"
"कोई हवा उन तक नहीं पहुंचती है"
"in themselves they have their law and their course"
"अपने आप में उनका कानून और उनका रास्ता है।

"Among all the learned men I have met, there was one of this kind"
"मैं जितने भी विद्वान ों से मिला हूं, उनमें से एक इस तरह का था।
"he was a truly perfected one"
"वह वास्तव में एक परिपूर्ण व्यक्ति था"
"I'll never be able to forget him"
"मैं उसे कभी नहीं भूल पाऊँगा"
"It is that Gotama, the exalted one"
"यह वह गोटामा है, जो महान है"
"Thousands of followers are listening to his teachings every day"
"हजारों अनुयायी हर दिन उनकी शिक्षाओं को सुन रहे हैं"
"they follow his instructions every hour"
"वे हर घंटे उनके निर्देशों का पालन करते हैं"
"but they are all falling leaves"
"लेकिन वे सभी पत्ते गिर रहे हैं"
"not in themselves they have teachings and a law"
"अपने आप में नहीं, उनके पास शिक्षाएं और एक कानून है।
Kamala looked at him with a smile
कमला ने मुस्कुराते हुए उसकी ओर देखा।
"Again, you're talking about him," she said
"फिर से, आप उसके बारे में बात कर रहे हैं," उसने कहा।
"again, you're having a Samana's thoughts"
"फिर से, आपके मन में सामना के विचार आ रहे हैं"
Siddhartha said nothing, and they played the game of love
सिद्धार्थ ने कुछ नहीं कहा, और उन्होंने प्यार का खेल खेला।
one of the thirty or forty different games Kamala knew
तीस या चालीस अलग-अलग खेलों में से एक कमला जानती थी।
Her body was flexible like that of a jaguar
उसका शरीर जगुआर की तरह लचीला था।
flexible like the bow of a hunter
एक शिकारी के धनुष की तरह लचीला
he who had learned from her how to make love

जिसने उससे प्यार करना सीखा था

he was knowledgeable of many forms of lust
वह वासना के कई रूपों का जानकार था।

he that learned from her knew many secrets
जिसने उससे सीखा वह कई रहस्य जानता था।

For a long time, she played with Siddhartha
लंबे समय तक वह सिद्धार्थ के साथ खेलती रहीं।

she enticed him and rejected him
उसने उसे लुभाया और उसे अस्वीकार कर दिया।

she forced him and embraced him
उसने उसे मजबूर किया और उसे गले लगा लिया।

she enjoyed his masterful skills
उसने अपने कुशल कौशल का आनंद लिया।

until he was defeated and rested exhausted by her side
जब तक कि वह हार नहीं गया और उसके पक्ष से थक कर आराम नहीं किया गया।

The courtesan bent over him
दरबारी उसके ऊपर झुक गया।

she took a long look at his face
उसने उसके चेहरे पर एक लंबी नज़र डाली।

she looked at his eyes, which had grown tired
उसने उसकी आँखों को देखा, जो थक गई थी।

"You are the best lover I have ever seen" she said thoughtfully
"तुम सबसे अच्छे प्रेमी हो जो मैंने कभी देखा है," उसने सोच-समझकर कहा।

"You're stronger than others, more supple, more willing"
"आप दूसरों की तुलना में मजबूत हैं, अधिक कोमल, अधिक इच्छुक हैं।

"You've learned my art well, Siddhartha"
"आपने मेरी कला अच्छी तरह से सीखी है, सिद्धार्थ"

"At some time, when I'll be older, I'd want to bear your child"
"किसी समय, जब मैं बड़ा हो जाऊंगा, तो मैं आपके बच्चे को सहन करना

चाहता हूं।

"And yet, my dear, you've remained a Samana"

"और फिर भी, मेरे प्रिय, आप एक सामना बने हुए हैं"

"and despite this, you do not love me"

"और इसके बावजूद, आप मुझसे प्यार नहीं करते हैं।

"there is nobody that you love"

"ऐसा कोई नहीं है जिसे आप प्यार करते हैं"

"Isn't it so?" asked Kamala

"क्या ऐसा नहीं है?" कमला ने पूछा।

"It might very well be so," Siddhartha said tiredly

"यह बहुत अच्छी तरह से हो सकता है," सिद्धार्थ ने थककर कहा।

"I am like you, because you also do not love"

"मैं तुम्हारी तरह हूँ, क्योंकि तुम भी प्यार नहीं करते।

"how else could you practise love as a craft?"

"आप एक शिल्प के रूप में प्यार का अभ्यास कैसे कर सकते हैं?

"Perhaps, people of our kind can't love"

"शायद, हमारे तरह के लोग प्यार नहीं कर सकते"

"The childlike people can love, that's their secret"

"बच्चों जैसे लोग प्यार कर सकते हैं, यह उनका रहस्य है।

Sansara
संसारा

For a long time, Siddhartha had lived in the world and lust
लंबे समय तक सिद्धार्थ संसार और वासना में रहे थे।

he lived this way though, without being a part of it
हालांकि वह इसका हिस्सा बने बिना इस तरह से रहते थे।

he had killed this off when he had been a Samana
उसने इसे तब मार डाला था जब वह एक समाना था।

but now they had awoken again
लेकिन अब वे फिर से जाग गए थे।

he had tasted riches, lust, and power
उसने धन, वासना और शक्ति का स्वाद चखा था।

for a long time he had remained a Samana in his heart
लंबे समय तक वह अपने दिल में एक सामना बना रहा था।

Kamala, being smart, had realized this quite right
कमला ने स्मार्ट होने के नाते इस बात को काफी सही महसूस किया था।

thinking, waiting, and fasting still guided his life
सोचना, प्रतीक्षा करना और उपवास करना अभी भी उनके जीवन का मार्गदर्शन करता था।

the childlike people remained alien to him
बच्चे जैसे लोग उसके लिए पराए बने रहे।

and he remained alien to the childlike people
और वह बच्चों जैसे लोगों के लिए विदेशी बना रहा।

Years passed by; surrounded by the good life
साल बीत गए; अच्छे जीवन से घिरा हुआ

Siddhartha hardly felt the years fading away
सिद्धार्थ ने शायद ही महसूस किया कि साल लुप्त हो रहे हैं।

He had become rich and possessed a house of his own
वह अमीर बन गया था और उसके पास अपना खुद का एक घर था।

he even had his own servants
यहां तक कि उसके अपने नौकर भी थे।

he had a garden before the city, by the river

उसके पास शहर से पहले, नदी के किनारे एक बगीचा था।

The people liked him and came to him for money or advice
लोग उसे पसंद करते थे और पैसे या सलाह के लिए उसके पास आते थे।

but there was nobody close to him, except Kamala
लेकिन कमला के अलावा उनके करीब कोई नहीं था।

the bright state of being awake
जागने की उज्ज्वल स्थिति

the feeling which he had experienced at the height of his youth
वह भावना जो उन्होंने अपनी युवावस्था की ऊंचाई पर अनुभव की थी

in those days after Gotama's sermon
गोटामा के उपदेश के बाद उन दिनों में

after the separation from Govinda
गोविंदा से अलग होने के बाद

the tense expectation of life
जीवन की तनावपूर्ण अपेक्षा

the proud state of standing alone
अकेले खड़े होने की गर्वपूर्ण स्थिति

being without teachings or teachers
शिक्षाओं या शिक्षकों के बिना होना

the supple willingness to listen to the divine voice in his own heart
अपने दिल में दिव्य आवाज सुनने की कोमल इच्छा

all these things had slowly become a memory
ये सभी चीजें धीरे-धीरे एक स्मृति बन गई थीं।

the memory had been fleeting, distant, and quiet
स्मृति क्षणभंगुर, दूर और शांत थी।

the holy source, which used to be near, now only murmured
पवित्र स्रोत, जो निकट हुआ करता था, अब केवल बड़बड़ाता था

the holy source, which used to murmur within himself
पवित्र स्रोत, जो अपने भीतर बड़बड़ाता था

Nevertheless, many things he had learned from the Samanas
फिर भी, उन्होंने समनों से बहुत सी बातें सीखी थीं।

he had learned from Gotama
उन्होंने गोतमा से सीखा था।

he had learned from his father the Brahman
उसने अपने पिता ब्रह्म से सीखा था।

his father had remained within his being for a long time
उनके पिता लंबे समय तक उनके अस्तित्व में रहे थे।

moderate living, the joy of thinking, hours of meditation
मध्यम जीवन, सोचने का आनंद, ध्यान के घंटे

the secret knowledge of the self; his eternal entity
स्वयं का गुप्त ज्ञान; उसकी शाश्वत इकाई

the self which is neither body nor consciousness
वह आत्म जो न तो शरीर है और न ही चेतना

Many a part of this he still had
इसका कई हिस्सा अभी भी उसके पास था।

but one part after another had been submerged
लेकिन एक के बाद एक हिस्से जलमग्न हो चुके थे।

and eventually each part gathered dust
और अंत में प्रत्येक भाग धूल इकट्ठा हो गया।

a potter's wheel, once in motion, will turn for a long time
एक कुम्हार का पहिया, एक बार गति में, लंबे समय तक घूमेगा।

it loses its vigour only slowly
यह केवल धीरे-धीरे अपना जोश खो देता है।

and it comes to a stop only after time
और यह समय के बाद ही बंद हो जाता है।

Siddhartha's soul had kept on turning the wheel of asceticism
सिद्धार्थ की आत्मा तपस्या का पहिया घुमाती रही थी।

the wheel of thinking had kept turning for a long time
सोच का पहिया काफी देर तक घूमता रहा था।

the wheel of differentiation had still turned for a long time
भेदभाव का पहिया अभी भी लंबे समय तक घूम गया था।

but it turned slowly and hesitantly
लेकिन यह धीरे-धीरे और हिचकिचाहट से मुड़ गया।

and it was close to coming to a standstill
और यह एक ठहराव पर आने के करीब था।

Slowly, like humidity entering the dying stem of a tree
धीरे-धीरे, जैसे आर्द्रता एक पेड़ के मरने वाले तने में प्रवेश करती है।

filling the stem slowly and making it rot
तने को धीरे-धीरे भरना और इसे सड़ना

the world and sloth had entered Siddhartha's soul
संसार और सुस्ती सिद्धार्थ की आत्मा में प्रवेश कर चुकी थी।

slowly it filled his soul and made it heavy
धीरे-धीरे इसने उसकी आत्मा को भर दिया और उसे भारी बना दिया।

it made his soul tired and put it to sleep
इसने उसकी आत्मा को थका दिया और उसे सुला दिया।

On the other hand, his senses had become alive
उधर उसके होश उड़ गए थे।

there was much his senses had learned
उसकी इंद्रियों ने बहुत कुछ सीखा था।

there was much his senses had experienced
उसकी इंद्रियों ने बहुत कुछ अनुभव किया था।

Siddhartha had learned to trade
सिद्धार्थ ने व्यापार करना सीख लिया था।

he had learned how to use his power over people
उन्होंने सीखा था कि लोगों पर अपनी शक्ति का उपयोग कैसे किया जाए।

he had learned how to enjoy himself with a woman
उसने सीखा था कि एक औरत के साथ खुद का आनंद कैसे लिया जाए।

he had learned how to wear beautiful clothes
उन्होंने सुंदर कपड़े पहनना सीख लिया था।

he had learned how to give orders to servants
उसने नौकरों को आदेश देना सीख लिया था।

he had learned how to bathe in perfumed waters
उसने सुगंधित पानी में स्नान करना सीख लिया था।

He had learned how to eat tenderly and carefully prepared food
उन्होंने सीखा था कि कोमलता से और सावधानी से तैयार भोजन कैसे खाया

जाता है।

he even ate fish, meat, and poultry
उन्होंने मछली, मांस और मुर्गी भी खाई।

spices and sweets and wine, which causes sloth and forgetfulness
मसाले और मिठाई और शराब, जो सुस्ती और भूलने की बीमारी का कारण बनता है

He had learned to play with dice and on a chess-board
उन्होंने पासा से और शतरंज-बोर्ड पर खेलना सीख लिया था।

he had learned to watch dancing girls
उसने नाचती हुई लड़कियों को देखना सीख लिया था।

he learned to have himself carried about in a sedan-chair
उन्होंने खुद को सेडान-कुर्सी पर ले जाना सीखा।

he learned to sleep on a soft bed
उसने एक नरम बिस्तर पर सोना सीखा।

But still he felt different from others
लेकिन फिर भी वह दूसरों से अलग महसूस करता था।

he still felt superior to the others
वह अभी भी दूसरों से बेहतर महसूस करता था।

he always watched them with some mockery
वह हमेशा उन्हें मजाक उड़ाकर देखता था।

there was always some mocking disdain to how he felt about them
हमेशा कुछ उपहास पूर्ण तिरस्कार था कि वह उनके बारे में कैसा महसूस करता था।

the same disdain a Samana feels for the people of the world
दुनिया के लोगों के लिए एक सामना भी वही तिरस्कार महसूस करता है

Kamaswami was ailing and felt annoyed
कामस्वामी बीमार था और नाराज महसूस कर रहा था।

he felt insulted by Siddhartha
उन्होंने सिद्धार्थ द्वारा अपमानित महसूस किया।

and he was vexed by his worries as a merchant

और वह एक व्यापारी के रूप में अपनी चिंताओं से परेशान था।

Siddhartha had always watched these things with mockery
सिद्धार्थ ने हमेशा इन बातों को मजाक उड़ाते हुए देखा था।

but his mockery had become more tired
लेकिन उसका मजाक और अधिक थक गया था।

his superiority had become more quiet
उसकी श्रेष्ठता अधिक शांत हो गई थी।

as slowly imperceptible as the rainy season passing by
बारिश का मौसम बीतने के रूप में धीरे-धीरे अदृश्य

slowly, Siddhartha had assumed something of the childlike people's ways
धीरे-धीरे, सिद्धार्थ ने बच्चों जैसे लोगों के तरीकों के बारे में कुछ मान लिया था।

he had gained some of their childishness
उसने उनका कुछ बचपना हासिल कर लिया था।

and he had gained some of their fearfulness
और उसने उनकी कुछ भयभीतता प्राप्त कर ली थी।

And yet, the more be become like them the more he envied them
और फिर भी, जितना अधिक वह उनके जैसा बन जाता है, उतना ही वह उनसे ईर्ष्या करता है।

He envied them for the one thing that was missing from him
वह उनसे उस एक चीज के लिए ईर्ष्या करता था जो उससे गायब थी।

the importance they were able to attach to their lives
महत्व जो वे अपने जीवन को देने में सक्षम थे

the amount of passion in their joys and fears
उनकी खुशी और भय में जुनून की मात्रा

the fearful but sweet happiness of being constantly in love
लगातार प्यार में रहने की डरावनी लेकिन मीठी खुशी

These people were in love with themselves all of the time
ये लोग हर समय खुद से प्यार करते थे।

women loved their children, with honours or money
महिलाएं अपने बच्चों को सम्मान या पैसे से प्यार करती थीं।

the men loved themselves with plans or hopes
पुरुषों ने खुद को योजनाओं या आशाओं के साथ प्यार किया।
But he did not learn this from them
लेकिन उन्होंने उनसे यह नहीं सीखा।
he did not learn the joy of children
उन्होंने बच्चों की खुशी नहीं सीखी।
and he did not learn their foolishness
और उसने उनकी मूर्खता नहीं सीखी।
what he mostly learned were their unpleasant things
उन्होंने ज्यादातर जो सीखा वह उनकी अप्रिय चीजें थीं।
and he despised these things
और उसने इन बातों का तिरस्कार किया।
in the morning, after having had company
सुबह में, कंपनी होने के बाद
more and more he stayed in bed for a long time
अधिक से अधिक वह लंबे समय तक बिस्तर पर पड़ा रहा।
he felt unable to think, and was tired
वह सोचने में असमर्थ था, और थका हुआ था।
he became angry and impatient when Kamaswami bored him with his worries
जब कामस्वामी ने उसे अपनी चिंताओं से ऊब दिया तो वह क्रोधित और अधीर हो गया।
he laughed just too loud when he lost a game of dice
जब वह पासा का खेल हार गया तो वह बहुत जोर से हँसा।
His face was still smarter and more spiritual than others
उसका चेहरा अभी भी दूसरों की तुलना में अधिक स्मार्ट और आध्यात्मिक था।
but his face rarely laughed anymore
लेकिन उसका चेहरा अब शायद ही कभी हंसता था।
slowly, his face assumed other features
धीरे-धीरे, उसके चेहरे ने अन्य विशेषताओं को ग्रहण किया।
the features often found in the faces of rich people
विशेषताएं अक्सर अमीर लोगों के चेहरे में पाई जाती हैं

features of discontent, of sickliness, of ill-humour
असंतोष की विशेषताएं, बीमारी की, बुरे हास्य की।
features of sloth, and of a lack of love
सुस्ती की विशेषताएं, और प्यार की कमी
the disease of the soul which rich people have
आत्मा का रोग जो अमीर लोगों को होता है
Slowly, this disease grabbed hold of him
धीरे-धीरे इस बीमारी ने उसे जकड़ लिया।
like a thin mist, tiredness came over Siddhartha
एक पतली धुंध की तरह, थकान सिद्धार्थ के ऊपर आ गई।
slowly, this mist got a bit denser every day
धीरे-धीरे, यह धुंध हर दिन थोड़ी घनी हो गई।
it got a bit murkier every month
यह हर महीने थोड़ा मुश्किल हो जाता है।
and every year it got a bit heavier
और हर साल यह थोड़ा भारी हो जाता है।
dresses become old with time
कपड़े समय के साथ पुराने हो जाते हैं
clothes lose their beautiful colour over time
कपड़े समय के साथ अपना सुंदर रंग खो देते हैं।
they get stains, wrinkles, worn off at the seams
उन्हें दाग, झुर्रियाँ मिलती हैं, सीम पर घिस जाती हैं।
they start to show threadbare spots here and there
वे इधर-उधर के धब्बे दिखाना शुरू कर देते हैं।
this is how Siddhartha's new life was
ऐसे थी सिद्धार्थ की नई जिंदगी
the life which he had started after his separation from Govinda
गोविंदा से अलग होने के बाद उन्होंने जो जीवन शुरू किया था
his life had grown old and lost colour
उसका जीवन बूढ़ा हो गया था और रंग खो गया था।
there was less splendour to it as the years passed by
जैसे-जैसे साल बीतते गए, इसकी भव्यता कम होती गई।

his life was gathering wrinkles and stains
उसका जीवन झुर्रियों और दाग-धब्बों को इकट्ठा कर रहा था।

and hidden at bottom, disappointment and disgust were waiting
और नीचे छिपा हुआ, निराशा और घृणा इंतजार कर रही थी।

they were showing their ugliness
वे अपनी कुरूपता दिखा रहे थे।

Siddhartha did not notice these things
सिद्धार्थ ने इन बातों पर ध्यान नहीं दिया।

he remembered the bright and reliable voice inside of him
उसे अपने अंदर की उज्ज्वल और विश्वसनीय आवाज याद थी।

he noticed the voice had become silent
उसने देखा कि आवाज शांत हो गई थी।

the voice which had awoken in him at that time
वह आवाज जो उस समय उसके अंदर जाग गई थी।

the voice that had guided him in his best times
वह आवाज जिसने उनके सबसे अच्छे समय में उनका मार्गदर्शन किया था

he had been captured by the world
उसे दुनिया ने पकड़ लिया था।

he had been captured by lust, covetousness, sloth
उसे वासना, लोभ, सुस्ती ने पकड़ लिया था।

and finally he had been captured by his most despised vice
और अंत में उसे उसके सबसे तिरस्कृत विकार द्वारा पकड़ लिया गया था।

the vice which he mocked the most
वह विकार जिसका उन्होंने सबसे ज्यादा मजाक उड़ाया

the most foolish one of all vices
सभी दोषों में से सबसे मूर्ख

he had let greed into his heart
उसने लालच को अपने दिल में आने दिया था।

Property, possessions, and riches also had finally captured him
संपत्ति, संपत्ति और धन ने भी अंततः उसे पकड़ लिया था।

having things was no longer a game to him

चीजें होना अब उसके लिए एक खेल नहीं था।

his possessions had become a shackle and a burden
उसकी संपत्ति एक बेड़ी और बोझ बन गई थी।

It had happened in a strange and devious way
यह एक अजीब और कुटिल तरीके से हुआ था।

Siddhartha had gotten this vice from the game of dice
पासे के खेल से सिद्धार्थ को यह दुर्गुण मिला था।

he had stopped being a Samana in his heart
उसने अपने दिल में एक समाना बनना बंद कर दिया था।

and then he began to play the game for money
और फिर उसने पैसे के लिए खेल खेलना शुरू कर दिया।

first he joined the game with a smile
सबसे पहले वह एक मुस्कान के साथ खेल में शामिल हो गया।

at this time he only played casually
इस समय वह केवल लापरवाही से खेले।

he wanted to join the customs of the childlike people
वह बच्चों जैसे लोगों के रीति-रिवाजों में शामिल होना चाहता था।

but now he played with an increasing rage and passion
लेकिन अब वह बढ़ते गुस्से और जुनून के साथ खेले।

He was a feared gambler among the other merchants
वह अन्य व्यापारियों के बीच एक डरावना जुआरी था।

his stakes were so audacious that few dared to take him on
उनका दांव इतना साहसी था कि कुछ ही लोग उन्हें लेने की हिम्मत करते थे।

He played the game due to a pain of his heart
उन्होंने अपने दिल के दर्द के कारण खेल खेला।

losing and wasting his wretched money brought him an angry joy
अपने मनहूस पैसे को खोने और बर्बाद करने से उसे एक क्रोधित खुशी मिली।

he could demonstrate his disdain for wealth in no other way
वह किसी अन्य तरीके से धन के लिए अपने तिरस्कार का प्रदर्शन नहीं कर

सकता था।

he could not mock the merchants' false god in a better way
वह व्यापारियों के झूठे भगवान का बेहतर तरीके से मजाक नहीं कर सकता था।

so he gambled with high stakes
इसलिए उसने ऊंचे दांव के साथ जुआ खेला।

he mercilessly hated himself and mocked himself
वह बेरहमी से खुद से नफरत करता था और खुद का मजाक उड़ाता था।

he won thousands, threw away thousands
उसने हजारों जीते, हजारों को फेंक दिया।

he lost money, jewellery, a house in the country
उन्होंने देश में पैसा, गहने, एक घर खो दिया।

he won it again, and then he lost again
उन्होंने इसे फिर से जीता, और फिर वह फिर से हार गए।

he loved the fear he felt while he was rolling the dice
वह उस डर से प्यार करता था जो उसने महसूस किया था जब वह पासा घुमा रहा था।

he loved feeling worried about losing what he gambled
वह जो जुआ खेलता था उसे खोने के बारे में चिंतित महसूस करना पसंद करता था।

he always wanted to get this fear to a slightly higher level
वह हमेशा इस डर को थोड़ा उच्च स्तर पर ले जाना चाहता था।

he only felt something like happiness when he felt this fear
जब उसने इस डर को महसूस किया तो उसे केवल खुशी जैसी कुछ महसूस हुई।

it was something like an intoxication
यह एक नशे की तरह कुछ था।

something like an elevated form of life
जीवन के एक उन्नत रूप की तरह कुछ।

something brighter in the midst of his dull life
अपने सुस्त जीवन के बीच कुछ उज्जवल

And after each big loss, his mind was set on new riches

और हर बड़े नुकसान के बाद, उसका दिमाग नए धन पर सेट हो गया था।

he pursued the trade more zealously
उन्होंने अधिक उत्साह से व्यापार का पीछा किया।

he forced his debtors more strictly to pay
उसने अपने देनदारों को भुगतान करने के लिए अधिक सख्ती से मजबूर किया।

because he wanted to continue gambling
क्योंकि वह जुआ खेलना जारी रखना चाहता था।

he wanted to continue squandering
वह इसे बर्बाद करना जारी रखना चाहता था।

he wanted to continue demonstrating his disdain of wealth
वह धन के प्रति अपने तिरस्कार का प्रदर्शन जारी रखना चाहता था।

Siddhartha lost his calmness when losses occurred
नुकसान होने पर सिद्धार्थ ने अपना धैर्य खो दिया।

he lost his patience when he was not paid on time
समय पर भुगतान नहीं होने पर उन्होंने अपना धैर्य खो दिया।

he lost his kindness towards beggars
उसने भिखारियों के प्रति अपनी दयालुता खो दी।

He gambled away tens of thousands at one roll of the dice
उसने पासा पलटने के एक रोल में हजारों लोगों को जुआ खेला।

he became more strict and more petty in his business
वह अपने व्यवसाय में अधिक सख्त और अधिक क्षुद्र हो गया।

occasionally, he was dreaming at night about money!
कभी-कभी, वह रात में पैसे के बारे में सपना देख रहा था!

whenever he woke up from this ugly spell, he continued fleeing
जब भी वह इस बदसूरत जादू से जाग गया, वह भागना जारी रखा।

whenever he found his face in the mirror to have aged, he found a new game
जब भी उसने दर्पण में अपना चेहरा बूढ़ा पाया, तो उसे एक नया खेल मिला।

whenever embarrassment and disgust came over him, he numbed his mind
जब भी शर्मिंदगी और घृणा उसके ऊपर आती थी, वह अपने दिमाग को

सुन्न कर देता था।

he numbed his mind with sex and wine
उसने सेक्स और शराब के साथ अपने दिमाग को सुन्न कर दिया।

and from there he fled back into the urge to pile up and obtain possessions
और वहाँ से वह ढेर लगाने और संपत्ति प्राप्त करने के आग्रह में वापस भाग गया।

In this pointless cycle he ran
इस व्यर्थ चक्र में वह भाग गया।

fromt his life he grow tired, old, and ill
अपने जीवन से वह थका हुआ, बूढ़ा और बीमार हो जाता है।

Then the time came when a dream warned him
फिर वह समय आया जब एक सपने ने उसे चेतावनी दी।

He had spent the hours of the evening with Kamala
उन्होंने कमला के साथ शाम के घंटे बिताए थे।

he had been in her beautiful pleasure-garden
वह अपने सुंदर आनंद-बगीचे में था।

They had been sitting under the trees, talking
वे पेड़ों के नीचे बैठे थे, बातें कर रहे थे।

and Kamala had said thoughtful words
और कमला ने सोच-समझकर शब्द कहे थे।

words behind which a sadness and tiredness lay hidden
ऐसे शब्द जिनके पीछे एक उदासी और थकान छिपी हुई थी।

She had asked him to tell her about Gotama
उसने उसे गोतम के बारे में बताने के लिए कहा था।

she could not hear enough of him
वह उसके बारे में पर्याप्त नहीं सुन सकता था।

she loved how clear his eyes were
उसे प्यार था कि उसकी आँखें कितनी स्पष्ट थीं।

she loved how still and beautiful his mouth was
उसे प्यार था कि उसका मुंह कितना शांत और सुंदर था।

she loved the kindness of his smile

वह उसकी मुस्कान की दयालुता से प्यार करता था।

she loved how peaceful his walk had been
उसे प्यार था कि उसका चलना कितना शांतिपूर्ण था।

For a long time, he had to tell her about the exalted Buddha
लंबे समय तक, उसे उसे महान बुद्ध के बारे में बताना पड़ा।

and Kamala had sighed, and spoke
और कमला ने आह भरी, और बोली।

"One day, perhaps soon, I'll also follow that Buddha"
"एक दिन, शायद जल्द ही, मैं भी उस बुद्ध का अनुसरण करूँगा।

"I'll give him my pleasure-garden for a gift"
"मैं उसे उपहार के लिए अपना आनंद-उद्यान दूंगा"

"and I will take my refuge in his teachings"
"और मैं उसकी शिक्षाओं में अपनी शरण लूंगा"

But after this, she had aroused him
लेकिन इसके बाद उसने उसे उत्तेजित कर दिया था।

she had tied him to her in the act of making love
उसने उसे प्यार करने के कृत्य में अपने साथ बांध लिया था।

with painful fervour, biting and in tears
दर्दनाक उत्साह, काटने और आँसू के साथ

it was as if she wanted to squeeze the last sweet drop out of this wine
ऐसा लग रहा था जैसे वह इस शराब से आखिरी मिठाई की बूंद निचोड़ना चाहती थी।

Never before had it become so strangely clear to Siddhartha
इससे पहले सिद्धार्थ को यह इतना अजीब तरीके से कभी नहीं पता था।

he felt how close lust was akin to death
उसने महसूस किया कि वासना मौत के समान है।

he laid by her side, and Kamala's face was close to him
वह उसके बगल में लेट गया, और कमला का चेहरा उसके करीब था।

under her eyes and next to the corners of her mouth
उसकी आंखों के नीचे और उसके मुंह के कोनों के बगल में।

it was as clear as never before
यह इतना स्पष्ट था जितना पहले कभी नहीं था।

there read a fearful inscription
वहाँ एक डरावना शिलालेख पढ़ा
an inscription of small lines and slight grooves
छोटी रेखाओं और मामूली खांचे का एक शिलालेख
an inscription reminiscent of autumn and old age
शरद ऋतु और बुढ़ापे की याद दिलाने वाला एक शिलालेख
here and there, gray hairs among his black ones
यहां और वहां, उसके काले लोगों के बीच भूरे बाल हैं।
Siddhartha himself, who was only in his forties, noticed the same thing
खुद सिद्धार्थ, जो केवल अपने चालीसवें दशक में थे, ने भी इसी बात पर ध्यान दिया।
Tiredness was written on Kamala's beautiful face
कमला के खूबसूरत चेहरे पर थकान लिखी हुई थी।
tiredness from walking a long path
लंबे रास्ते पर चलने से थकान
a path which has no happy destination
एक रास्ता जिसकी कोई सुखद मंजिल नहीं है
tiredness and the beginning of withering
थकान और मुरझाने की शुरुआत
fear of old age, autumn, and having to die
बुढ़ापे, शरद ऋतु और मरने का डर
With a sigh, he had bid his farewell to her
आह भरते हुए उसने उसे विदाई दी थी।
the soul full of reluctance, and full of concealed anxiety
अनिच्छा से भरी आत्मा, और छिपी हुई चिंता से भरा

Siddhartha had spent the night in his house with dancing girls
सिद्धार्थ ने डांस करने वाली लड़कियों के साथ अपने घर में रात गुजारी थी।
he acted as if he was superior to them
उसने ऐसा व्यवहार किया जैसे कि वह उनसे श्रेष्ठ हो।
he acted superior towards the fellow-members of his caste

उन्होंने अपनी जाति के साथी सदस्यों के प्रति श्रेष्ठ कार्य किया।
but this was no longer true
लेकिन यह अब सच नहीं था।
he had drunk much wine that night
उस रात उसने बहुत शराब पी ली थी।
and he went to bed a long time after midnight
और वह आधी रात के बाद बहुत देर तक बिस्तर पर चला गया।
tired and yet excited, close to weeping and despair
थका हुआ और अभी तक उत्साहित, रोने और निराशा के करीब
for a long time he sought to sleep, but it was in vain
काफी देर तक वह सोने की कोशिश करता रहा, लेकिन यह व्यर्थ था।
his heart was full of misery
उसका दिल दुख से भरा हुआ था।
he thought he could not bear any longer
उसने सोचा कि वह अब और सहन नहीं कर सकता।
he was full of a disgust, which he felt penetrating his entire body
वह एक घृणा से भरा था, जिसे उसने अपने पूरे शरीर को भेदते हुए महसूस किया।
like the lukewarm repulsive taste of the wine
शराब के गुनगुने प्रतिकारक स्वाद की तरह।
the dull music was a little too happy
सुस्त संगीत कुछ ज्यादा ही खुश था।
the smile of the dancing girls was a little too soft
नाचती हुई लड़कियों की मुस्कान कुछ ज्यादा ही नरम थी।
the scent of their hair and breasts was a little too sweet
उनके बालों और स्तनों की खुशबू कुछ ज्यादा ही मीठी थी।
But more than by anything else, he was disgusted by himself
लेकिन किसी और चीज से ज्यादा, वह खुद से घृणा करता था।
he was disgusted by his perfumed hair
वह अपने सुगंधित बालों से घृणा करता था।
he was disgusted by the smell of wine from his mouth

उसे अपने मुंह से शराब की गंध से घृणा हो रही थी।
he was disgusted by the listlessness of his skin
वह अपनी त्वचा की सूचीहीनता से घृणा करता था।
Like when someone who has eaten and drunk far too much
जैसे कि जब कोई व्यक्ति बहुत ज्यादा खा और पीता है।
they vomit it back up again with agonising pain
वे दर्द के साथ इसे फिर से उल्टी करते हैं।
but they feel relieved by the vomiting
लेकिन उल्टी से उन्हें राहत महसूस होती है।
this sleepless man wished to free himself of these pleasures
यह नींद हीन आदमी खुद को इन सुखों से मुक्त करना चाहता था।
he wanted to be rid of these habits
वह इन आदतों से छुटकारा पाना चाहता था।
he wanted to escape all of this pointless life
वह इस व्यर्थ जीवन से बचना चाहता था।
and he wanted to escape from himself
और वह खुद से बचना चाहता था।
it wasn't until the light of the morning when he had slightly fallen sleep
यह सुबह की रोशनी तक नहीं था जब वह थोड़ा सो गया था।
the first activities in the street were already beginning
सड़क पर पहली गतिविधियां पहले से ही शुरू हो रही थीं।
for a few moments he had found a hint of sleep
कुछ क्षणों के लिए उसे नींद का संकेत मिल गया था।
In those moments, he had a dream
उन क्षणों में, उसने एक सपना देखा था।
Kamala owned a small, rare singing bird in a golden cage
कमला के पास सोने के पिंजरे में एक छोटा, दुर्लभ गायन पक्षी था।
it always sung to him in the morning
वह हमेशा सुबह में उसके लिए गाता था।
but then he dreamt this bird had become mute
लेकिन फिर उसने सपना देखा कि यह पक्षी मूक बन गया था।
since this arose his attention, he stepped in front of the cage

चूंकि यह उसका ध्यान उठा, इसलिए उसने पिंजरे के सामने कदम रखा।
he looked at the bird inside the cage
उसने पिंजरे के अंदर पक्षी को देखा।

the small bird was dead, and lay stiff on the ground
छोटा पक्षी मर चुका था, और जमीन पर कठोर पड़ा था।

He took the dead bird out of its cage
उसने मृत पक्षी को उसके पिंजरे से बाहर निकाला।

he took a moment to weigh the dead bird in his hand
उसने अपने हाथ में मृत पक्षी को तौलने के लिए एक पल लिया।

and then threw it away, out in the street
और फिर उसे सड़क पर फेंक दिया।

in the same moment he felt terribly shocked
उसी क्षण वह बुरी तरह से चौंक गया।

his heart hurt as if he had thrown away all value
उसका दिल दुखता है जैसे कि उसने सभी मूल्य को फेंक दिया हो।

everything good had been inside of this dead bird
इस मृत पक्षी के अंदर सब कुछ अच्छा था।

Starting up from this dream, he felt encompassed by a deep sadness
इस सपने से शुरू करते हुए, वह एक गहरी उदासी से घिरा हुआ महसूस करता था।

everything seemed worthless to him
सब कुछ उसे बेकार लग रहा था।

worthless and pointless was the way he had been going through life
जिस तरह से वह जीवन से गुजर रहा था वह बेकार और व्यर्थ था।

nothing which was alive was left in his hands
उसके हाथ में कुछ भी जीवित नहीं बचा था।

nothing which was in some way delicious could be kept
कुछ भी जो किसी तरह से स्वादिष्ट था, रखा जा सकता था।

nothing worth keeping would stay
रखने लायक कुछ भी नहीं रहेगा।

alone he stood there, empty like a castaway on the shore

अकेला वह वहाँ खड़ा था, किनारे पर एक कैस्टवे की तरह खाली।

With a gloomy mind, Siddhartha went to his pleasure-garden
उदास मन के साथ, सिद्धार्थ अपने आनंद-उद्यान में चला गया।
he locked the gate and sat down under a mango-tree
उसने गेट बंद कर दिया और एक आम के पेड़ के नीचे बैठ गया।
he felt death in his heart and horror in his chest
उसने अपने दिल में मौत और अपने सीने में आतंक महसूस किया।
he sensed how everything died and withered in him
उसने महसूस किया कि कैसे सब कुछ मर गया और उसमें मुरझा गया।
By and by, he gathered his thoughts in his mind
धीरे-धीरे, उसने अपने विचारों को अपने मन में इकट्ठा किया।
once again, he went through the entire path of his life
एक बार फिर वह अपने जीवन के पूरे रास्ते से गुजरे।
he started with the first days he could remember
उन्होंने पहले दिनों के साथ शुरुआत की जिन्हें वह याद कर सकते थे।
When was there ever a time when he had felt a true bliss?
ऐसा समय कब था जब उसने एक सच्चे आनंद को महसूस किया था?
Oh yes, several times he had experienced such a thing
ओह हाँ, कई बार उसने ऐसी चीज का अनुभव किया था।
In his years as a boy he had had a taste of bliss
एक लड़के के रूप में अपने वर्षों में उन्हें आनंद का स्वाद मिला था।
he had felt happiness in his heart when he obtained praise from the Brahmans
ब्राह्मणों से प्रशंसा प्राप्त करने पर उन्होंने अपने दिल में खुशी महसूस की थी।
"There is a path in front of the one who has distinguished himself"
"जिसने खुद को प्रतिष्ठित किया है उसके सामने एक रास्ता है"
he had felt bliss reciting the holy verses
उन्होंने पवित्र छंदों का पाठ करने में आनंद महसूस किया था।
he had felt bliss disputing with the learned ones

उसने विद्वानों के साथ विवाद करते हुए आनंद महसूस किया था।
he had felt bliss when he was an assistant in the offerings
जब वह प्रसाद में सहायक थे तो उन्होंने आनंद महसूस किया था।
Then, he had felt it in his heart
तब, उसने इसे अपने दिल में महसूस किया था।
"There is a path in front of you"
"आपके सामने एक रास्ता है"
"you are destined for this path"
"आप इस मार्ग के लिए नियत हैं"
"the gods are awaiting you"
"देवता आपकी प्रतीक्षा कर रहे हैं"
And again, as a young man, he had felt bliss
और फिर, एक जवान आदमी के रूप में, उसने आनंद महसूस किया था।
when his thoughts separated him from those thinking on the same things
जब उनके विचारों ने उन्हें उन्हीं चीजों पर सोचने वालों से अलग कर दिया
when he wrestled in pain for the purpose of Brahman
जब वह ब्राह्मण के उद्देश्य से दर्द में कुश्ती करता था
when every obtained knowledge only kindled new thirst in him
जब हर प्राप्त ज्ञान ने केवल उसके अंदर नई प्यास पैदा की
in the midst of the pain he felt this very same thing
दर्द के बीच उसने यही बात महसूस की।
"Go on! You are called upon!"
"आगे बढ़ो! आपको बुलाया जाता है!
He had heard this voice when he had left his home
उसने यह आवाज तब सुनी थी जब वह अपने घर से निकला था।
he heard heard this voice when he had chosen the life of a Samana
उसने यह आवाज सुनी जब उसने एक सामना का जीवन चुना था
and again he heard this voice when left the Samanas
और जब उसने समानों को छोड़ा तो उसने फिर से यह आवाज सुनी
he had heard the voice when he went to see the perfected

one
जब वह सिद्ध व्यक्ति को देखने गया तो उसने आवाज सुनी थी।

and when he had gone away from the perfected one, he had heard the voice
और जब वह सिद्ध व्यक्ति से दूर चला गया था, तो उसने आवाज सुनी थी।

he had heard the voice when he went into the uncertain
जब वह अनिश्चित स्थिति में गया तो उसने आवाज सुनी थी

For how long had he not heard this voice any more?
उसने कब तक इस आवाज को नहीं सुना था?

for how long had he reached no height any more?
वह कितने समय तक कोई ऊंचाई तक नहीं पहुंचा था?

how even and dull was the manner in which he went through life?
जिस तरह से वह जीवन से गुजरा था, वह कितना नीरस था?

for many long years without a high goal
उच्च लक्ष्य के बिना कई लंबे वर्षों तक

he had been without thirst or elevation
वह प्यास या ऊंचाई के बिना था।

he had been content with small lustful pleasures
वह छोटे-छोटे वासनापूर्ण सुखों से संतुष्ट था।

and yet he was never satisfied!
और फिर भी वह कभी संतुष्ट नहीं था!

For all of these years he had tried hard to become like the others
इन सभी वर्षों के लिए उन्होंने दूसरों की तरह बनने के लिए कड़ी मेहनत की थी।

he longed to be one of the childlike people
वह बच्चों जैसे लोगों में से एक बनना चाहता था।

but he didn't know that that was what he really wanted
लेकिन वह नहीं जानता था कि वह वास्तव में यही चाहता था।

his life had been much more miserable and poorer than theirs
उसका जीवन उनकी तुलना में बहुत अधिक दुखी और गरीब था।

because their goals and worries were not his
क्योंकि उनके लक्ष्य और चिंताएं उनके नहीं थे।

the entire world of the Kamaswami-people had only been a game to him
कामस्वामी-लोगों की पूरी दुनिया उनके लिए केवल एक खेल थी।

their lives were a dance he would watch
उनका जीवन एक नृत्य था जिसे वह देखता था।

they performed a comedy he could amuse himself with
उन्होंने एक कॉमेडी का प्रदर्शन किया जिसके साथ वह खुद को खुश कर सकते थे।

Only Kamala had been dear and valuable to him
केवल कमला ही उनके लिए प्रिय और मूल्यवान थीं।

but was she still valuable to him?
लेकिन क्या वह अभी भी उसके लिए मूल्यवान था?

Did he still need her?
क्या उसे अभी भी उसकी जरूरत है?

Or did she still need him?
या उसे अभी भी उसकी जरूरत है?

Did they not play a game without an ending?
क्या उन्होंने अंत के बिना एक खेल नहीं खेला?

Was it necessary to live for this?
क्या इसके लिए जीना जरूरी था?

No, it was not necessary!
नहीं, यह आवश्यक नहीं था!

The name of this game was Sansara
इस खेल का नाम संसारा था।

a game for children which was perhaps enjoyable to play once
बच्चों के लिए एक खेल जो शायद एक बार खेलने के लिए सुखद था

maybe it could be played twice
शायद इसे दो बार खेला जा सकता है।

perhaps you could play it ten times
शायद आप इसे दस बार खेल सकते हैं।

but should you play it for ever and ever?
लेकिन क्या आपको इसे हमेशा और हमेशा के लिए खेलना चाहिए?

Then, Siddhartha knew that the game was over
तब, सिद्धार्थ को पता था कि खेल खत्म हो गया है।

he knew that he could not play it any more
वह जानता था कि वह अब और नहीं खेल सकता।

Shivers ran over his body and inside of him
उसके शरीर और उसके अंदर सिहरन दौड़ गई।

he felt that something had died
उसे लगा कि कुछ मर गया है।

That entire day, he sat under the mango-tree
उस पूरे दिन, वह आम के पेड़ के नीचे बैठा रहा।

he was thinking of his father
वह अपने पिता के बारे में सोच रहा था।

he was thinking of Govinda
वह गोविंदा के बारे में सोच रहा था।

and he was thinking of Gotama
और वह गोतम के बारे में सोच रहा था।

Did he have to leave them to become a Kamaswami?
क्या उन्हें कामस्वामी बनने के लिए उन्हें छोड़ना पड़ा?

He was still sitting there when the night had fallen
जब रात हो गई तब भी वह वहीं बैठा था।

he caught sight of the stars, and thought to himself
उसने सितारों को देखा, और खुद को सोचा।

"Here I'm sitting under my mango-tree in my pleasure-garden"
"यहाँ मैं अपने आनंद-उद्यान में अपने आम-पेड़ के नीचे बैठा हूँ"

He smiled a little to himself
वह अपने आप से थोड़ा मुस्कुराया।

was it really necessary to own a garden?
क्या वास्तव में एक बगीचे का मालिक होना आवश्यक था?

was it not a foolish game?

क्या यह मूर्खतापूर्ण खेल नहीं था?

did he need to own a mango-tree?
क्या उसे आम के पेड़ की जरूरत थी?

He also put an end to this
उन्होंने इस पर भी विराम लगा दिया।

this also died in him
यह भी उसमें मर गया।

He rose and bid his farewell to the mango-tree
वह उठा और आम के पेड़ को विदाई दी।

he bid his farewell to the pleasure-garden
उन्होंने आनंद-उद्यान को विदाई दी।

Since he had been without food this day, he felt strong hunger
चूंकि वह इस दिन भोजन के बिना था, इसलिए उसे तेज भूख महसूस हुई।

and he thought of his house in the city
उसने शहर में अपने घर के बारे में सोचा।

he thought of his chamber and bed
उसने अपने कक्ष और बिस्तर के बारे में सोचा।

he thought of the table with the meals on it
उसने उस मेज के बारे में सोचा जिस पर भोजन था।

He smiled tiredly, shook himself, and bid his farewell to these things
वह थका हुआ मुस्कुराया, खुद को हिलाया, और इन चीजों के लिए अपनी विदाई दी।

In the same hour of the night, Siddhartha left his garden
रात के उसी घंटे में, सिद्धार्थ ने अपने बगीचे को छोड़ दिया।

he left the city and never came back
वह शहर छोड़कर चला गया और कभी वापस नहीं आया।

For a long time, Kamaswami had people look for him
लंबे समय तक, कामस्वामी ने लोगों को उनकी तलाश में रखा था।

they thought he had fallen into the hands of robbers
उन्हें लगा कि वह लुटेरों के हाथ लग गया है।

Kamala had no one look for him
कमला के पास उसे कोई नहीं ढूंढ रहा था।

she was not astonished by his disappearance
वह उसके गायब होने से आश्चर्यचकित नहीं था।

Did she not always expect it?
क्या उसने हमेशा इसकी उम्मीद नहीं की थी?

Was he not a Samana?
क्या वह सामना नहीं था?

a man who was at home nowhere, a pilgrim
एक आदमी जो कहीं भी घर पर नहीं था, एक तीर्थयात्री

she had felt this the last time they had been together
उसने आखिरी बार यह महसूस किया था जब वे एक साथ थे।

she was happy despite all the pain of the loss
वह नुकसान के सभी दर्द के बावजूद खुश थी।

she was happy she had been with him one last time
वह खुश थी कि वह आखिरी बार उसके साथ थी।

she was happy she had pulled him so affectionately to her heart
वह खुश थी कि उसने उसे अपने दिल में इतने प्यार से खींच लिया था।

she was happy she had felt completely possessed and penetrated by him
वह खुश थी कि उसने पूरी तरह से उसके कब्जे में और प्रवेश किया था।

When she received the news, she went to the window
जब उसे खबर मिली, तो वह खिड़की के पास गई।

at the window she held a rare singing bird
खिड़की पर उसने एक दुर्लभ गायन पक्षी रखा था।

the bird was held captive in a golden cage
पक्षी को एक सोने के पिंजरे में बंदी बना लिया गया था।

She opened the door of the cage
उसने पिंजरे का दरवाजा खोला।

she took the bird out and let it fly
उसने पक्षी को बाहर निकाला और उसे उड़ने दिया।

For a long time, she gazed after it

काफी देर तक वह उसे निहारती रही।

From this day on, she received no more visitors
इस दिन के बाद से, उसे कोई और आगंतुक नहीं मिला।

and she kept her house locked
और उसने अपने घर को बंद कर दिया।

But after some time, she became aware that she was pregnant
लेकिन कुछ समय बाद, उसे पता चला कि वह गर्भवती थी।

she was pregnant from the last time she was with Siddhartha
वह आखिरी बार जब सिद्धार्थ के साथ थी तब से गर्भवती थी।

By the River
नदी के किनारे

Siddhartha walked through the forest
सिद्धार्थ जंगल के माध्यम से चले गए।

he was already far from the city
वह पहले से ही शहर से बहुत दूर था।

and he knew nothing but one thing
और वह एक बात के अलावा कुछ भी नहीं जानता था।

there was no going back for him
उसके लिए वापस जाने का कोई रास्ता नहीं था।

the life that he had lived for many years was over
वह जीवन जो उसने कई वर्षों तक जिया था, खत्म हो गया था।

he had tasted all of this life
उसने इस पूरे जीवन का स्वाद चखा था।

he had sucked everything out of this life
उसने इस जीवन से सब कुछ चूस लिया था।

until he was disgusted with it
जब तक कि वह इससे घृणा नहीं करता था।

the singing bird he had dreamt of was dead
जिस गायन पक्षी का उसने सपना देखा था वह मर चुका था।

and the bird in his heart was dead too
और उसके दिल में पक्षी भी मर चुका था।

he had been deeply entangled in Sansara
वह संसार में गहराई से उलझा हुआ था।

he had sucked up disgust and death into his body
उसने घृणा और मृत्यु को अपने शरीर में चूस लिया था।

like a sponge sucks up water until it is full
जैसे एक स्पंज पानी को तब तक चूसता है जब तक कि वह भर न जाए।

he was full of misery and death
वह दुख और मृत्यु से भरा था।

there was nothing left in this world which could have attracted him

इस दुनिया में ऐसा कुछ भी नहीं बचा था जो उसे आकर्षित कर सके।
nothing could have given him joy or comfort
कुछ भी उसे खुशी या आराम नहीं दे सकता था।

he passionately wished to know nothing about himself anymore
वह अब अपने बारे में कुछ भी नहीं जानना चाहता था।

he wanted to have rest and be dead
वह आराम करना चाहता था और मर जाना चाहता था।

he wished there was a lightning-bolt to strike him dead!
वह चाहता था कि उसे मारने के लिए एक बिजली-बोल्ट हो!

If there only was a tiger to devour him!
काश उसे निगलने के लिए केवल एक बाघ होता!

If there only was a poisonous wine which would numb his senses
काश केवल एक जहरीली शराब होती जो उसकी इंद्रियों को सुन्न कर देती।

a wine which brought him forgetfulness and sleep
एक शराब जो उसे भूलने और नींद लाती है

a wine from which he wouldn't awake from
एक शराब जिसमें से वह जाग नहीं सकता था

Was there still any kind of filth he had not soiled himself with?
क्या अभी भी किसी तरह की गंदगी थी जिससे उसने खुद को मैला नहीं किया था?

was there a sin or foolish act he had not committed?
क्या कोई पाप या मूर्खतापूर्ण कार्य था जो उसने नहीं किया था?

was there a dreariness of the soul he didn't know?
क्या उस आत्मा की नीरसता थी जिसे वह नहीं जानता था?

was there anything he had not brought upon himself?
क्या ऐसा कुछ था जो उसने खुद पर नहीं लाया था?

Was it still at all possible to be alive?
क्या अभी भी जीवित रहना संभव है?

Was it possible to breathe in again and again?
क्या बार-बार सांस लेना संभव था?

Could he still breathe out?
क्या वह अभी भी सांस छोड़ सकता है?

was he able to bear hunger?
क्या वह भूख सहन करने में सक्षम था?

was there any way to eat again?
क्या फिर से खाने का कोई तरीका था?

was it possible to sleep again?
क्या फिर से सोना संभव है?

could he sleep with a woman again?
क्या वह फिर से एक औरत के साथ सो सकता है?

had this cycle not exhausted itself?
क्या यह चक्र अपने आप समाप्त नहीं हुआ था?

were things not brought to their conclusion?
क्या चीजों को उनके निष्कर्ष पर नहीं लाया गया?

Siddhartha reached the large river in the forest
सिद्धार्थ जंगल में बड़ी नदी में पहुंच गया।

it was the same river he crossed when he had still been a young man
यह वही नदी थी जिसे उसने पार किया था जब वह अभी भी एक जवान आदमी था।

it was the same river he crossed from the town of Gotama
यह वही नदी थी जिसे उसने गोटामा शहर से पार किया था।

he remembered a ferryman who had taken him over the river
उसे एक फेरीवाले की याद आई जो उसे नदी के ऊपर ले गया था।

By this river he stopped, and hesitantly he stood at the bank
इस नदी के किनारे वह रुक गया, और हिचकिचाते हुए वह किनारे पर खड़ा हो गया।

Tiredness and hunger had weakened him
थकान और भूख ने उसे कमजोर कर दिया था।

"what should I walk on for?"
"मुझे किस लिए चलना चाहिए?

"to what goal was there left to go?"
"किस लक्ष्य की ओर जाना बाकी था?"

No, there were no more goals
नहीं, कोई और लक्ष्य नहीं था।

there was nothing left but a painful yearning to shake off this dream
इस सपने को झकझोरने के लिए दर्दनाक तड़प के अलावा कुछ भी नहीं बचा था।

he yearned to spit out this stale wine
वह इस बासी शराब को थूकने के लिए तरस गया।

he wanted to put an end to this miserable and shameful life
वह इस दुखी और शर्मनाक जीवन को समाप्त करना चाहता था।

a coconut-tree bent over the bank of the river
नदी के किनारे झुका हुआ एक नारियल का पेड़

Siddhartha leaned against its trunk with his shoulder
सिद्धार्थ अपने कंधे से उसकी चड्डी पर झुक गया।

he embraced the trunk with one arm
उसने एक हाथ से ट्रंक को गले लगा लिया।

and he looked down into the green water
और उसने नीचे हरे पानी में देखा।

the water ran under him
पानी उसके नीचे बह रहा था।

he looked down and found himself to be entirely filled with the wish to let go
उसने नीचे देखा और खुद को पूरी तरह से जाने देने की इच्छा से भरा हुआ पाया।

he wanted to drown in these waters
वह इन पानी में डूबना चाहता था।

the water reflected a frightening emptiness back at him
पानी ने उस पर एक भयावह खालीपन को प्रतिबिंबित किया।

the water answered to the terrible emptiness in his soul
पानी ने उसकी आत्मा में भयानक खालीपन का जवाब दिया।

Yes, he had reached the end

हाँ, वह अंत तक पहुँच गया था।

There was nothing left for him, except to annihilate himself
उसके लिए कुछ भी नहीं बचा था, सिवाय खुद को मिटा देने के।

he wanted to smash the failure into which he had shaped his life
वह उस विफलता को तोड़ना चाहता था जिसमें उसने अपने जीवन को आकार दिया था।

he wanted to throw his life before the feet of mockingly laughing gods
वह अपने जीवन को मजाक उड़ाते हुए हंसने वाले देवताओं के पैरों के सामने फेंकना चाहता था।

This was the great vomiting he had longed for; death
यह वह बड़ी उल्टी थी जिसके लिए वह तरस रहा था; मृत्यु

the smashing to bits of the form he hated
उस रूप के टुकड़ों को तोड़ना जिससे वह नफरत करता था।

Let him be food for fishes and crocodiles
उसे मछलियों और मगरमच्छों के लिए भोजन बनने दो।

Siddhartha the dog, a lunatic
सिद्धार्थ कुत्ता, एक पागल

a depraved and rotten body; a weakened and abused soul!
एक विकृत और सड़ा हुआ शरीर; एक कमजोर और दुर्व्यवहार आत्मा!

let him be chopped to bits by the daemons
उसे डेमन द्वारा टुकड़ों में काट दिया जाए।

With a distorted face, he stared into the water
विकृत चेहरे के साथ, वह पानी में घूरता रहा।

he saw the reflection of his face and spat at it
उसने अपने चेहरे का प्रतिबिंब देखा और उस पर थूक दिया।

In deep tiredness, he took his arm away from the trunk of the tree
गहरी थकान में, उसने अपनी बांह को पेड़ के तने से दूर ले लिया।

he turned a bit, in order to let himself fall straight down
वह थोड़ा मुड़ा, ताकि खुद को सीधे नीचे गिरने दे सके।

in order to finally drown in the river

अंत में नदी में डूबने के लिए
With his eyes closed, he slipped towards death
आंखें बंद करके वह मौत की ओर खिसक गया।

Then, out of remote areas of his soul, a sound stirred up
फिर, उसकी आत्मा के दूरदराज के क्षेत्रों से, एक आवाज उठी।

a sound stirred up out of past times of his now weary life
उसके अब थके हुए जीवन के पिछले समय से एक ध्वनि निकली।

It was a singular word, a single syllable
यह एक विलक्षण शब्द था, एक एकल शब्दांश।

without thinking he spoke the voice to himself
बिना सोचे-समझे उसने खुद से आवाज बोल दी।

he slurred the beginning and the end of all prayers of the Brahmans
उन्होंने ब्राह्मणों की सभी प्रार्थनाओं की शुरुआत और अंत को अस्पष्ट कर दिया।

he spoke the holy Om
उन्होंने पवित्र ओम बोला।

"that what is perfect" or "the completion"
"कि क्या सही है" या "पूर्णता"

And in the moment he realized the foolishness of his actions
और पल में उसे अपने कार्यों की मूर्खता का एहसास हुआ।

the sound of Om touched Siddhartha's ear
ओम की आवाज सिद्धार्थ के कान को छू गई।

his dormant spirit suddenly woke up
उसकी सुप्त आत्मा अचानक जाग उठी।

Siddhartha was deeply shocked
सिद्धार्थ को गहरा सदमा लगा।

he saw this was how things were with him
उसने देखा कि उसके साथ चीजें इस तरह थीं।

he was so doomed that he had been able to seek death
वह इतना बर्बाद हो गया था कि वह मौत की तलाश करने में सक्षम था।

he had lost his way so much that he wished the end
वह अपना रास्ता इतना भटक गया था कि उसने अंत की कामना की।

the wish of a child had been able to grow in him
एक बच्चे की इच्छा उसके अंदर बढ़ने में सक्षम थी।
he had wished to find rest by annihilating his body!
वह अपने शरीर को नष्ट करके आराम पाने की कामना करता था!
all the agony of recent times
हाल के दिनों की सारी पीड़ा
all sobering realizations that his life had created
सभी गंभीर एहसास जो उनके जीवन ने बनाए थे
all the desperation that he had felt
सारी हताशा जो उसने महसूस की थी
these things did not bring about this moment
ये चीजें इस क्षण के बारे में नहीं लाईं।
when the Om entered his consciousness he became aware of himself
जब ओम ने अपनी चेतना में प्रवेश किया तो वह खुद के बारे में जागरूक हो गया।
he realized his misery and his error
उसे अपने दुख और अपनी गलती का एहसास हुआ।
Om! he spoke to himself
ओम! उसने खुद से बात की।
Om! and again he knew about Brahman
ओम! और फिर वह ब्रहम के बारे में जानता था।
Om! he knew about the indestructibility of life
ओम! वह जीवन की अविनाशीता के बारे में जानता था।
Om! he knew about all that is divine, which he had forgotten
ओम! वह उन सभी चीजों के बारे में जानता था जो दिव्य हैं, जिन्हें वह भूल गया था।
But this was only a moment that flashed before him
लेकिन यह केवल एक क्षण था जो उसके सामने चमक रहा था।
By the foot of the coconut-tree, Siddhartha collapsed
नारियल-पेड़ के पैर से, सिद्धार्थ गिर गया।
he was struck down by tiredness

वह थकावट से मारा गया था।

mumbling "Om", he placed his head on the root of the tree
"ॐ" कहते हुए, उसने अपना सिर पेड़ की जड़ पर रख दिया।

and he fell into a deep sleep
और वह गहरी नींद में गिर गया।

Deep was his sleep, and without dreams
गहरी उसकी नींद थी, और सपनों के बिना।

for a long time he had not known such a sleep any more
लंबे समय तक उसे ऐसी नींद का पता नहीं था।

When he woke up after many hours, he felt as if ten years had passed
जब वह कई घंटों के बाद उठा, तो उसे लगा जैसे दस साल बीत गए हों।

he heard the water quietly flowing
उसने पानी को चुपचाप बहते हुए सुना।

he did not know where he was
उसे नहीं पता था कि वह कहाँ है।

and he did not know who had brought him here
और वह नहीं जानता था कि उसे यहाँ कौन लाया था।

he opened his eyes and looked with astonishment
उसने अपनी आँखें खोलीं और आश्चर्य से देखा।

there were trees and the sky above him
उसके ऊपर पेड़ और आकाश था।

he remembered where he was and how he got here
उसे याद है कि वह कहाँ था और यहाँ कैसे आया।

But it took him a long while for this
लेकिन इसके लिए उन्हें काफी समय लग गया।

the past seemed to him as if it had been covered by a veil
अतीत उसे ऐसा लग रहा था जैसे उसे घूंघट से ढक दिया गया हो।

infinitely distant, infinitely far away, infinitely meaningless
असीम रूप से दूर, असीम रूप से दूर, असीम रूप से अर्थहीन।

He only knew that his previous life had been abandoned
वह केवल इतना जानता था कि उसका पिछला जीवन त्याग दिया गया था।

this past life seemed to him like a very old, previous incarnation

यह पिछला जीवन उसे एक बहुत पुराने, पिछले अवतार की तरह लग रहा था।

this past life felt like a pre-birth of his present self

यह पिछला जीवन उनके वर्तमान आत्म के पूर्व-जन्म की तरह महसूस हुआ।

full of disgust and wretchedness, he had intended to throw his life away

घृणा और मनहूसता से भरा, उसने अपने जीवन को फेंकने का इरादा किया था

he had come to his senses by a river, under a coconut-tree

वह एक नारियल-पेड़ के नीचे, एक नदी के किनारे अपने होश में आया था।

the holy word "Om" was on his lips

पवित्र शब्द "ओम" उसके होंठों पर था।

he had fallen asleep and had now woken up

वह सो गया था और अब जाग गया था।

he was looking at the world as a new man

वह दुनिया को एक नए आदमी के रूप में देख रहा था।

Quietly, he spoke the word "Om" to himself

चुपचाप, उसनें खुद से "ओम" शब्द बोला।

the "Om" he was speaking when he had fallen asleep

"ओम" वह बोल रहा था जब वह सो गया था

his sleep felt like nothing more than a long meditative recitation of "Om"

उनकी नींद "ओम" के लंबे ध्यान पाठ से ज्यादा कुछ नहीं लग रही थी।

all his sleep had been a thinking of "Om"

उसकी सारी नींद "ओम" के बारे में सोचकर पूरी हो गई थी।

a submergence and complete entering into "Om"

एक डूब और "ओम" में पूर्ण प्रवेश

a going into the perfected and completed

परिपूर्ण और पूर्ण की गई दिशा में जाना।

What a wonderful sleep this had been!

यह कितनी अच्छी नींद थी!

he had never before been so refreshed by sleep
वह पहले कभी नींद से इतना तरोताजा नहीं हुआ था।

Perhaps, he really had died
शायद, वह वास्तव में मर गया था।

maybe he had drowned and was reborn in a new body?
शायद वह डूब गया था और एक नए शरीर में पुनर्जन्म हुआ था?

But no, he knew himself and who he was
लेकिन नहीं, वह खुद को जानता था और वह कौन था।

he knew his hands and his feet
वह अपने हाथों और पैरों को जानता था।

he knew the place where he lay
वह उस जगह को जानता था जहां वह पड़ा था।

he knew this self in his chest
वह अपने सीने में इस आत्म को जानता था।

Siddhartha the eccentric, the weird one
सिद्धार्थ सनकी, अजीब

but this Siddhartha was nevertheless transformed
लेकिन यह सिद्धार्थ फिर भी बदल गया था।

he was strangely well rested and awake
वह अजीब तरह से अच्छी तरह से आराम कर रहा था और जाग रहा था।

and he was joyful and curious
और वह खुश और उत्सुक था।

Siddhartha straightened up and looked around
सिद्धार्थ ने सीधा होकर इधर-उधर देखा।

then he saw a person sitting opposite to him
तभी उसने देखा कि एक व्यक्ति उसके सामने बैठा है।

a monk in a yellow robe with a shaven head
पीले वस्त्र में एक भिक्षु जिसका सिर मुंडा हुआ है

he was sitting in the position of pondering
वह विचार करने की स्थिति में बैठा था।

He observed the man, who had neither hair on his head nor

a beard
उन्होंने उस आदमी को देखा, जिसके सिर पर न तो बाल थे और न ही दाढ़ी थी।

he had not observed him for long when he recognised this monk
जब उसने इस भिक्षु को पहचाना तो उसने उसे लंबे समय तक नहीं देखा था।

it was Govinda, the friend of his youth
यह गोविंदा थे, जो उनकी युवावस्था के दोस्त थे।

Govinda, who had taken his refuge with the exalted Buddha
गोविंदा, जिन्होंने महान बुद्ध के साथ अपनी शरण ली थी

Like Siddhartha, Govinda had also aged
सिद्धार्थ की तरह गोविंदा की भी हो चुकी थी उम्र

but his face still bore the same features
लेकिन उनके चेहरे में अभी भी वही विशेषताएं थीं।

his face still expressed zeal and faithfulness
उनके चेहरे ने अभी भी उत्साह और वफादारी व्यक्त की।

you could see he was still searching, but timidly
आप देख सकते हैं कि वह अभी भी खोज रहा था, लेकिन डरपोक

Govinda sensed his gaze, opened his eyes, and looked at him
गोविंदा ने उनकी नज़र को भांप कर अपनी आँखें खोलीं और उनकी ओर देखा।

Siddhartha saw that Govinda did not recognise him
सिद्धार्थ ने देखा कि गोविंदा उन्हें पहचान नहीं पा रहे हैं।

Govinda was happy to find him awake
गोविंदा उन्हें जगा हुआ देखकर खुश हो गए।

apparently, he had been sitting here for a long time
जाहिर है, वह लंबे समय से यहां बैठा था।

he had been waiting for him to wake up
वह उसके जागने का इंतजार कर रहा था।

he waited, although he did not know him
उसने इंतजार किया, हालांकि वह उसे नहीं जानता था।

"I have been sleeping" said Siddhartha

"मैं सो रहा हूं," सिद्धार्थ ने कहा।

"How did you get here?"

"तुम यहाँ कैसे आ गए?

"You have been sleeping" answered Govinda

गोविंदा ने जवाब दिया, "आप सो रहे हैं।

"It is not good to be sleeping in such places"

"ऐसी जगहों पर सोना अच्छा नहीं है"

"snakes and the animals of the forest have their paths here"

"सांप और जंगल के जानवरों के पास यहां अपने रास्ते हैं"

"I, oh sir, am a follower of the exalted Gotama"

"मैं, ओह सर, महान गोतमा का अनुयायी हूं"

"I was on a pilgrimage on this path"

"मैं इस रास्ते पर तीर्थयात्रा पर था"

"I saw you lying and sleeping in a place where it is dangerous to sleep"

"मैंने आपको एक ऐसी जगह पर लेटते और सोते हुए देखा जहां सोना खतरनाक है।

"Therefore, I sought to wake you up"

"इसलिए, मैंने आपको जगाने की कोशिश की"

"but I saw that your sleep was very deep"

"लेकिन मैंने देखा कि तुम्हारी नींद बहुत गहरी थी"

"so I stayed behind from my group"

"इसलिए मैं अपने समूह से पीछे रह गया"

"and I sat with you until you woke up"

"और मैं तुम्हारे साथ तब तक बैठा रहा जब तक तुम जाग नहीं गए।

"And then, so it seems, I have fallen asleep myself"

"और फिर, ऐसा लगता है, मैं खुद सो गया हूं"

"I, who wanted to guard your sleep, fell asleep"

"मैं, जो आपकी नींद की रक्षा करना चाहता था, सो गया"

"Badly, I have served you"

"ठीक है, मैंने तुम्हारी सेवा की है"

"tiredness had overwhelmed me"

"थकान ने मुझे अभिभूत कर दिया था"

"But since you're awake, let me go to catch up with my brothers"

"लेकिन जब से तुम जाग रहे हो, मुझे अपने भाइयों के साथ मिलने के लिए जाने दो।

"I thank you, Samana, for watching out over my sleep" spoke Siddhartha

"मैं आपको धन्यवाद देता हूं, समाना, मेरी नींद पर नज़र रखने के लिए" सिद्धार्थ ने कहा।

"You're friendly, you followers of the exalted one"

"आप दोस्ताना हैं, आप महान के अनुयायी हैं"

"Now you may go to them"

"अब आप उनके पास जा सकते हैं"

"I'm going, sir. May you always be in good health"

"मैं जा रहा हूँ सर। आप हमेशा अच्छे स्वास्थ्य में रहें।

"I thank you, Samana"

"मैं आपको धन्यवाद देता हूं, समाना"

Govinda made the gesture of a salutation and said "Farewell"

गोविंदा ने अभिवादन का इशारा किया और "विदाई" कहा

"Farewell, Govinda" said Siddhartha

"अलविदा, गोविंदा" सिद्धार्थ ने कहा।

The monk stopped as if struck by lightning

साधु ऐसे रुक गया मानो बिजली से मारा हो।

"Permit me to ask, sir, from where do you know my name?"

"मुझे पूछने की अनुमति दें, सर, आप मेरा नाम कहां से जानते हैं?

Siddhartha smiled, "I know you, oh Govinda, from your father's hut"

सिद्धार्थ मुस्कुराया, "मैं तुम्हें जानता हूँ, ओह गोविंदा, तुम्हारे पिता की झोपड़ी से"

"and I know you from the school of the Brahmans"

"और मैं तुम्हें ब्राह्मणों की पाठशाला से जानता हूँ।

"and I know you from the offerings"

"और मैं तुम्हें प्रसाद से जानता हूँ"

"and I know you from our walk to the Samanas"
"और मैं तुम्हें सामानों की हमारी पैदल यात्रा से जानता हूँ"
"and I know you from when you took refuge with the exalted one"
"और मैं तुम्हें तब से जानता हूँ जब तुमने महान व्यक्ति की शरण ली थी।
"You're Siddhartha," Govinda exclaimed loudly, "Now, I recognise you"
"तुम सिद्धार्थ हो," गोविंदा ने जोर से कहा, "अब, मैं तुम्हें पहचानता हूं"
"I don't comprehend how I couldn't recognise you right away"
"मुझे समझ में नहीं आता कि मैं आपको तुरंत कैसे नहीं पहचान सका।
"Siddhartha, my joy is great to see you again"
"सिद्धार्थ, तुम्हें फिर से देखकर मुझे बहुत खुशी हो रही है"
"It also gives me joy, to see you again" spoke Siddhartha
"आपको फिर से देखकर मुझे भी खुशी मिलती है" सिद्धार्थ ने कहा।
"You've been the guard of my sleep"
"आप मेरी नींद के रक्षक रहे हैं"
"again, I thank you for this"
"फिर से, मैं आपको इसके लिए धन्यवाद देता हूं"
"but I wouldn't have required any guard"
"लेकिन मुझे किसी गार्ड की आवश्यकता नहीं होगी"
"Where are you going to, oh friend?"
"कहाँ जा रहे हो दोस्त?
"I'm going nowhere," answered Govinda
गोविंदा ने जवाब दिया, "मैं कहीं नहीं जा रहा हूं।
"We monks are always travelling"
"हम भिक्षु हमेशा यात्रा कर रहे हैं"
"whenever it is not the rainy season, we move from one place to another"
"जब भी बारिश का मौसम नहीं होता है, तो हम एक स्थान से दूसरे स्थान पर जाते हैं"
"we live according to the rules of the teachings passed on to us"

"हम उन शिक्षाओं के नियमों के अनुसार जीते हैं जो हमें दी गई हैं"
"we accept alms, and then we move on"
"हम भिक्षा स्वीकार करते हैं, और फिर हम आगे बढ़ते हैं।
"It is always like this"
"यह हमेशा इस तरह होता है"
"But you, Siddhartha, where are you going to?"
"लेकिन तुम, सिद्धार्थ, तुम कहाँ जा रहे हो?
"for me it is as it is with you"
"मेरे लिए यह वैसा ही है जैसा कि यह आपके साथ है।
"I'm going nowhere; I'm just travelling"
"मैं कहीं नहीं जा रहा हूँ; मैं बस यात्रा कर रहा हूँ"
"I'm also on a pilgrimage"
"मैं भी तीर्थयात्रा पर हूँ"
Govinda spoke "You say you're on a pilgrimage, and I believe you"
गोविंदा बोले, "आप कहते हैं कि आप तीर्थयात्रा पर हैं, और मुझे आप पर विश्वास है"
"But, forgive me, oh Siddhartha, you do not look like a pilgrim"
"लेकिन, मुझे माफ कर दो, हे सिद्धार्थ, तुम तीर्थयात्री की तरह नहीं दिखते हो"
"You're wearing a rich man's garments"
"आप एक अमीर आदमी के कपड़े पहन रहे हैं"
"you're wearing the shoes of a distinguished gentleman"
"आप एक प्रतिष्ठित सज्जन के जूते पहन रहे हैं"
"and your hair, with the fragrance of perfume, is not a pilgrim's hair"
"और आपके बाल, इत्र की सुगंध के साथ, तीर्थयात्री के बाल नहीं हैं।
"you do not have the hair of a Samana"
"तुम्हारे पास सामना के बाल नहीं हैं"
"you are right, my dear"
"आप सही कह रहे हैं, मेरे प्रिय"
"you have observed things well"

"आपने चीजों को अच्छी तरह से देखा है"
"your keen eyes see everything"
"आपकी गहरी आँखें सब कुछ देखती हैं"
"But I haven't said to you that I was a Samana"
"लेकिन मैंने तुमसे यह नहीं कहा कि मैं एक सामना था"
"I said I'm on a pilgrimage"
"मैंने कहा कि मैं तीर्थयात्रा पर हूँ"
"And so it is, I'm on a pilgrimage"
"और इसलिए यह है, मैं एक तीर्थयात्रा पर हूं"
"You're on a pilgrimage" said Govinda
गोविंदा ने कहा, "आप तीर्थयात्रा पर हैं।
"But few would go on a pilgrimage in such clothes"
"लेकिन बहुत कम लोग ऐसे कपड़ों में तीर्थयात्रा पर जाते थे"
"few would pilger in such shoes"
"बहुत कम लोग ऐसे जूते पहनेंगे"
"and few pilgrims have such hair"
"और कुछ तीर्थयात्रियों के पास ऐसे बाल हैं"
"I have never met such a pilgrim"
"मैं कभी भी ऐसे तीर्थयात्री से नहीं मिला"
"and I have been a pilgrim for many years"
"और मैं कई सालों से एक तीर्थयात्री रहा हूं"
"I believe you, my dear Govinda"
"मुझे तुम पर विश्वास है, मेरे प्रिय गोविंदा"
"But now, today, you've met a pilgrim just like this"
"लेकिन अब, आज, आप इस तरह एक तीर्थयात्री से मिले हैं।
"a pilgrim wearing these kinds of shoes and garment"
"इस प्रकार के जूते और वस्त्र पहनने वाला एक तीर्थयात्री"
"Remember, my dear, the world of appearances is not eternal"
"याद रखें, मेरे प्रिय, दिखावे की दुनिया शाश्वत नहीं है।
"our shoes and garments are anything but eternal"
"हमारे जूते और वस्त्र शाश्वत के अलावा कुछ भी नहीं हैं"
"our hair and bodies are not eternal either"

"हमारे बाल और शरीर भी शाश्वत नहीं हैं।
I'm wearing a rich man's clothes"
मैं एक अमीर आदमी के कपड़े पहन रहा हूँ"
"you've seen this quite right"
"आपने इसे बिल्कुल सही देखा है"
"I'm wearing them, because I have been a rich man"
"मैं उन्हें पहन रहा हूं, क्योंकि मैं एक अमीर आदमी रहा हूं।
"and I'm wearing my hair like the worldly and lustful people"
"और मैं सांसारिक और कामुक लोगों की तरह अपने बाल पहन रहा हूं"
"because I have been one of them"
"क्योंकि मैं उनमें से एक था"
"And what are you now, Siddhartha?" Govinda asked
"और अब तुम क्या हो, सिद्धार्थ? गोविंदा ने पूछा
"I don't know it, just like you"
"मैं यह नहीं जानता, बस तुम्हारी तरह"
"I was a rich man, and now I am not a rich man anymore"
"मैं एक अमीर आदमी था, और अब मैं एक अमीर आदमी नहीं हूं।
"and what I'll be tomorrow, I don't know"
"और मैं कल क्या करूँगा, मुझे नहीं पता।
"You've lost your riches?" asked Govinda
गोविंदा ने पूछा, "आपने अपनी दौलत खो दी है?"
"I've lost my riches, or they have lost me"
"मैंने अपना धन खो दिया है, या उन्होंने मुझे खो दिया है।
"My riches somehow happened to slip away from me"
"मेरा धन किसी तरह मुझसे दूर हो गया"
"The wheel of physical manifestations is turning quickly, Govinda"
"शारीरिक अभिव्यक्तियों का पहिया तेजी से घूम रहा है, गोविंदा"
"Where is Siddhartha the Brahman?"
"सिद्धार्थ ब्रह्म कहाँ है?
"Where is Siddhartha the Samana?"
"सिद्धार्थ सामना कहाँ है?"

"Where is Siddhartha the rich man?"
"सिद्धार्थ अमीर आदमी कहाँ है?

"Non-eternal things change quickly, Govinda, you know it"
"गैर-शाश्वत चीजें जल्दी से बदलती हैं, गोविंदा, आप इसे जानते हैं"

Govinda looked at the friend of his youth for a long time
गोविंदा काफी देर तक अपनी जवानी के दोस्त को देखते रहे।

he looked at him with doubt in his eyes
उसने अपनी आँखों में संदेह के साथ उसे देखा।

After that, he gave him the salutation which one would use on a gentleman
उसके बाद, उन्होंने उसे वह अभिवादन दिया जो कोई एक सज्जन पर उपयोग करेगा।

and he went on his way, and continued his pilgrimage
और वह अपने रास्ते पर चला गया, और अपनी तीर्थयात्रा जारी रखी

With a smiling face, Siddhartha watched him leave
मुस्कुराते हुए चेहरे के साथ, सिद्धार्थ ने उसे जाते हुए देखा।

he loved him still, this faithful, fearful man
वह अभी भी उससे प्यार करता था, यह वफादार, भयभीत आदमी।

how could he not have loved everybody and everything in this moment?
वह इस पल में हर किसी और सब कुछ से प्यार कैसे नहीं कर सकता था?

in the glorious hour after his wonderful sleep, filled with Om!
अपनी अद्भुत नींद के बाद शानदार घंटे में, ओम से भरा!

The enchantment, which had happened inside of him in his sleep
मोहभंग, जो नींद में उसके अंदर हुआ था।

this enchantment was everything that he loved
यह जादू वह सब कुछ था जिसे वह प्यार करता था।

he was full of joyful love for everything he saw
वह जो कुछ भी देखता था उसके लिए हर्षित प्रेम से भरा था।

exactly this had been his sickness before
वास्तव में यह पहले उसकी बीमारी थी।

he had not been able to love anybody or anything
वह किसी से या किसी भी चीज से प्यार करने में सक्षम नहीं था।
With a smiling face, Siddhartha watched the leaving monk
मुस्कुराते हुए चेहरे के साथ, सिद्धार्थ ने जाने वाले भिक्षु को देखा।

The sleep had strengthened him a lot
नींद ने उसे बहुत मजबूत कर दिया था।
but hunger gave him great pain
लेकिन भूख ने उसे बहुत दर्द दिया।
by now he had not eaten for two days
अब तक उसने दो दिन से कुछ नहीं खाया था।
the times were long past when he could resist such hunger
वह समय बहुत पहले था जब वह इस तरह की भूख का विरोध कर सकता था।
With sadness, and yet also with a smile, he thought of that time
उदासी के साथ, और फिर भी एक मुस्कान के साथ, उसने उस समय के बारे में सोचा।
In those days, so he remembered, he had boasted of three things to Kamala
उन दिनों, इसलिए उन्हें याद आया, उन्होंने कमला को तीन चीजों का घमंड किया था।
he had been able to do three noble and undefeatable feats
वह तीन महान और अपराजित करतब करने में सक्षम था।
he was able to fast, wait, and think
वह उपवास करने, प्रतीक्षा करने और सोचने में सक्षम था।
These had been his possessions; his power and strength
ये उसकी संपत्ति थी; उसकी शक्ति और ताकत
in the busy, laborious years of his youth, he had learned these three feats
अपनी युवावस्था के व्यस्त, श्रमसाध्य वर्षों में, उन्होंने इन तीन करतबों को सीखा था।
And now, his feats had abandoned him

और अब, उसके करतबों ने उसे छोड़ दिया था।
none of his feats were his any more
उनका कोई भी कारनामा अब उनका नहीं रहा।
neither fasting, nor waiting, nor thinking
न उपवास, न इंतजार, न सोचना
he had given them up for the most wretched things
उसने उन्हें सबसे बुरी चीजों के लिए छोड़ दिया था।
what is it that fades most quickly?
ऐसा क्या है जो सबसे जल्दी मिट जाता है?
sensual lust, the good life, and riches!
कामुक वासना, अच्छा जीवन, और धन!
His life had indeed been strange
उनका जीवन वास्तव में अजीब था।
And now, so it seemed, he had really become a childlike person
और अब, ऐसा लगता था, वह वास्तव में एक बच्चे जैसा व्यक्ति बन गया था।

Siddhartha thought about his situation
सिद्धार्थ ने अपनी स्थिति के बारे में सोचा।
Thinking was hard for him now
अब उसके लिए सोचना मुश्किल था।
he did not really feel like thinking
वास्तव में सोचने का मन नहीं करता था।
but he forced himself to think
लेकिन उसने खुद को सोचने के लिए मजबूर कर दिया।
"all these most easily perishing things have slipped from me"
"ये सभी सबसे आसानी से नष्ट होने वाली चीजें मुझसे दूर हो गई हैं।
"again, now I'm standing here under the sun"
"फिर से, अब मैं सूरज के नीचे यहां खड़ा हूं"
"I am standing here just like a little child"
"मैं यहां एक छोटे बच्चे की तरह खड़ा हूं"
"nothing is mine, I have no abilities"

"कुछ भी मेरा नहीं है, मेरे पास कोई क्षमता नहीं है।
"there is nothing I could bring about"
"ऐसा कुछ भी नहीं है जो मैं ला सकता हूं"
"I have learned nothing from my life"
"मैंने अपने जीवन से कुछ नहीं सीखा"
"How wondrous all of this is!"
"यह सब कितना अद्भुत है!
"it's wondrous that I'm no longer young"
"यह आश्चर्यजनक है कि मैं अब युवा नहीं हूं"
"my hair is already half gray and my strength is fading"
"मेरे बाल पहले से ही आधे भूरे हैं और मेरी ताकत कम हो रही है"
"and now I'm starting again at the beginning, as a child!"
"और अब मैं एक बच्चे के रूप में शुरुआत में फिर से शुरू कर रहा हूं!
Again, he had to smile to himself
फिर, उसे खुद को मुस्कुराना पड़ा।
Yes, his fate had been strange!
हाँ, उसका भाग्य अजीब था!
Things were going downhill with him
चीजें उसके साथ नीचे जा रही थीं।
and now he was again facing the world naked and stupid
और अब वह फिर से नग्न और बेवकूफ दुनिया का सामना कर रहा था।
But he could not feel sad about this
लेकिन वह इस बारे में दुखी महसूस नहीं कर सका।
no, he even felt a great urge to laugh
नहीं, उसे हंसने की बहुत इच्छा भी महसूस हुई।
he felt an urge to laugh about himself
उसे खुद के बारे में हंसने की इच्छा महसूस हुई।
he felt an urge to laugh about this strange, foolish world
उसे इस अजीब, मूर्खतापूर्ण दुनिया के बारे में हंसने की इच्छा महसूस हुई।
"Things are going downhill with you!" he said to himself
"चीजें तुम्हारे साथ नीचे जा रही हैं!" उसने खुद से कहा।
and he laughed about his situation
और वह अपनी स्थिति के बारे में हँसे।

as he was saying it he happened to glance at the river
जैसा कि वह कह रहा था, वह नदी की ओर देखने लगा।

and he also saw the river going downhill
और उसने नदी को नीचे की ओर जाते हुए भी देखा।

it was singing and being happy about everything
यह गायन था और हर चीज के बारे में खुश होना था।

He liked this, and kindly he smiled at the river
उसे यह पसंद आया, और वह नदी पर मुस्कुराया।

Was this not the river in which he had intended to drown himself?
क्या यह वह नदी नहीं थी जिसमें उसने खुद को डुबोने का इरादा किया था?

in past times, a hundred years ago
अतीत में, सौ साल पहले

or had he dreamed this?
या उसने यह सपना देखा था?

"Wondrous indeed was my life" he thought
"चमत्कारिक वास्तव में मेरा जीवन था," उसने सोचा।

"my life has taken wondrous detours"
"मेरे जीवन ने अद्भुत चक्कर लगाए हैं"

"As a boy, I only dealt with gods and offerings"
"एक लड़के के रूप में, मैं केवल देवताओं और प्रसाद से निपटता था"

"As a youth, I only dealt with asceticism"
"एक युवा के रूप में, मैं केवल तपस्या से निपटता था"

"I spent my time in thinking and meditation"
"मैंने अपना समय सोचने और ध्यान करने में बिताया"

"I was searching for Brahman
"मैं ब्रह्म की खोज कर रहा था।

"and I worshipped the eternal in the Atman"
"और मैंने आत्मान में अनन्त की पूजा की"

"But as a young man, I followed the penitents"
"लेकिन एक जवान आदमी के रूप में, मैंने पेनिटेंट का पालन किया"

"I lived in the forest and suffered heat and frost"
"मैं जंगल में रहता था और गर्मी और ठंढ का सामना करता था"

"there I learned how to overcome hunger"
"वहां मैंने सीखा कि भूख को कैसे दूर किया जाए"
"and I taught my body to become dead"
"और मैंने अपने शरीर को मृत होना सिखाया"
"Wonderfully, soon afterwards, insight came towards me"
"आश्चर्यजनक रूप से, इसके तुरंत बाद, अंतर्दृष्टि मेरी ओर आई"
"insight in the form of the great Buddha's teachings"
"महान बुद्ध की शिक्षाओं के रूप में अंतर्दृष्टि"
"I felt the knowledge of the oneness of the world"
"मैंने दुनिया की एकता का ज्ञान महसूस किया"
"I felt it circling in me like my own blood"
"मैंने महसूस किया कि यह मेरे अपने खून की तरह मेरे अंदर घूम रहा है।
"But I also had to leave Buddha and the great knowledge"
"लेकिन मुझे बुद्ध और महान ज्ञान को भी छोड़ना पड़ा"
"I went and learned the art of love with Kamala"
"मैंने जाकर कमला के साथ प्रेम की कला सीखी"
"I learned trading and business with Kamaswami"
"मैंने कामस्वामी के साथ व्यापार और व्यवसाय सीखा"
"I piled up money, and wasted it again"
"मैंने पैसे का ढेर लगा दिया, और इसे फिर से बर्बाद कर दिया।
"I learned to love my stomach and please my senses"
"मैंने अपने पेट से प्यार करना और अपनी इंद्रियों को खुश करना सीखा"
"I had to spend many years losing my spirit"
"मुझे अपनी आत्मा खोने में कई साल बिताने पड़े"
"and I had to unlearn thinking again"
"और मुझे फिर से सोचना सीखना पड़ा"
"there I had forgotten the oneness"
"वहाँ मैं एकता भूल गया था"
"Isn't it just as if I had turned slowly from a man into a child"?
"क्या यह सिर्फ ऐसा नहीं है जैसे मैं धीरे-धीरे एक आदमी से एक बच्चे में बदल गया था"?
"from a thinker into a childlike person"

"एक विचारक से एक बच्चे जैसे व्यक्ति तक"
"And yet, this path has been very good"
"और फिर भी, यह रास्ता बहुत अच्छा रहा है"
"and yet, the bird in my chest has not died"
"और फिर भी, मेरी छाती में पक्षी नहीं मरा है"
"what a path has this been!"
"यह कैसा रास्ता है!
"I had to pass through so much stupidity"
"मुझे इतनी मूर्खता से गुजरना पड़ा"
"I had to pass through so much vice"
"मुझे इतनी बुराइयों से गुजरना पड़ा"
"I had to make so many errors"
"मुझे इतनी सारी गलतियाँ करनी पड़ीं"
"I had to feel so much disgust and disappointment"
"मुझे इतनी घृणा और निराशा महसूस करनी पड़ी"
"I had to do all this to become a child again"
"मुझे फिर से बच्चा बनने के लिए यह सब करना पड़ा"
"and then I could start over again"
"और फिर मैं फिर से शुरू कर सकता हूं"
"But it was the right way to do it"
"लेकिन यह ऐसा करने का सही तरीका था"
"my heart says yes to it and my eyes smile to it"
"मेरा दिल इसके लिए हाँ कहता है और मेरी आँखें इसे मुस्कुराती हैं ।
"I've had to experience despair"
"मुझे निराशा का अनुभव करना पड़ा"
"I've had to sink down to the most foolish of all thoughts"
"मुझे सभी विचारों में से सबसे मूर्ख में डूबना पड़ा है।
"I've had to think to the thoughts of suicide"
"मुझे आत्महत्या के विचारों के बारे में सोचना पड़ा"
"only then would I be able to experience divine grace"
"केवल तभी मैं ईश्वरीय कृपा का अनुभव कर पाऊंगा"
"only then could I hear Om again"
"तभी मैं ओम को फिर से सुन सकता था"

"only then would I be able to sleep properly and awake again"

"केवल तभी मैं ठीक से सो पाऊंगा और फिर से जाग पाऊंगा"

"I had to become a fool, to find Atman in me again"

"मुझे मूर्ख बनना पड़ा, खुद में फिर से आत्मान को खोजने के लिए"

"I had to sin, to be able to live again"

"मुझे पाप करना पड़ा, फिर से जीने में सक्षम होना पड़ा"

"Where else might my path lead me to?"

"मेरा रास्ता मुझे और कहाँ ले जा सकता है?

"It is foolish, this path, it moves in loops"

"यह मूर्खता है, यह मार्ग, यह लूप में चलता है।

"perhaps it is going around in a circle"

"शायद यह एक चक्र में घूम रहा है"

"Let this path go where it likes"

"इस रास्ते को जाने दें जहां यह पसंद करता है"

"where ever this path goes, I want to follow it"

"जहां भी यह रास्ता जाता है, मैं इसका पालन करना चाहता हूं।

he felt joy rolling like waves in his chest

उसने अपनी छाती में लहरों की तरह लुढ़कते हुए खुशी महसूस की।

he asked his heart, "from where did you get this happiness?"

उसने अपने मन से पूछा, "तुम्हें यह सुख कहाँ से मिला?

"does it perhaps come from that long, good sleep?"

"क्या यह शायद इतनी लंबी, अच्छी नींद से आता है?

"the sleep which has done me so much good"

"नींद जिसने मुझे इतना अच्छा किया है"

"or does it come from the word Om, which I said?"

"या यह ओम शब्द से आता है, जिसे मैंने कहा था?

"Or does it come from the fact that I have escaped?"

"या यह इस तथ्य से आता है कि मैं बच गया हूं?

"does this happiness come from standing like a child under the sky?"

"क्या यह खुशी आसमान के नीचे एक बच्चे की तरह खड़े होने से आती है?

"Oh how good is it to have fled"

"ओह, यह कितना अच्छा है कि भाग गया"
"it is great to have become free!"
"मुक्त होना बहुत अच्छा है!
"How clean and beautiful the air here is"
"यहां की हवा कितनी साफ और सुंदर है"
"the air is good to breath"
"हवा सांस लेने के लिए अच्छी है"
"where I ran away from everything smelled of ointments"
"जहां मैं हर चीज से दूर भाग गया, मलहम की गंध आ रही थी"
"spices, wine, excess, sloth"
"मसाले, शराब, अधिक, सुस्त"
"How I hated this world of the rich"
"मुझे अमीरों की इस दुनिया से कैसे नफरत है"
"I hated those who revel in fine food and the gamblers!"
"मैं उन लोगों से नफरत करता था जो अच्छे भोजन और जुआरी में आनंद लेते हैं!
"I hated myself for staying in this terrible world for so long!
"मैं इतने लंबे समय तक इस भयानक दुनिया में रहने के लिए खुद से नफरत करता था!
"I have deprived, poisoned, and tortured myself"
"मैंने खुद को वंचित, जहर और यातना दी है"
"I have made myself old and evil!"
"मैंने खुद को बूढ़ा और बुरा बना दिया है!
"No, I will never again do the things I liked doing so much"
"नहीं, मैं फिर कभी उन चीजों को नहीं करूँगा जो मुझे बहुत पसंद हैं।
"I won't delude myself into thinking that Siddhartha was wise!"
"मैं यह सोचकर खुद को भ्रमित नहीं करूंगा कि सिद्धार्थ बुद्धिमान थे!
"But this one thing I have done well"
"लेकिन यह एक चीज मैंने अच्छी तरह से की है"
"this I like, this I must praise"
"यह मुझे पसंद है, यह मुझे प्रशंसा करनी चाहिए"
"I like that there is now an end to that hatred against myself"

"मुझे पसंद है कि अब मेरे खिलाफ उस नफरत का अंत हो गया है।
"there is an end to that foolish and dreary life!"
"उस मूर्खतापूर्ण और नीरस जीवन का अंत है!
"I praise you, Siddhartha, after so many years of foolishness"
"मैं आपकी प्रशंसा करता हूं, सिद्धार्थ, इतने वर्षों की मूर्खता के बाद"
"you have once again had an idea"
"आपको एक बार फिर से एक विचार आया"
"you have heard the bird in your chest singing"
"आपने अपनी छाती में पक्षी को गाते हुए सुना है"
"and you followed the song of the bird!"
"और तुमने पक्षी के गीत का अनुसरण किया!

with these thoughts he praised himself
इन विचारों के साथ उन्होंने खुद की प्रशंसा की।

he had found joy in himself again
उसे अपने आप में फिर से खुशी मिल गई थी।

he listened curiously to his stomach rumbling with hunger
वह उत्सुकता से भूख से अपने पेट की धड़कन सुन रहा था।

he had tasted and spat out a piece of suffering and misery
उसने दुख और दुख का एक टुकड़ा चखा और थूक दिया था।

in these recent times and days, this is how he felt
इन हाल के दिनों और दिनों में, उसने ऐसा महसूस किया।

he had devoured it up to the point of desperation and death
उसने इसे हताशा और मृत्यु के बिंदु तक खा लिया था।

how everything had happened was good
जिस तरह से सब कुछ हुआ वह अच्छा था।

he could have stayed with Kamaswami for much longer
वह कामस्वामी के साथ अधिक समय तक रह सकते थे।

he could have made more money, and then wasted it
वह अधिक पैसा कमा सकता था, और फिर इसे बर्बाद कर सकता था।

he could have filled his stomach and let his soul die of thirst
वह अपना पेट भर सकता था और अपनी आत्मा को प्यास से मरने दे सकता था।

he could have lived in this soft upholstered hell much

longer
वह इस नरम नरक में बहुत लंबे समय तक रह सकता था।

if this had not happened, he would have continued this life
अगर ऐसा नहीं हुआ होता, तो वह इस जीवन को जारी रखता।

the moment of complete hopelessness and despair
पूर्ण निराशा और निराशा का क्षण

the most extreme moment when he hung over the rushing waters
सबसे चरम क्षण जब वह दौड़ते पानी पर लटका हुआ था

the moment he was ready to destroy himself
जिस क्षण वह खुद को नष्ट करने के लिए तैयार था

the moment he had felt this despair and deep disgust
जिस क्षण उसने इस निराशा और गहरी घृणा को महसूस किया था।

he had not succumbed to it
उन्होंने इसके आगे घुटने नहीं टेके थे।

the bird was still alive after all
पक्षी अभी भी जीवित था।

this was why he felt joy and laughed
यही कारण था कि वह खुशी महसूस करता था और हंसता था।

this was why his face was smiling brightly under his hair
यही कारण था कि उसका चेहरा अपने बालों के नीचे उज्ज्वल मुस्कुरा रहा था।

his hair which had now turned gray
उसके बाल जो अब भूरे हो गए थे

"It is good," he thought, "to get a taste of everything for oneself"
"यह अच्छा है," उन्होंने सोचा, "अपने लिए सब कुछ का स्वाद प्राप्त करना"

"everything which one needs to know"
"सब कुछ जो किसी को जानना चाहिए"

"lust for the world and riches do not belong to the good things"
"दुनिया और धन के लिए वासना अच्छी चीजों से संबंधित नहीं है।

"I have already learned this as a child"

"मैंने इसे एक बच्चे के रूप में पहले ही सीख लिया है"
"I have known it for a long time"
"मैं इसे लंबे समय से जानता हूं"
"but I hadn't experienced it until now"
"लेकिन मैंने अब तक इसका अनुभव नहीं किया था"
"And now that I I've experienced it I know it"
"और अब जब मैंने इसका अनुभव किया है तो मुझे यह पता है।
"I don't just know it in my memory, but in my eyes, heart, and stomach"
"मैं इसे सिर्फ अपनी स्मृति में नहीं जानता, बल्कि मेरी आंखों, दिल और पेट में ।
"it is good for me to know this!"
"यह जानना मेरे लिए अच्छा है!

For a long time, he pondered his transformation
लंबे समय तक, उन्होंने अपने परिवर्तन पर विचार किया।
he listened to the bird, as it sang for joy
उसने पक्षी की बात सुनी, क्योंकि वह खुशी के लिए गा रहा था।
Had this bird not died in him?
क्या यह पक्षी उसमें नहीं मरा था?
had he not felt this bird's death?
क्या उसने इस पक्षी की मृत्यु को महसूस नहीं किया था?
No, something else from within him had died
नहीं, उसके भीतर से कुछ और मर गया था।
something which yearned to die had died
जो मरने के लिए लालायित था, वह मर गया था।
Was it not this that he used to intend to kill?
क्या यह ऐसा नहीं था कि वह हत्या करने का इरादा रखता था?
Was it not his his small, frightened, and proud self that had died?
क्या यह उसका छोटा, भयभीत और अभिमानी आत्म नहीं था जो मर गया था?
he had wrestled with his self for so many years

उन्होंने इतने सालों तक खुद के साथ कुश्ती की थी।

the self which had defeated him again and again

वह आत्म जिसने उसे बार-बार हराया था

the self which was back again after every killing

वह आत्म जो हर हत्या के बाद फिर से वापस आ गया था

the self which prohibited joy and felt fear?

वह आत्म जिसने खुशी को प्रतिबंधित किया और डर महसूस किया?

Was it not this self which today had finally come to its death?

क्या यह वह आत्म नहीं था जो आज आखिरकार अपनी मृत्यु पर आ गया था?

here in the forest, by this lovely river

यहाँ जंगल में, इस सुंदर नदी के किनारे

Was it not due to this death, that he was now like a child?

क्या इस मृत्यु के कारण ही वह अब एक बच्चे की तरह नहीं था?

so full of trust and joy, without fear

विश्वास और खुशी से भरा हुआ, बिना किसी डर के।

Now Siddhartha also got some idea of why he had fought this self in vain

अब सिद्धार्थ को भी कुछ अंदाजा हो गया कि उन्होंने इस आत्म से व्यर्थ में क्यों लड़ाई लड़ी थी।

he knew why he couldn't fight his self as a Brahman

वह जानता था कि वह एक ब्राह्मण के रूप में अपने आप से क्यों नहीं लड़ सकता था।

Too much knowledge had held him back

बहुत अधिक ज्ञान ने उसे रोक रखा था।

too many holy verses, sacrificial rules, and self-castigation

बहुत सारे पवित्र छंद, बलिदान के नियम, और आत्म-बधियाकरण

all these things held him back

इन सब बातों ने उसे रोक रखा था।

so much doing and striving for that goal!

उस लक्ष्य के लिए बहुत कुछ करना और प्रयास करना!

he had been full of arrogance

वह अहंकार से भरा हुआ था।

he was always the smartest

वह हमेशा सबसे चतुर था।

he was always working the most

वह हमेशा सबसे ज्यादा काम करता था।

he had always been one step ahead of all others

वह हमेशा दूसरों से एक कदम आगे था।

he was always the knowing and spiritual one

वह हमेशा एक जानकार और आध्यात्मिक व्यक्ति थे।

he was always considered the priest or wise one

उन्हें हमेशा पुजारी या बुद्धिमान माना जाता था।

his self had retreated into being a priest, arrogance, and spirituality

उसका आत्म एक पुजारी, अहंकार और आध्यात्मिकता बनने में पीछे हट गया था।

there it sat firmly and grew all this time

वहां यह मजबूती से बैठा रहा और इस पूरे समय बढ़ता गया।

and he had thought he could kill it by fasting

और उसने सोचा था कि वह उपवास करके इसे मार सकता है।

Now he saw his life as it had become

अब उसने अपने जीवन को वैसा ही देखा जैसा वह बन गया था।

he saw that the secret voice had been right

उसने देखा कि गुप्त आवाज सही थी।

no teacher would ever have been able to bring about his salvation

कोई भी शिक्षक कभी भी उसका उद्धार करने में सक्षम नहीं होगा।

Therefore, he had to go out into the world

इसलिए उसे दुनिया में बाहर जाना पड़ा।

he had to lose himself to lust and power

उसे खुद को वासना और शक्ति के लिए खोना पड़ा।

he had to lose himself to women and money

उन्हें खुद को महिलाओं और पैसे के लिए खोना पड़ा।

he had to become a merchant, a dice-gambler, a drinker

उसे एक व्यापारी, एक पासा-जुआरी, एक पीने वाला बनना था।

and he had to become a greedy person
और उसे एक लालची व्यक्ति बनना था।

he had to do this until the priest and Samana in him was dead
उसे ऐसा तब तक करना पड़ा जब तक कि उसके अंदर का पुजारी और समाना मर नहीं गया।

Therefore, he had to continue bearing these ugly years
इसलिए, उसे इन बदसूरत वर्षों को सहन करना जारी रखना पड़ा।

he had to bear the disgust and the teachings
उन्हें घृणा और शिक्षाओं को सहन करना पड़ा।

he had to bear the pointlessness of a dreary and wasted life
उसे एक नीरस और बर्बाद जीवन की बिंदुहीनता को सहन करना पड़ा।

he had to conclude it up to its bitter end
उसे इसे इसके कड़वे अंत तक समाप्त करना पड़ा।

he had to do this until Siddhartha the lustful could also die
उसे ऐसा तब तक करना था जब तक कि सिद्धार्थ भी वासना से मर न जाए।

He had died and a new Siddhartha had woken up from the sleep
उनकी मृत्यु हो चुकी थी और एक नया सिद्धार्थ नींद से जाग गया था।

this new Siddhartha would also grow old
यह नया सिद्धार्थ भी बूढ़ा हो जाएगा।

he would also have to die eventually
उसे भी अंत में मरना होगा।

Siddhartha was still mortal, as is every physical form
सिद्धार्थ अभी भी नश्वर थे, जैसा कि हर भौतिक रूप है।

But today he was young and a child and full of joy
लेकिन आज वह जवान और एक बच्चा था और खुशी से भरा था।

He thought these thoughts to himself
उसने इन विचारों को मन ही मन सोचा।

he listened with a smile to his stomach
वह अपने पेट पर मुस्कान के साथ सुन रहा था।

he listened gratefully to a buzzing bee

वह एक भिनभिनाती मधुमक्खी को कृतज्ञता पूर्वक सुन रहा था।
Cheerfully, he looked into the rushing river
खुशी से, उसने भागती हुई नदी में देखा।
he had never before liked a water as much as this one
उसे पहले कभी इतना पानी पसंद नहीं था जितना इस पानी को पसंद था।
he had never before perceived the voice so stronger
उसने पहले कभी आवाज को इतना मजबूत नहीं माना था।
he had never understood the parable of the moving water so strongly
उसने कभी भी चलते पानी के दृष्टांत को इतनी दृढ़ता से नहीं समझा था।
he had never before noticed how beautifully the river moved
उसने पहले कभी नहीं देखा था कि नदी कितनी खूबसूरती से चलती है।
It seemed to him, as if the river had something special to tell him
उसे ऐसा लग रहा था, जैसे नदी के पास उसे बताने के लिए कुछ खास हो।
something he did not know yet, which was still awaiting him
कुछ ऐसा जो उसे अभी तक नहीं पता था, जो अभी भी उसका इंतजार कर रहा था।
In this river, Siddhartha had intended to drown himself
इसी नदी में सिद्धार्थ ने खुद को डुबोने का इरादा किया था।
in this river the old, tired, desperate Siddhartha had drowned today
इस नदी में बूढ़े, थके हुए, हताश सिद्धार्थ आज डूब गए थे।
But the new Siddhartha felt a deep love for this rushing water
लेकिन नए सिद्धार्थ को इस भागते पानी के लिए गहरा प्यार महसूस हुआ।
and he decided for himself, not to leave it very soon
और उसने खुद के लिए फैसला किया, इसे बहुत जल्द नहीं छोड़ने के लिए।

The Ferryman
फेरीमैन

"By this river I want to stay," thought Siddhartha
"इस नदी के किनारे मैं रहना चाहता हूं," सिद्धार्थ ने सोचा।
"it is the same river which I have crossed a long time ago"
"यह वही नदी है जिसे मैंने बहुत पहले पार किया था"
"I was on my way to the childlike people"
"मैं बच्चों जैसे लोगों के पास जा रहा था"
"a friendly ferryman had guided me across the river"
"एक दोस्ताना फेरीवाले ने मुझे नदी के पार निर्देशित किया था"
"he is the one I want to go to"
"वह वह है जिसके पास मैं जाना चाहता हूं"
"starting out from his hut, my path led me to a new life"
"उसकी झोपड़ी से शुरू करके, मेरा रास्ता मुझे एक नए जीवन की ओर ले गया।
"a path which had grown old and is now dead"
"एक रास्ता जो पुराना हो गया था और अब मर चुका है"
"my present path shall also take its start there!"
"मेरा वर्तमान मार्ग भी वहीं से शुरू होगा!
Tenderly, he looked into the rushing water
कोमलता से, उसने दौड़ते हुए पानी में देखा।
he looked into the transparent green lines the water drew
उन्होंने पानी द्वारा खींची गई पारदर्शी हरी रेखाओं को देखा।
the crystal lines of water were rich in secrets
पानी की क्रिस्टल रेखाएं रहस्यों में समृद्ध थीं।
he saw bright pearls rising from the deep
उसने गहरे से चमकीले मोती उठते हुए देखा।
quiet bubbles of air floating on the reflecting surface
प्रतिबिंबित सतह पर तैरते हवा के शांत बुलबुले
the blue of the sky depicted in the bubbles
बुलबुले में चित्रित आकाश का नीला
the river looked at him with a thousand eyes

नदी उसे हजार आंखों से देख रही थी।

the river had green eyes and white eyes

नदी में हरी आँखें और सफेद आँखें थीं।

the river had crystal eyes and sky-blue eyes

नदी में क्रिस्टल आंखें और आसमानी नीली आंखें थीं।

he loved this water very much, it delighted him

वह इस पानी से बहुत प्यार करता था, इससे उसे खुशी हुई।

he was grateful to the water

वह पानी के लिए आभारी था।

In his heart he heard the voice talking

उसके दिल में उसने बात करते हुए आवाज सुनी।

"Love this water! Stay near it!"

"इस पानी से प्यार करो! इसके पास रहो!

"Learn from the water!" hiw voice commanded him

"पानी से सीखो!" उसकी आवाज़ ने उसे आज्ञा दी।

Oh yes, he wanted to learn from it

हां, वह इससे सीखना चाहता था।

he wanted to listen to the water

वह पानी सुनना चाहता था।

He who would understand this water's secrets

जो इस पानी के रहस्यों को समझेगा

he would also understand many other things

वह कई अन्य चीजों को भी समझेगा।

this is how it seemed to him

उसे ऐसा ही लग रहा था।

But out of all secrets of the river, today he only saw one

लेकिन नदी के सभी रहस्यों में से, आज उसने केवल एक को देखा

this secret touched his soul

यह रहस्य उनकी आत्मा को छू गया।

this water ran and ran, incessantly

यह पानी लगातार बहता और दौड़ता रहा।

the water ran, but nevertheless it was always there

पानी चलता था, लेकिन फिर भी यह हमेशा वहाँ था।

the water always, at all times, was the same
पानी हमेशा, हर समय, एक ही था।
and at the same time it was new in every moment
और साथ ही यह हर पल में नया था।
he who could grasp this would be great
जो इसे समझ सकता है वह महान होगा।
but he didn't understand or grasp it
लेकिन वह इसे समझ या समझ नहीं पाया।
he only felt some idea of it stirring
उसने केवल इसे उत्तेजित करने के बारे में कुछ विचार महसूस किया।
it was like a distant memory, a divine voices
यह एक दूर की स्मृति, एक दिव्य आवाज की तरह था।

Siddhartha rose as the workings of hunger in his body became unbearable
सिद्धार्थ उठ गए क्योंकि उनके शरीर में भूख का काम असहनीय हो गया था।
In a daze he walked further away from the city
एक झटके में वह शहर से दूर चला गया।
he walked up the river along the path by the bank
वह किनारे के रास्ते के साथ नदी पर चला गया।
he listened to the current of the water
उसने पानी की धारा को सुना।
he listened to the rumbling hunger in his body
वह अपने शरीर में भूख की आवाज सुन रहा था।
When he reached the ferry, the boat was just arriving
जब वह नौका पर पहुंचा, तो नाव अभी आ रही थी।
the same ferryman who had once transported the young Samana across the river
वही फेरीवाला जिसने एक बार युवा समाना को नदी के पार पहुंचाया था
he stood in the boat and Siddhartha recognised him
वह नाव में खड़ा था और सिद्धार्थ ने उसे पहचान लिया।
he had also aged very much
उसकी उम्र भी बहुत ज्यादा हो गई थी।

the ferryman was astonished to see such an elegant man walking on foot

फेरीवाला इस तरह के एक सुरुचिपूर्ण आदमी को पैदल चलते हुए देखकर आश्चर्यचकित था।

"Would you like to ferry me over?" he asked

"क्या आप मुझे ले जाना चाहेंगे?" उसने पूछा।

he took him into his boat and pushed it off the bank

वह उसे अपनी नाव में ले गया और उसे किनारे से धकेल दिया।

"It's a beautiful life you have chosen for yourself" the passenger spoke

"यह एक सुंदर जीवन है जिसे आपने अपने लिए चुना है," यात्री ने कहा।

"It must be beautiful to live by this water every day"

"हर दिन इस पानी से जीना सुंदर होना चाहिए।

"and it must be beautiful to cruise on it on the river"

"और नदी पर उस पर क्रूज करना सुंदर होना चाहिए"

With a smile, the man at the oar moved from side to side

एक मुस्कान के साथ, ओआर पर आदमी एक तरफ से दूसरी तरफ चला गया।

"It is as beautiful as you say, sir"

"यह उतना ही सुंदर है जितना आप कहते हैं, सर।

"But isn't every life and all work beautiful?"

लेकिन क्या हर जीवन और सभी काम सुंदर नहीं हैं?

"This may be true" replied Siddhartha

"यह सच हो सकता है," सिद्धार्थ ने जवाब दिया।

"But I envy you for your life"

"लेकिन मैं आपके जीवन के लिए ईर्ष्या करता हूं"

"Ah, you would soon stop enjoying it"

"आह, आप जल्द ही इसका आनंद लेना बंद कर देंगे"

"This is no work for people wearing fine clothes"

"यह अच्छे कपड़े पहनने वाले लोगों के लिए कोई काम नहीं है"

Siddhartha laughed at the observation

सिद्धार्थ इस अवलोकन पर हँसे।

"Once before, I have been looked upon today because of my

clothes"

"एक बार पहले, मुझे आज मेरे कपड़ों के कारण देखा गया है।

"I have been looked upon with distrust"

"मुझे अविश्वास के साथ देखा गया है"

"they are a nuisance to me"

"वे मेरे लिए एक उपद्रव हैं"

"Wouldn't you, ferryman, like to accept these clothes"

"क्या आप, फेरीवाले, इन कपड़ों को स्वीकार करना पसंद नहीं करेंगे"

"because you must know, I have no money to pay your fare"

"क्योंकि आपको पता होना चाहिए, मेरे पास आपका किराया देने के लिए पैसे नहीं हैं।

"You're joking, sir," the ferryman laughed

"आप मजाक कर रहे हैं, सर," फेरीवाला हँसा।

"I'm not joking, friend"

"मैं मजाक नहीं कर रहा हूँ, दोस्त"

"once before you have ferried me across this water in your boat"

"एक बार पहले तुमने मुझे अपनी नाव में इस पानी के पार पहुंचाया है।

"you did it for the immaterial reward of a good deed"

"आपने इसे एक अच्छे काम के अभौतिक इनाम के लिए किया"

"ferry me across the river and accept my clothes for it"

"मुझे नदी के पार ले जाओ और इसके लिए मेरे कपड़े स्वीकार करो"

"And do you, sir, intent to continue travelling without clothes?"

"और क्या आप, सर, बिना कपड़ों के यात्रा जारी रखने का इरादा रखते हैं?

"Ah, most of all I wouldn't want to continue travelling at all"

"आह, सबसे ज्यादा मैं यात्रा जारी नहीं रखना चाहता"

"I would rather you gave me an old loincloth"

"मैं चाहता हूं कि आप मुझे एक पुराना कपड़ा दें"

"I would like it if you kept me with you as your assistant"

"मुझे अच्छा लगेगा अगर आप मुझे अपने सहायक के रूप में अपने साथ रखें"

"or rather, I would like if you accepted me as your trainee"

"या बल्कि, मैं चाहूंगा अगर आप मुझे अपने प्रशिक्षु के रूप में स्वीकार करते हैं"

"because first I'll have to learn how to handle the boat"
"क्योंकि पहले मुझे नाव को संभालना सीखना होगा"

For a long time, the ferryman looked at the stranger
काफी देर तक फेरीवाले ने अजनबी को देखा।

he was searching in his memory for this strange man
वह इस अजीब आदमी की याद में खोज रहा था।

"Now I recognise you," he finally said
"अब मैं आपको पहचानता हूं," उन्होंने अंत में कहा।

"At one time, you've slept in my hut"
"एक समय, आप मेरी झोपड़ी में सो गए हैं।

"this was a long time ago, possibly more than twenty years"
"यह बहुत समय पहले था, संभवतः बीस साल से अधिक"

"and you've been ferried across the river by me"
"और तुम्हें मेरे द्वारा नदी के पार ले जाया गया है"

"that day we parted like good friends"
"उस दिन हम अच्छे दोस्त की तरह अलग हो गए।

"Haven't you been a Samana?"
"क्या तुम एक समाना नहीं हो?

"I can't think of your name any more"
"मैं अब आपका नाम नहीं सोच सकता"

"My name is Siddhartha, and I was a Samana"
"मेरा नाम सिद्धार्थ है, और मैं एक सामना था"

"I had still been a Samana when you last saw me"
"जब आपने मुझे आखिरी बार देखा था तब भी मैं एक समाना था"

"So be welcome, Siddhartha. My name is Vasudeva"
"तो स्वागत है, सिद्धार्थ। मेरा नाम वसुदेव है"

"You will, so I hope, be my guest today as well"
"आप, इसलिए मुझे आशा है, आज भी मेरे मेहमान होंगे।

"and you may sleep in my hut"
"और तुम मेरी झोपड़ी में सो सकते हो"

"and you may tell me, where you're coming from"

"और आप मुझे बता सकते हैं, आप कहाँ से आ रहे हैं।

"and you may tell me why these beautiful clothes are such a nuisance to you"

"और आप मुझे बता सकते हैं कि ये सुंदर कपड़े आपके लिए इतने उपद्रव क्यों हैं।

They had reached the middle of the river

वे नदी के बीच में पहुंच गए थे।

Vasudeva pushed the oar with more strength

वसुदेव ने ओआर को और अधिक ताकत के साथ धक्का दिया।

in order to overcome the current

धारा पर काबू पाने के लिए

He worked calmly, with brawny arms

उसने शांति से काम किया, बाहों के साथ।

his eyes were fixed in on the front of the boat

उसकी नजर नाव के सामने की तरफ टिकी हुई थी।

Siddhartha sat and watched him

सिद्धार्थ बैठ कर उसे देखता रहा।

he remembered his time as a Samana

उन्होंने अपने समय को एक सामना के रूप में याद किया।

he remembered how love for this man had stirred in his heart

उसे याद आया कि कैसे इस आदमी के लिए प्यार उसके दिल में हलचल मचा रहा था।

Gratefully, he accepted Vasudeva's invitation

कृतज्ञता से, उन्होंने वासुदेव के निमंत्रण को स्वीकार कर लिया।

When they had reached the bank, he helped him to tie the boat to the stakes

जब वे बैंक पहुंचे थे, तो उन्होंने नाव को दांव पर बांधने में उनकी मदद की।

after this, the ferryman asked him to enter the hut

इसके बाद फेरी वाले ने उसे झोपड़ी में घुसने को कहा।

he offered him bread and water, and Siddhartha ate with eager pleasure

उसने उसे रोटी और पानी की पेशकश की, और सिद्धार्थ ने उत्सुकता से

खाया।

and he also ate with eager pleasure of the mango fruits Vasudeva offered him
और उसने भी आम के फलों की उत्सुकता से खाया, जो वासुदेव ने उसे पेश किए थे।

Afterwards, it was almost the time of the sunset
बाद में, यह लगभग सूर्यास्त का समय था।

they sat on a log by the bank
वे बैंक के पास एक लॉग पर बैठे थे।

Siddhartha told the ferryman about where he originally came from
सिद्धार्थ ने फेरीवाले को बताया कि वह मूल रूप से कहां से आया था।

he told him about his life as he had seen it today
उसने उसे अपने जीवन के बारे में बताया जैसा कि उसने आज देखा था।

the way he had seen it in that hour of despair
निराशा की उस घड़ी में उन्होंने इसे जिस तरह से देखा था।

the tale of his life lasted late into the night
उनके जीवन की कहानी देर रात तक चली।

Vasudeva listened with great attention
वसुदेव बड़े ध्यान से सुन रहे थे।

Listening carefully, he let everything enter his mind
ध्यान से सुनते हुए, उसने सब कुछ अपने दिमाग में प्रवेश करने दिया।

birthplace and childhood, all that learning
जन्मस्थान और बचपन, वह सब कुछ सीखना

all that searching, all joy, all distress
वह सब खोज, सभी खुशी, सभी संकट

This was one of the greatest virtues of the ferryman
यह फेरीवाले के सबसे बड़े गुणों में से एक था।

like only a few, he knew how to listen
केवल कुछ लोगों की तरह, वह सुनना जानता था।

he did not have to speak a word
उसे एक शब्द भी बोलने की जरूरत नहीं थी।

but the speaker sensed how Vasudeva let his words enter his mind
लेकिन वक्ता ने महसूस किया कि वासुदेव ने अपने शब्दों को अपने दिमाग में कैसे प्रवेश करने दिया।

his mind was quiet, open, and waiting
उसका मन शांत, खुला और इंतजार कर रहा था।

he did not lose a single word
उसने एक भी शब्द नहीं खोया।

he did not await a single word with impatience
उसने अधीरता के साथ एक शब्द का भी इंतजार नहीं किया।

he did not add his praise or rebuke
उन्होंने अपनी प्रशंसा या फटकार नहीं जोड़ी

he was just listening, and nothing else
वह बस सुन रहा था, और कुछ नहीं।

Siddhartha felt what a happy fortune it is to confess to such a listener
सिद्धार्थ को लगा कि ऐसे श्रोता के सामने कबूल करना कितना सुखद सौभाग्य है।

he felt fortunate to bury in his heart his own life
वह अपने दिल में अपने जीवन को दफन करने के लिए भाग्यशाली महसूस करता था।

he burried his own search and suffering
उसने अपनी खुद की खोज और पीड़ा को अंजाम दिया।

he told the tale of Siddhartha's life
उन्होंने सिद्धार्थ के जीवन की कहानी सुनाई।

when he spoke of the tree by the river
जब उसने नदी के किनारे पेड़ की बात की

when he spoke of his deep fall
जब उन्होंने अपने गहरे पतन की बात कही

when he spoke of the holy Om
जब उन्होंने पवित्र ओम के बारे में बात की

when he spoke of how he had felt such a love for the river
जब उन्होंने बताया कि कैसे उन्होंने नदी के लिए ऐसा प्यार महसूस किया

था

the ferryman listened to these things with twice as much attention
फेरीवाले ने इन बातों को दोगुने ध्यान से सुना।

he was entirely and completely absorbed by it
वह पूरी तरह से और पूरी तरह से इसके द्वारा अवशोषित था।

he was listening with his eyes closed
वह आँखें बंद करके सुन रहा था।

when Siddhartha fell silent a long silence occurred
जब सिद्धार्थ चुप हो गए तो एक लंबी चुप्पी छा गई।

then Vasudeva spoke "It is as I thought"
तब वसुदेव बोले "जैसा मैंने सोचा था" वैसा ही है"

"The river has spoken to you"
"नदी ने आपसे बात की है"

"the river is your friend as well"
"नदी आपकी दोस्त भी है"

"the river speaks to you as well"
"नदी आपसे भी बात करती है"

"That is good, that is very good"
"यह अच्छा है, यह बहुत अच्छा है"

"Stay with me, Siddhartha, my friend"
"मेरे साथ रहो, सिद्धार्थ, मेरे दोस्त"

"I used to have a wife"
"मेरी एक पत्नी हुआ करती थी"

"her bed was next to mine"
"उसका बिस्तर मेरे बगल में था"

"but she has died a long time ago"
"लेकिन वह बहुत समय पहले मर गया था"

"for a long time, I have lived alone"
"लंबे समय से, मैं अकेला रहता हूं"

"Now, you shall live with me"
"अब तुम मेरे साथ रहोगे।

"there is enough space and food for both of us"

"हम दोनों के लिए पर्याप्त जगह और भोजन है"

"I thank you," said Siddhartha

"मैं आपको धन्यवाद देता हूं," सिद्धार्थ ने कहा।

"I thank you and accept"

"मैं आपको धन्यवाद देता हूं और स्वीकार करता हूं"

"And I also thank you for this, Vasudeva"

"और मैं इसके लिए भी आपको धन्यवाद देता हूं, वासुदेव"

"I thank you for listening to me so well"

"मुझे इतनी अच्छी तरह से सुनने के लिए मैं आपको धन्यवाद देता हूं"

"people who know how to listen are rare"

"जो लोग सुनना जानते हैं वे दुर्लभ हैं"

"I have not met a single person who knew it as well as you do"

"मैं एक भी ऐसे व्यक्ति से नहीं मिला जो इसे आपके जितना अच्छा जानता था।

"I will also learn in this respect from you"

"मैं भी आपसे इस संबंध में सीखूंगा"

"You will learn it," spoke Vasudeva

"आप इसे सीखेंगे," वासुदेव ने कहा।

"but you will not learn it from me"

"लेकिन आप इसे मुझसे नहीं सीखेंगे"

"The river has taught me to listen"

"नदी ने मुझे सुनना सिखाया है"

"you will learn to listen from the river as well"

"आप नदी से भी सुनना सीखेंगे"

"It knows everything, the river"

"यह सब कुछ जानता है, नदी"

"everything can be learned from the river"

"नदी से सब कुछ सीखा जा सकता है"

"See, you've already learned this from the water too"

"देखो, आप पहले ही पानी से यह सीख चुके हैं"

"you have learned that it is good to strive downwards"

"आपने सीखा है कि नीचे की ओर प्रयास करना अच्छा है"

"you have learned to sink and to seek depth"

"आपने डूबना और गहराई की तलाश करना सीख लिया है"

"The rich and elegant Siddhartha is becoming an oarsman's servant"

"अमीर और सुरुचिपूर्ण सिद्धार्थ एक ओअरमैन का नौकर बन रहा है"

"the learned Brahman Siddhartha becomes a ferryman"

"विद्वान ब्राह्मण सिद्धार्थ एक फेरीवाला बन जाता है"

"this has also been told to you by the river"

"यह भी आपको नदी द्वारा बताया गया है"

"You'll learn the other thing from it as well"

"आप इससे दूसरी बात भी सीखेंगे।

Siddhartha spoke after a long pause

सिद्धार्थ लंबे ठहराव के बाद बोले।

"What other things will I learn, Vasudeva?"

"मैं और क्या सीखूंगा, वासुदेव?

Vasudeva rose. "It is late," he said

वसुदेव जी उठे। "देर हो चुकी है," उन्होंने कहा।

and Vasudeva proposed going to sleep

और वसुदेव ने सोने जाने का प्रस्ताव रखा।

"I can't tell you that other thing, oh friend"

"मैं आपको वह दूसरी बात नहीं बता सकता, ओह दोस्त।

"You'll learn the other thing, or perhaps you know it already"

"आप दूसरी बात सीखेंगे, या शायद आप इसे पहले से ही जानते हैं।

"See, I'm no learned man"

"देखो, मैं कोई विद्वान आदमी नहीं हूँ"

"I have no special skill in speaking"

"मेरे पास बोलने का कोई विशेष कौशल नहीं है"

"I also have no special skill in thinking"

"मेरे पास सोचने का भी कोई विशेष कौशल नहीं है"

"All I'm able to do is to listen and to be godly"

"मैं केवल सुनने और ईश्वरीय होने में सक्षम हूं।

"I have learned nothing else"

"मैंने और कुछ नहीं सीखा"
"If I was able to say and teach it, I might be a wise man"
"अगर मैं इसे कहने और सिखाने में सक्षम था, तो मैं एक बुद्धिमान व्यक्ति हो सकता था।

"but like this I am only a ferryman"
"लेकिन इस तरह मैं केवल एक फेरीवाला हूं"
"and it is my task to ferry people across the river"
"और लोगों को नदी के पार ले जाना मेरा काम है"
"I have transported many thousands of people"
"मैंने कई हजारों लोगों को पहुंचाया है"
"and to all of them, my river has been nothing but an obstacle"
"और उन सभी के लिए, मेरी नदी एक बाधा के अलावा कुछ भी नहीं रही है।
"it was something that got in the way of their travels"
"यह कुछ ऐसा था जो उनकी यात्रा के रास्ते में आ गया"
"they travelled to seek money and business"
"वे पैसे और व्यवसाय की तलाश में यात्रा करते थे"
"they travelled for weddings and pilgrimages"
"वे शादियों और तीर्थयात्राओं के लिए यात्रा करते थे"
"and the river was obstructing their path"
"और नदी उनके रास्ते में बाधा डाल रही थी"
"the ferryman's job was to get them quickly across that obstacle"
"फेरीवाले का काम उन्हें उस बाधा को जल्दी से पार करना था"
"But for some among thousands, a few, the river has stopped being an obstacle"
"लेकिन हज़ारों में से कुछ के लिए, कुछ के लिए, नदी ने बाधा बनना बंद कर दिया है"
"they have heard its voice and they have listened to it"
"उन्होंने इसकी आवाज़ सुनी है और उन्होंने इसे सुना है।
"and the river has become sacred to them"
"और नदी उनके लिए पवित्र हो गई है"
"it become sacred to them as it has become sacred to me"

"यह उनके लिए पवित्र हो जाता है क्योंकि यह मेरे लिए पवित्र हो गया है।
"for now, let us rest, Siddhartha"
"अभी के लिए, हमें आराम करने दो, सिद्धार्थ"

Siddhartha stayed with the ferryman and learned to operate the boat
सिद्धार्थ फेरीवाले के साथ रहे और नाव चलाना सीखा।

when there was nothing to do at the ferry, he worked with Vasudeva in the rice-field
जब नौका पर करने के लिए कुछ नहीं था, तो उन्होंने वासुदेव के साथ चावल के खेत में काम किया।

he gathered wood and plucked the fruit off the banana-trees
उसने लकड़ी इकट्ठा की और केले के पेड़ों से फल तोड़े।

He learned to build an oar and how to mend the boat
उन्होंने एक ओआर बनाना सीखा और नाव को कैसे ठीक किया जाए।

he learned how to weave baskets and repaid the hut
उन्होंने टोकरी बुनना सीखा और झोपड़ी को चुकाया।

and he was joyful because of everything he learned
और उसने जो कुछ भी सीखा उसके कारण वह खुश था।

the days and months passed quickly
दिन और महीने तेजी से बीत गए।

But more than Vasudeva could teach him, he was taught by the river
लेकिन वासुदेव उसे जितना सिखा सकते थे, उससे कहीं ज्यादा उन्हें नदी द्वारा सिखाया गया था।

Incessantly, he learned from the river
लगातार, उन्होंने नदी से सीखा

Most of all, he learned to listen
सबसे अधिक, उसने सुनना सीखा।

he learned to pay close attention with a quiet heart
उन्होंने शांत दिल से बारीकी से ध्यान देना सीखा।

he learned to keep a waiting, open soul
उन्होंने एक प्रतीक्षार, खुली आत्मा रखना सीखा।

he learned to listen without passion
उन्होंने जुनून के बिना सुनना सीखा।
he learned to listen without a wish
उसने इच्छा के बिना सुनना सीखा।
he learned to listen without judgement
उसने बिना किसी निर्णय के सुनना सीख लिया।
he learned to listen without an opinion
उन्होंने बिना किसी राय के सुनना सीख लिया।

In a friendly manner, he lived side by side with Vasudeva
मैत्रीपूर्ण तरीके से, वह वासुदेव के साथ कंधे से कंधा मिलाकर रहता था।
occasionally they exchanged some words
कभी-कभी वे कुछ शब्दों का आदान-प्रदान करते थे।
then, at length, they thought about the words
फिर, विस्तार से, उन्होंने शब्दों के बारे में सोचा।
Vasudeva was no friend of words
वसुदेव शब्दों के मित्र नहीं थे।
Siddhartha rarely succeeded in persuading him to speak
सिद्धार्थ शायद ही कभी उन्हें बोलने के लिए मनाने में सफल हुए।
"did you too learn that secret from the river?"
"क्या तुमने भी नदी से यह रहस्य सीखा है?
"the secret that there is no time?"
"रहस्य यह है कि कोई समय नहीं है?
Vasudeva's face was filled with a bright smile
वसुदेव का चेहरा एक उज्ज्वल मुस्कान से भर गया।
"Yes, Siddhartha," he spoke
"हाँ, सिद्धार्थ," उसने कहा।
"I learned that the river is everywhere at once"
"मैंने सीखा कि नदी एक बार में हर जगह है"
"it is at the source and at the mouth of the river"
"यह स्रोत और नदी के मुहाने पर है"
"it is at the waterfall and at the ferry"
"यह झरने पर और नौका पर है"

"it is at the rapids and in the sea"
"यह तेजी से और समुद्र में है"
"it is in the mountains and everywhere at once"
"यह पहाड़ों में और हर जगह एक साथ है"
"and I learned that there is only the present time for the river"
"और मैंने सीखा कि नदी के लिए केवल वर्तमान समय है।
"it does not have the shadow of the past"
"इसमें अतीत की छाया नहीं है"
"and it does not have the shadow of the future"
"और इसमें भविष्य की छाया नहीं है"
"is this what you mean?" he asked
"क्या आपका यही मतलब है?" उसने पूछा।
"This is what I meant," said Siddhartha
सिद्धार्थ ने कहा, "मेरा मतलब यही था।
"And when I had learned it, I looked at my life"
"और जब मैंने इसे सीखा, तो मैंने अपने जीवन को देखा।
"and my life was also a river"
"और मेरा जीवन भी एक नदी था"
"the boy Siddhartha was only separated from the man Siddhartha by a shadow"
"लड़का सिद्धार्थ केवल एक छाया द्वारा सिद्धार्थ से अलग किया गया था"
"and a shadow separated the man Siddhartha from the old man Siddhartha"
"और एक छाया ने आदमी सिद्धार्थ को बूढ़े आदमी सिद्धार्थ से अलग कर दिया"
"things are separated by a shadow, not by something real"
"चीजें एक छाया से अलग होती हैं, न कि किसी वास्तविक चीज़ से।
"Also, Siddhartha's previous births were not in the past"
"इसके अलावा, सिद्धार्थ के पिछले जन्म अतीत में नहीं थे"
"and his death and his return to Brahma is not in the future"
"और उसकी मृत्यु और ब्रहमा में उसकी वापसी भविष्य में नहीं है"
"nothing was, nothing will be, but everything is"

"कुछ भी नहीं था, कुछ भी नहीं होगा, लेकिन सब कुछ है।
"everything has existence and is present"
"हर चीज का अस्तित्व है और वह मौजूद है।
Siddhartha spoke with ecstasy
सिद्धार्थ ने उत्साह के साथ बात की।
this enlightenment had delighted him deeply
इस प्रबुद्धता ने उन्हें गहराई से प्रसन्न किया था।
"was not all suffering time?"
"क्या सभी पीड़ित समय नहीं थे?
"were not all forms of tormenting oneself a form of time?"
"क्या खुद को पीड़ा देने के सभी रूप समय का एक रूप नहीं थे?
"was not everything hard and hostile because of time?"
"क्या समय के कारण सब कुछ कठिन और शत्रुतापूर्ण नहीं था?
"is not everything evil overcome when one overcomes time?"
"क्या समय पर विजय प्राप्त करने पर सब कुछ बुराई दूर नहीं हो जाती है?
"as soon as time leaves the mind, does suffering leave too?"
"जैसे ही समय मन को छोड़ता है, क्या दुख भी छोड़ देता है?
Siddhartha had spoken in ecstatic delight
सिद्धार्थ ने खुशी से बात की थी
but Vasudeva smiled at him brightly and nodded in confirmation
लेकिन वासुदेव उसे देखकर मुस्कुराया और पुष्टि में सिर हिलाया।
silently he nodded and brushed his hand over Siddhartha's shoulder
चुपचाप उसने सिर हिलाया और सिद्धार्थ के कंधे पर हाथ रखा।
and then he turned back to his work
और फिर वह अपने काम पर वापस चला गया।

And Siddhartha asked Vasudeva again another time
और सिद्धार्थ ने वासुदेव से एक और बार फिर पूछा।
the river had just increased its flow in the rainy season
बारिश के मौसम में नदी ने अपना प्रवाह बढ़ाया ही था।
and it made a powerful noise

और इसने एक शक्तिशाली शोर मचाया।
"Isn't it so, oh friend, the river has many voices?"
"क्या ऐसा नहीं है, ओह दोस्त, नदी में कई आवाजें हैं?
"Hasn't it the voice of a king and of a warrior?"
"क्या यह एक राजा और एक योद्धा की आवाज़ नहीं है?
"Hasn't it the voice of of a bull and of a bird of the night?"
"क्या यह बैल और रात के पक्षी की आवाज़ नहीं है?
"Hasn't it the voice of a woman giving birth and of a sighing man?"
"क्या यह एक महिला के जन्म देने और एक आह भरने वाले पुरुष की आवाज़ नहीं है?
"and does it not also have a thousand other voices?"
"और क्या इसमें एक हजार अन्य आवाज़ें भी नहीं हैं?
"it is as you say it is," Vasudeva nodded
"जैसा आप कहते हैं, वैसा ही है," वासुदेव ने सिर हिलाया।
"all voices of the creatures are in its voice"
"प्राणियों की सभी आवाज़ें इसकी आवाज़ में हैं"
"And do you know..." Siddhartha continued
"और क्या आप जानते हैं ..." सिद्धार्थ ने जारी रखा।
"what word does it speak when you succeed in hearing all of voices at once?"
"यह कौन सा शब्द बोलता है जब आप एक ही बार में सभी आवाज़ों को सुनने में सफल होते हैं?
Happily, Vasudeva's face was smiling
खुशी से, वासुदेव का चेहरा मुस्कुरा रहा था।
he bent over to Siddhartha and spoke the holy Om into his ear
वह सिद्धार्थ के पास झुका और उसके कान में पवित्र ओम बोला।
And this had been the very thing which Siddhartha had also been hearing
और यही बात सिद्धार्थ भी सुनते आ रहे थे।

time after time, his smile became more similar to the

ferryman's
समय-समय पर, उसकी मुस्कान फेरीवाले के समान हो गई।
his smile became almost just as bright as the ferryman's
उसकी मुस्कान लगभग फेरीवाले की तरह उज्ज्वल हो गई।
it was almost just as thoroughly glowing with bliss
यह लगभग आनंद के साथ पूरी तरह से चमक रहा था।
shining out of thousand small wrinkles
हजार छोटी झुर्रियों से चमक रहा है
just like the smile of a child
एक बच्चे की मुस्कान की तरह
just like the smile of an old man
एक बूढ़े आदमी की मुस्कान की तरह
Many travellers, seeing the two ferrymen, thought they were brothers
कई यात्रियों ने दो फेरीवालों को देखकर सोचा कि वे भाई हैं।
Often, they sat in the evening together by the bank
अक्सर, वे शाम को बैंक के पास एक साथ बैठते थे।
they said nothing and both listened to the water
उन्होंने कुछ नहीं कहा और दोनों पानी की बात सुनते रहे।
the water, which was not water to them
पानी, जो उनके लिए पानी नहीं था
it wasn't water, but the voice of life
यह पानी नहीं था, बल्कि जीवन की आवाज थी।
the voice of what exists and what is eternally taking shape
जो मौजूद है और जो शाश्वत रूप से आकार ले रहा है उसकी आवाज
it happened from time to time that both thought of the same thing
समय-समय पर ऐसा हुआ कि दोनों एक ही बात सोचते थे।
they thought of a conversation from the day before
उन्होंने एक दिन पहले से बातचीत के बारे में सोचा।
they thought of one of their travellers
उन्होंने अपने यात्रियों में से एक के बारे में सोचा।
they thought of death and their childhood

वे मौत और अपने बचपन के बारे में सोचते थे।

they heard the river tell them the same thing
उन्होंने सुना कि नदी उन्हें एक ही बात बता रही है।

both delighted about the same answer to the same question
दोनों एक ही प्रश्न के एक ही उत्तर के बारे में खुश हैं।

There was something about the two ferrymen which was transmitted to others
दो फेरीवालों के बारे में कुछ था जो दूसरों को प्रेषित किया गया था।

it was something which many of the travellers felt
यह कुछ ऐसा था जिसे कई यात्रियों ने महसूस किया।

travellers would occasionally look at the faces of the ferrymen
यात्री कभी-कभी फेरीवालों के चेहरे देखते थे।

and then they told the story of their life
और फिर उन्होंने अपने जीवन की कहानी सुनाई।

they confessed all sorts of evil things
उन्होंने सभी प्रकार की बुरी बातों को स्वीकार किया।

and they asked for comfort and advice
और उन्होंने आराम और सलाह मांगी।

occasionally someone asked for permission to stay for a night
कभी-कभी किसी ने एक रात के लिए रहने की अनुमति मांगी।

they also wanted to listen to the river
वे नदी को भी सुनना चाहते थे।

It also happened that curious people came
ऐसा भी हुआ कि जिज्ञासु लोग आ गए।

they had been told that there were two wise men
उन्हें बताया गया था कि दो बुद्धिमान लोग हैं।

or they had been told there were two sorcerers
या उन्हें बताया गया था कि दो जादूगर थे।

The curious people asked many questions
जिज्ञासु लोगों ने कई सवाल पूछे।

but they got no answers to their questions

लेकिन उन्हें अपने सवालों का कोई जवाब नहीं मिला।
they found neither sorcerers nor wise men
उन्हें न तो जादूगर मिले और न ही बुद्धिमान लोग।
they only found two friendly little old men, who seemed to be mute
उन्हें केवल दो दोस्ताना छोटे बूढ़े लोग मिले, जो मूक लग रहे थे।
they seemed to have become a bit strange in the forest by themselves
ऐसा लग रहा था कि वे अपने आप जंगल में थोड़े अजीब हो गए हैं।
And the curious people laughed about what they had heard
और जिज्ञासु लोग जो कुछ भी सुना था उसके बारे में हँसे।
they said common people were foolishly spreading empty rumours
उन्होंने कहा कि आम लोग मूर्खतापूर्ण तरीके से खोखली अफवाहें फैला रहे हैं।

The years passed by, and nobody counted them
साल बीतते गए, और किसी ने उनकी गिनती नहीं की।
Then, at one time, monks came by on a pilgrimage
फिर, एक समय, भिक्षु तीर्थयात्रा पर आए।
they were followers of Gotama, the Buddha
वे गोटामा, बुद्ध के अनुयायी थे।
they asked to be ferried across the river
उन्हें नदी के पार ले जाने के लिए कहा गया
they told them they were in a hurry to get back to their wise teacher
उन्होंने उन्हें बताया कि वे अपने बुद्धिमान शिक्षक के पास वापस जाने की जल्दी में थे।
news had spread the exalted one was deadly sick
खबर फैल गई थी कि महान व्यक्ति घातक रूप से बीमार था
he would soon die his last human death
वह जल्द ही अपनी आखिरी मानव मृत्यु मर जाएगा।
in order to become one with the salvation

उद्धार के साथ एक होने के लिए

It was not long until a new flock of monks came
भिक्षुओं के एक नए झुंड को आने में देर नहीं लगी।

they were also on their pilgrimage
वे भी अपनी तीर्थयात्रा पर थे।

most of the travellers spoke of nothing other than Gotama
अधिकांश यात्रियों ने गोतम के अलावा कुछ भी नहीं कहा।

his impending death was all they thought about
उसकी आसन्न मृत्यु के बारे में वे सब सोचते थे।

if there had been war, just as many would travel
यदि युद्ध होता, तो उतने ही लोग यात्रा करते।

just as many would come to the coronation of a king
ठीक वैसे ही जैसे किसी राजा के राज्याभिषेक में कई लोग आते थे।

they gathered like ants in droves
वे झुंड में चींटियों की तरह इकट्ठा हुए।

they flocked, like being drawn onwards by a magic spell
वे झुके हुए थे, जैसे किसी जादू के जादू से आगे खिंचे चले आ रहे हों।

they went to where the great Buddha was awaiting his death
वे वहां गए जहां महान बुद्ध अपनी मृत्यु की प्रतीक्षा कर रहे थे।

the perfected one of an era was to become one with the glory
एक युग का सिद्ध एक गौरव के साथ एक होना था।

Often, Siddhartha thought in those days of the dying wise man
अक्सर, सिद्धार्थ मरने वाले बुद्धिमान व्यक्ति के उन दिनों में सोचते थे।

the great teacher whose voice had admonished nations
महान शिक्षक जिसकी आवाज ने राष्ट्रों को चेतावनी दी थी

the one who had awoken hundreds of thousands
जिसने हजारों लोगों को जगा या था।

a man whose voice he had also once heard
एक आदमी जिसकी आवाज उसने एक बार सुनी भी थी

a teacher whose holy face he had also once seen with respect
एक ऐसा शिक्षक जिसका पवित्र चेहरा उसने भी एक बार सम्मान के साथ देखा था।

Kindly, he thought of him
कृपया उन्होंने उसके बारे में सोचा।

he saw his path to perfection before his eyes
उसने अपनी आँखों के सामने पूर्णता का अपना मार्ग देखा।

and he remembered with a smile those words he had said to him
और उसने मुस्कुराते हुए उन शब्दों को याद किया जो उसने उससे कहे थे।

when he was a young man and spoke to the exalted one
जब वह एक जवान आदमी था और महान व्यक्ति से बात करता था

They had been, so it seemed to him, proud and precious words
वे थे, इसलिए यह उसे गर्व और अनमोल शब्द लग रहा था।

with a smile, he remembered the the words
एक मुस्कान के साथ, उसने शब्दों को याद किया।

he knew that there was nothing standing between Gotama and him any more
वह जानता था कि गोटामा और उसके बीच अब कुछ भी नहीं खड़ा है।

he had known this for a long time already
वह इस बात को लंबे समय से जानता था।

though he was still unable to accept his teachings
हालांकि वह अभी भी उनकी शिक्षाओं को स्वीकार करने में असमर्थ था।

there was no teaching a truly searching person
वास्तव में खोज करने वाले व्यक्ति को कोई शिक्षा नहीं दी गई थी।

someone who truly wanted to find, could accept
कोई व्यक्ति जो वास्तव में खोजना चाहता था, स्वीकार कर सकता है

But he who had found the answer could approve of any teaching
लेकिन जिसने जवाब पाया था, वह किसी भी शिक्षण को मंजूरी दे सकता था।

every path, every goal, they were all the same
हर रास्ता, हर लक्ष्य, वे सब एक जैसे थे।

there was nothing standing between him and all the other thousands any more

उसके और अन्य सभी हजारों के बीच अब कुछ भी नहीं खड़ा था।
the thousands who lived in that what is eternal
वे हजारों लोग जो उस में रहते थे जो शाश्वत है
the thousands who breathed what is divine
वे हजारों जिन्होंने दिव्य की सांस ली

On one of these days, Kamala also went to him
इनमें से एक दिन कमला भी उनके पास गई थी।
she used to be the most beautiful of the courtesans
वह दरबारियों में सबसे सुंदर हुआ करती थी।
A long time ago, she had retired from her previous life
बहुत समय पहले, वह अपने पिछले जीवन से सेवानिवृत्त हो गई थी।
she had given her garden to the monks of Gotama as a gift
उसने अपने बगीचे को गोटामा के भिक्षुओं को उपहार के रूप में दिया था।
she had taken her refuge in the teachings
उसने शिक्षाओं की शरण ली थी।
she was among the friends and benefactors of the pilgrims
वह तीर्थयात्रियों के दोस्तों और उपकारों में से एक थीं।
she was together with Siddhartha, the boy
वह सिद्धार्थ के साथ थी, लड़का।
Siddhartha the boy was her son
सिद्धार्थ लड़का उसका बेटा था।
she had gone on her way due to the news of the near death of Gotama
गोतम की निकट मृत्यु की खबर के कारण वह अपने रास्ते पर चली गई थी।
she was in simple clothes and on foot
वह साधारण कपड़ों में थी और पैदल चल रही थी।
and she was With her little son
और वह अपने छोटे बेटे के साथ थी
she was travelling by the river
वह नदी के किनारे यात्रा कर रहा था।
but the boy had soon grown tired
लेकिन लड़का जल्द ही थक गया था।

he desired to go back home
वह घर वापस जाना चाहता था।

he desired to rest and eat
वह आराम करना और खाना चाहता था।

he became disobedient and started whining
वह अवज्ञाकारी हो गया और रोने लगा।

Kamala often had to take a rest with him
कमला को अक्सर उसके साथ आराम करना पड़ता था।

he was accustomed to getting what he wanted
वह जो चाहता था उसे पाने का आदी था।

she had to feed him and comfort him
उसे खिलाना था और उसे आराम देना था।

she had to scold him for his behaviour
उसे अपने व्यवहार के लिए उसे डांटना पड़ा।

He did not comprehend why he had to go on this exhausting pilgrimage
उसे समझ नहीं आ रहा था कि उसे इस थकाऊ तीर्थयात्रा पर क्यों जाना पड़ा।

he did not know why he had to go to an unknown place
उसे पता नहीं क्यों किसी अनजान जगह पर जाना पड़ा।

he did know why he had to see a holy dying stranger
वह जानता था कि उसे एक पवित्र मरने वाले अजनबी को क्यों देखना पड़ा।

"So what if he died?" he complained
"तो क्या होगा अगर वह मर गया?" उसने शिकायत की।

why should this concern him?
यह उसे क्यों चिंतित करना चाहिए?

The pilgrims were getting close to Vasudeva's ferry
तीर्थयात्री वासुदेव की नौका के करीब जा रहे थे।

little Siddhartha once again forced his mother to rest
छोटे सिद्धार्थ ने एक बार फिर अपनी मां को आराम करने के लिए मजबूर किया।

Kamala had also become tired
कमला भी थक गई थी।

while the boy was chewing a banana, she crouched down on the ground
जब लड़का केला चबा रहा था, तो वह जमीन पर झुक गई।
she closed her eyes a bit and rested
उसने अपनी आँखें थोड़ी बंद कर लीं और आराम किया।
But suddenly, she uttered a wailing scream
लेकिन अचानक, उसने एक रोती हुई चीख सुनाई।
the boy looked at her in fear
लड़का डर के मारे उसे देख रहा था।
he saw her face had grown pale from horror
उसने देखा कि उसका चेहरा डर से पीला पड़ गया था।
and from under her dress, a small, black snake fled
और उसकी पोशाक के नीचे से, एक छोटा, काला सांप भाग गया।
a snake by which Kamala had been bitten
एक सांप जिसके द्वारा कमला को काट लिया गया था
Hurriedly, they both ran along the path, to reach people
जल्दबाजी में, वे दोनों लोगों तक पहुंचने के लिए रास्ते में भाग गए।
they got near to the ferry and Kamala collapsed
वे नौका के करीब पहुंचे और कमला गिर गई।
she was not able to go any further
वह आगे नहीं जा पा रही थी।
the boy started crying miserably
लड़का बुरी तरह रोने लगा।
his cries were only interrupted when he kissed his mother
जब उसने अपनी मां को चूमा तो उसके रोने की आवाज बाधित हुई।
she also joined his loud screams for help
वह भी मदद के लिए उसकी जोर से चीखने में शामिल हो गई।
she screamed until the sound reached Vasudeva's ears
वह तब तक चिल्लाई जब तक कि आवाज वासुदेव के कानों तक नहीं पहुंच गई।
Vasudeva quickly came and took the woman on his arms
वसुदेव जल्दी से आया और महिला को अपनी बाहों में ले लिया।
he carried her into the boat and the boy ran along

वह उसे नाव में ले गया और लड़का उसके साथ भाग गया।
soon they reached the hut, where Siddhartha stood by the stove
जल्द ही वे झोपड़ी में पहुंचे, जहां सिद्धार्थ स्टोव के पास खड़े थे।
he was just lighting the fire
वह सिर्फ आग जला रहा था।
He looked up and first saw the boy's face
उसने ऊपर देखा और सबसे पहले लड़के का चेहरा देखा।
it wondrously reminded him of something
यह आश्चर्यजनक रूप से उसे कुछ याद दिलाता है।
like a warning to remember something he had forgotten
किसी ऐसी चीज को याद रखने की चेतावनी की तरह जिसे वह भूल गया था।
Then he saw Kamala, whom he instantly recognised
फिर उसने कमला को देखा, जिसे उसने तुरंत पहचान लिया।
she lay unconscious in the ferryman's arms
वह फेरीवाले की बाहों में बेहोश पड़ी थी।
now he knew that it was his own son
अब उसे पता चल गया था कि यह उसका अपना बेटा है।
his son whose face had been such a warning reminder to him
उसका बेटा जिसका चेहरा उसके लिए एक चेतावनी अनुस्मारक था।
and the heart stirred in his chest
और दिल उसकी छाती में हलचल करने लगा।
Kamala's wound was washed, but had already turned black
कमला का घाव धोया गया था, लेकिन पहले ही काला पड़ चुका था।
and her body was swollen
और उसका शरीर सूज गया था।
she was made to drink a healing potion
उसे एक उपचार औषधि पीने के लिए बनाया गया था।
Her consciousness returned and she lay on Siddhartha's bed
उसकी चेतना लौट आई और वह सिद्धार्थ के बिस्तर पर लेट गई।
Siddhartha stood over Kamala, who he used to love so much

सिद्धार्थ कमला के ऊपर खड़ा था, जिसे वह बहुत प्यार करता था।
It seemed like a dream to her
यह उसके लिए एक सपने की तरह लग रहा था।
with a smile, she looked at her friend's face
एक मुस्कान के साथ, उसने अपने दोस्त के चेहरे को देखा।
slowly she realized her situation
धीरे-धीरे उसे अपनी स्थिति का एहसास हुआ।
she remembered she had been bitten
उसे याद आया कि उसे काट लिया गया था।
and she timidly called for her son
और उसने डरते हुए अपने बेटे को बुलाया।
"He's with you, don't worry," said Siddhartha
"वह आपके साथ है, चिंता न करें," सिद्धार्थ ने कहा।
Kamala looked into his eyes
कमला ने उसकी आँखों में देखा।
She spoke with a heavy tongue, paralysed by the poison
वह भारी जीभ से बोली, जहर से लकवाग्रस्त।
"You've become old, my dear," she said
"तुम बूढ़े हो गए हो, मेरे प्रिय," उसने कहा।
"you've become gray," she added
"आप भूरे हो गए हैं," उसने कहा।
"But you are like the young Samana, who came without clothes"
"लेकिन तुम युवा सामना की तरह हो, जो बिना कपड़ों के आया था"
"you're like the Samana who came into my garden with dusty feet"
"आप सामना की तरह हैं जो धूल भरे पैरों के साथ मेरे बगीचे में आए थे"
"You are much more like him than you were when you left me"
"आप उससे कहीं अधिक उसके जैसे हैं जब आपने मुझे छोड़ दिया था।
"In the eyes, you're like him, Siddhartha"
"आंखों में, आप उसके जैसे हैं, सिद्धार्थ"
"Alas, I have also grown old"

"काश, मैं भी बूढ़ा हो गया हूँ"
"could you still recognise me?"
"क्या तुम मुझे पहचान सकते हो?
Siddhartha smiled, "Instantly, I recognised you, Kamala, my dear"
सिद्धार्थ मुस्कुराया, "तुरंत, मैंने तुम्हें पहचान लिया, कमला, मेरी प्यारी"
Kamala pointed to her boy
कमला ने अपने लड़के की ओर इशारा किया।

"Did you recognise him as well?"
"क्या तुमने भी उसे पहचान लिया था?
"He is your son," she confirmed
"वह आपका बेटा है," उसने पुष्टि की।
Her eyes became confused and fell shut
उसकी आँखें भ्रमित हो गईं और बंद हो गईं।
The boy wept and Siddhartha took him on his knees
लड़का रोया और सिद्धार्थ ने उसे घुटनों पर ले लिया।
he let him weep and petted his hair
उसने उसे रोने दिया और उसके बालों को सहलाने लगा।
at the sight of the child's face, a Brahman prayer came to his mind
बालक के चेहरे को देखते ही उसके मन में एक ब्राह्मण प्रार्थना आई।
a prayer which he had learned a long time ago
एक प्रार्थना जो उन्होंने बहुत समय पहले सीखी थी।
a time when he had been a little boy himself
एक समय जब वह खुद एक छोटा लड़का था।
Slowly, with a singing voice, he started to speak
धीरे-धीरे गाते हुए उन्होंने बोलना शुरू किया।
from his past and childhood, the words came flowing to him
उनके अतीत और बचपन से, शब्द उनके पास बहते थे।
And with that song, the boy became calm
और उस गीत के साथ, लड़का शांत हो गया।
he was only now and then uttering a sob
वह केवल अब था और फिर एक चीख बोल रहा था।

and finally he fell asleep
और अंत में वह सो गया।

Siddhartha placed him on Vasudeva's bed
सिद्धार्थ ने उसे वसुदेव के बिस्तर पर रख दिया।

Vasudeva stood by the stove and cooked rice
वासुदेव स्टोव के पास खड़े हुए और चावल पकाया।

Siddhartha gave him a look, which he returned with a smile
सिद्धार्थ ने उन्हें एक लुक दिया, जिसे उन्होंने मुस्कुराते हुए लौटा दिया।

"She'll die," Siddhartha said quietly
"वह मर जाएगी," सिद्धार्थ ने चुपचाप कहा।

Vasudeva knew it was true, and nodded
वासुदेव जानता था कि यह सच है, और सिर हिलाया।

over his friendly face ran the light of the stove's fire
उसके दोस्ताना चेहरे पर स्टोव की आग की रोशनी दौड़ रही थी।

once again, Kamala returned to consciousness
एक बार फिर कमला होश में लौट आई।

the pain of the poison distorted her face
जहर के दर्द ने उसके चेहरे को विकृत कर दिया।

Siddhartha's eyes read the suffering on her mouth
सिद्धार्थ की आंखों ने उसके मुंह पर पीड़ा को पढ़ा।

from her pale cheeks he could see that she was suffering
उसके पीले गालों से वह देख सकता था कि वह पीड़ित थी।

Quietly, he read the pain in her eyes
चुपचाप, उसने उसकी आंखों में दर्द को पढ़ा।

attentively, waiting, his mind become one with her suffering
ध्यान से, प्रतीक्षा करते हुए, उसका मन उसकी पीड़ा के साथ एक हो जाता है।

Kamala felt it and her gaze sought his eyes
कमला ने इसे महसूस किया और उसकी नज़र उसकी आँखों को खोज रही थी।

Looking at him, she spoke
उसे देखते हुए, वह बोली।

"Now I see that your eyes have changed as well"

"अब मैं देख रहा हूं कि तुम्हारी आँखें भी बदल गई हैं।
"They've become completely different"
"वे पूरी तरह से अलग हो गए हैं"
"what do I still recognise in you that is Siddhartha?
उन्होंने कहा, 'मैं अब भी आपमें क्या पहचानता हूं जो सिद्धार्थ हैं?
"It's you, and it's not you"
"यह आप हैं, और यह आप नहीं हैं"
Siddhartha said nothing, quietly his eyes looked at hers
सिद्धार्थ ने कुछ नहीं कहा, चुपचाप उसकी आँखें उसकी ओर देख रही थीं।
"You have achieved it?" she asked
"आपने इसे हासिल कर लिया है?" उसने पूछा।
"You have found peace?"
"क्या आपको शांति मिली है?
He smiled and placed his hand on hers
वह मुस्कुराया और अपना हाथ उसके ऊपर रख दिया।
"I'm seeing it" she said
"मैं इसे देख रहा हूं," उसने कहा।
"I too will find peace"
'मुझे भी शांति मिलेगी'
"You have found it," Siddhartha spoke in a whisper
"आपने इसे पा लिया है," सिद्धार्थ ने फुसफुसाते हुए कहा।
Kamala never stopped looking into his eyes
कमला ने कभी भी उसकी आँखों में देखना बंद नहीं किया।
She thought about her pilgrimage to Gotama
उसने गोतम की अपनी तीर्थयात्रा के बारे में सोचा।
the pilgrimage which she wanted to take
वह तीर्थयात्रा जो वह लेना चाहती थी
in order to see the face of the perfected one
सिद्ध व्यक्ति का चेहरा देखने के लिए
in order to breathe his peace
अपनी शांति की सांस लेने के लिए
but she had now found it in another place
लेकिन अब वह इसे दूसरी जगह पर मिल गया था।

and this she thought that was good too
और उसने सोचा कि यह भी अच्छा था।

it was just as good as if she had seen the other one
यह उतना ही अच्छा था जैसे उसने दूसरे को देखा था।

She wanted to tell this to him
वह उसे यह बताना चाहता था।

but her tongue no longer obeyed her will
लेकिन उसकी जीभ अब उसकी इच्छा का पालन नहीं करती थी।

Without speaking, she looked at him
बिना बोले उसने उसकी तरफ देखा।

he saw the life fading from her eyes
उसने देखा कि उसकी आँखों से जीवन लुप्त हो रहा है।

the final pain filled her eyes and made them grow dim
अंतिम दर्द ने उसकी आंखों को भर दिया और उन्हें मंद कर दिया।

the final shiver ran through her limbs
अंतिम सिहरन उसके अंगों में दौड़ गई।

his finger closed her eyelids
उसकी उंगली ने उसकी पलकें बंद कर दीं।

For a long time, he sat and looked at her peacefully dead face
काफी देर तक वह बैठा रहा और शांति से मरे हुए चेहरे को देखता रहा।

For a long time, he observed her mouth
काफी देर तक वह उसके मुंह को देखता रहा।

her old, tired mouth, with those lips, which had become thin
उसका पुराना, थका हुआ मुंह, उन होंठों के साथ, जो पतले हो गए थे

he remembered he used to compare this mouth with a freshly cracked fig
उसे याद आया कि वह इस मुंह की तुलना एक ताजा फटे अंजीर से करता था।

this was in the spring of his years
यह उनके वर्षों के वसंत में था।

For a long time, he sat and read the pale face

काफी देर तक वह बैठा रहा और फीका चेहरा पढ़ता रहा।
he read the tired wrinkles
उसने थकी हुई झुर्रियों को पढ़ा।
he filled himself with this sight
उसने खुद को इस दृश्य से भर लिया।
he saw his own face in the same manner
उसने अपना चेहरा भी उसी तरह से देखा।
he saw his face was just as white
उसने देखा कि उसका चेहरा उतना ही सफेद था।
he saw his face was just as quenched out
उसने देखा कि उसका चेहरा ठीक वैसा ही बुझाया हुआ था।
at the same time he saw his face and hers being young
उसी समय उसने अपने चेहरे और उसके युवा होने को देखा।
their faces with red lips and fiery eyes
लाल होंठ और उग्र आंखों के साथ उनके चेहरे
the feeling of both being real at the same time
एक ही समय में दोनों के वास्तविक होने की भावना
the feeling of eternity completely filled every aspect of his being
अनंत काल की भावना ने उसके अस्तित्व के हर पहलू को पूरी तरह से भर दिया।
in this hour he felt more deeply than than he had ever felt before
इस घड़ी में उसने पहले से कहीं अधिक गहराई से महसूस किया।
he felt the indestructibility of every life
उन्होंने हर जीवन की अविनाशीता को महसूस किया।
he felt the eternity of every moment
उसने हर पल की अनंतता को महसूस किया।
When he rose, Vasudeva had prepared rice for him
जब वह उठे, तो वासुदेव ने उनके लिए चावल तैयार किए थे।
But Siddhartha did not eat that night
लेकिन सिद्धार्थ ने उस रात खाना नहीं खाया।
In the stable their goat stood

अस्तबल में उनकी बकरी खड़ी थी।

the two old men prepared beds of straw for themselves
दोनों बूढ़े लोगों ने अपने लिए भूसे के बिस्तर तैयार किए।

Vasudeva laid himself down to sleep
वसुदेव ने सोने के लिए खुद को लेट लिया।

But Siddhartha went outside and sat before the hut
लेकिन सिद्धार्थ बाहर जाकर झोपड़ी के सामने बैठ गए।

he listened to the river, surrounded by the past
वह अतीत से घिरी नदी को सुनता था।

he was touched and encircled by all times of his life at the same time
उन्हें एक ही समय में अपने जीवन के हर समय छुआ और घेर लिया गया था।

occasionally he rose and he stepped to the door of the hut
कभी-कभी वह उठा और उसने झोपड़ी के दरवाजे पर कदम रखा।

he listened whether the boy was sleeping
उसने सुना कि लड़का सो रहा है या नहीं।

before the sun could be seen, Vasudeva came out of the stable
इससे पहले कि सूर्य को देखा जा पाता, वसुदेव अस्तबल से बाहर आ गए।

he walked over to his friend
वह अपने दोस्त के पास चला गया।

"You haven't slept," he said
"आप सोए नहीं हैं," उन्होंने कहा।

"No, Vasudeva. I sat here"
"नहीं वासुदेव। मैं यहाँ बैठ गया"

"I was listening to the river"
"मैं नदी को सुन रहा था"

"the river has told me a lot"
"नदी ने मुझे बहुत कुछ बताया है"

"it has deeply filled me with the healing thought of oneness"
"इसने मुझे एकता के उपचार विचार से गहराई से भर दिया है"

"You've experienced suffering, Siddhartha"
"आपने दुख का अनुभव किया है, सिद्धार्थ"
"but I see no sadness has entered your heart"
"लेकिन मुझे लगता है कि आपके दिल में कोई उदासी नहीं आई है।
"No, my dear, how should I be sad?"
"नहीं, मेरे प्रिय, मुझे दुखी कैसे होना चाहिए?
"I, who have been rich and happy"
"मैं, जो अमीर और खुश रहा हूं"
"I have become even richer and happier now"
"मैं अब और भी अमीर और खुश हो गया हूं।
"My son has been given to me"
"मेरा बेटा मुझे दे दिया गया है"
"Your son shall be welcome to me as well"
"आपके बेटे का भी मेरे लिए स्वागत होगा"
"But now, Siddhartha, let's get to work"
"लेकिन अब, सिद्धार्थ, चलो काम पर चलते हैं"
"there is much to be done"
'अभी बहुत कुछ किया जाना बाकी है'
"Kamala has died on the same bed on which my wife had died"
"कमला उसी बिस्तर पर मर गई है जिस पर मेरी पत्नी की मृत्यु हुई थी"
"Let us build Kamala's funeral pile on the hill"
"चलो हम पहाड़ी पर कमला के अंतिम संस्कार के ढेर का निर्माण करें"
"the hill on which I my wife's funeral pile is"
"वह पहाड़ी जिस पर मेरी पत्नी का अंतिम संस्कार का ढेर है"
While the boy was still asleep, they built the funeral pile
जबकि लड़का अभी भी सो रहा था, उन्होंने अंतिम संस्कार के ढेर का निर्माण किया।

The Son
बेटा

Timid and weeping, the boy had attended his mother's funeral
डरपोक और रोते हुए, लड़का अपनी मां के अंतिम संस्कार में शामिल हुआ था।

gloomy and shy, he had listened to Siddhartha
उदास और शर्मीले, उसने सिद्धार्थ की बात सुनी थी।

Siddhartha greeted him as his son
सिद्धार्थ ने उन्हें अपने बेटे के रूप में बधाई दी।

he welcomed him at his place in Vasudeva's hut
उसने वसुदेव की कुटिया में अपने स्थान पर उसका स्वागत किया।

Pale, he sat for many days by the hill of the dead
पीला, वह मृतकों की पहाड़ी के पास कई दिनों तक बैठा रहा।

he did not want to eat
वह खाना नहीं चाहता था

he did not look at anyone
उसने किसी की ओर नहीं देखा।

he did not open his heart
उसने अपना दिल नहीं खोला।

he met his fate with resistance and denial
वह प्रतिरोध और इनकार के साथ अपने भाग्य का सामना किया।

Siddhartha spared giving him lessons
सिद्धार्थ ने उसे सबक सिखाने से बचा लिया।

and he let him do as he pleased
और उसने उसे वैसा ही करने दिया जैसा वह चाहता था।

Siddhartha honoured his son's mourning
सिद्धार्थ ने अपने बेटे के शोक का सम्मान किया

he understood that his son did not know him
वह समझ गया कि उसका बेटा उसे नहीं जानता था।

he understood that he could not love him like a father
वह समझ गया कि वह उसे एक पिता की तरह प्यार नहीं कर सकता।

Slowly, he also understood that the eleven-year-old was a pampered boy
धीरे-धीरे उसे भी समझ आ गया कि ग्यारह साल का लड़का लाड़ला लड़का है।
he saw that he was a mother's boy
उसने देखा कि वह एक माँ का लड़का था।
he saw that he had grown up in the habits of rich people
उसने देखा कि वह अमीर लोगों की आदतों में बड़ा हुआ है।
he was accustomed to finer food and a soft bed
वह बेहतर भोजन और नरम बिस्तर का आदी था।
he was accustomed to giving orders to servants
वह नौकरों को आदेश देने का आदी था।
the mourning child could not suddenly be content with a life among strangers
शोक संतप्त बच्चा अचानक अजनबियों के बीच जीवन से संतुष्ट नहीं हो सकता था।
Siddhartha understood the pampered child would not willingly be in poverty
सिद्धार्थ समझ गया कि लाड़ला बच्चा स्वेच्छा से गरीबी में नहीं होगा।
He did not force him to do these these things
उसने उसे ये काम करने के लिए मजबूर नहीं किया।
Siddhartha did many chores for the boy
सिद्धार्थ ने लड़के के लिए कई काम किए।
he always saved the best piece of the meal for him
वह हमेशा उसके लिए भोजन का सबसे अच्छा टुकड़ा बचाता था।
Slowly, he hoped to win him over, by friendly patience
धीरे-धीरे, वह दोस्ताना धैर्य से उसे जीतने की उम्मीद करता था।
Rich and happy, he had called himself, when the boy had come to him
अमीर और खुश, उसने खुद को बुलाया था, जब लड़का उसके पास आया था।
Since then some time had passed
तब से कुछ समय बीत चुका था।
but the boy remained a stranger and in a gloomy disposition

लेकिन लड़का एक अजनबी और उदास स्वभाव में बना रहा।

he displayed a proud and stubbornly disobedient heart
उन्होंने एक अभिमानी और जिद्दी अवज्ञाकारी दिल का प्रदर्शन किया।

he did not want to do any work
वह कोई काम नहीं करना चाहता था।

he did not pay his respect to the old men
उसने बूढ़े लोगों को अपना सम्मान नहीं दिया।

he stole from Vasudeva's fruit-trees
उसने वसुदेव के फल-वृक्षों से चोरी की।

his son had not brought him happiness and peace
उसका बेटा उसे सुख और शांति नहीं लाया था।

the boy had brought him suffering and worry
लड़का उसे पीड़ा और चिंता लाया था।

slowly Siddhartha began to understand this
धीरे-धीरे सिद्धार्थ को यह बात समझ में आने लगी।

But he loved him regardless of the suffering he brought him
लेकिन वह उससे प्यार करता था, भले ही वह उसे लाया हो।

he preferred the suffering and worries of love over happiness and joy without the boy
वह लड़के के बिना खुशी और आनंद पर प्यार की पीड़ा और चिंताओं को पसंद करता था।

from when young Siddhartha was in the hut the old men had split the work
जब युवा सिद्धार्थ झोपड़ी में थे, तब से बूढ़े लोगों ने काम को विभाजित कर दिया था।

Vasudeva had again taken on the job of the ferryman
वासुदेव ने फिर से फेरीवाले की नौकरी ले ली थी।

and Siddhartha, in order to be with his son, did the work in the hut and the field
और सिद्धार्थ ने अपने बेटे के साथ रहने के लिए, झोपड़ी और खेत में काम किया।

for long months Siddhartha waited for his son to understand him
लंबे समय तक सिद्धार्थ ने अपने बेटे को समझने के लिए इंतजार किया।
he waited for him to accept his love
वह अपने प्यार को स्वीकार करने के लिए इंतजार कर रहा था।
and he waited for his son to perhaps reciprocate his love
और वह अपने बेटे की प्रतीक्षा कर रहा था कि शायद उसके प्यार का बदला मिले।
For long months Vasudeva waited, watching
बहुत महीनों तक वासुदेव इंतजार करते रहे, देखते रहे।
he waited and said nothing
उसने इंतजार किया और कुछ नहीं कहा।
One day, young Siddhartha tormented his father very much
एक दिन युवा सिद्धार्थ ने अपने पिता को बहुत सताया।
he had broken both of his rice-bowls
उसने अपने चावल के दोनों कटोरे तोड़ दिए थे।
Vasudeva took his friend aside and talked to him
वसुदेव अपने मित्र को एक तरफ ले गया और उससे बात की।
"Pardon me," he said to Siddhartha
"मुझे क्षमा करें," उसने सिद्धार्थ से कहा।
"from a friendly heart, I'm talking to you"
"एक दोस्ताना दिल से, मैं आपसे बात कर रहा हूं"
"I'm seeing that you are tormenting yourself"
"मैं देख रहा हूँ कि आप खुद को परेशान कर रहे हैं"
"I'm seeing that you're in grief"
"मैं देख रहा हूं कि आप दुःख में हैं"
"Your son, my dear, is worrying you"
"आपका बेटा, मेरे प्रिय, आपको चिंतित कर रहा है"
"and he is also worrying me"
"और वह मुझे भी चिंतित कर रहा है"
"That young bird is accustomed to a different life"
"वह युवा पक्षी एक अलग जीवन का आदी है"
"he is used to living in a different nest"

"वह एक अलग घोंसले में रहने का आदी है"

"he has not, like you, run away from riches and the city"

"वह, आपकी तरह, धन और शहर से भाग नहीं गया है।

"he was not disgusted and fed up with the life in Sansara"

"वह संसार के जीवन से घृणा और तंग नहीं था"

"he had to do all these things against his will"

"उसे ये सब चीजें अपनी इच्छा के खिलाफ करनी पड़ीं"

"he had to leave all this behind"

"उसे यह सब पीछे छोड़ना पड़ा"

"I asked the river, oh friend"

"मैंने नदी से पूछा, ओह दोस्त"

"many times I have asked the river"

"मैंने नदी से कई बार पूछा है"

"But the river laughs at all of this"

"लेकिन नदी इस सब पर हंसती है"

"it laughs at me and it laughs at you"

"यह मुझ पर हंसता है और यह आप पर हंसता है।

"the river is shaking with laughter at our foolishness"

"नदी हमारी मूर्खता पर हँसी से हिल रही है"

"Water wants to join water as youth wants to join youth"

"पानी पानी में शामिल होना चाहता है क्योंकि युवा युवाओं में शामिल होना चाहते हैं"

"your son is not in the place where he can prosper"

"आपका बेटा उस जगह पर नहीं है जहां वह समृद्ध हो सकता है।

"you too should ask the river"

"आपको भी नदी से पूछना चाहिए"

"you too should listen to it!"

"आपको भी इसे सुनना चाहिए!

Troubled, Siddhartha looked into his friendly face

परेशान होकर, सिद्धार्थ ने अपने दोस्ताना चेहरे को देखा।

he looked at the many wrinkles in which there was incessant cheerfulness

उसने कई झुर्रियों को देखा जिसमें लगातार खुशी थी।

"How could I part with him?" he said quietly, ashamed
"मैं उसके साथ कैसे भाग सकता था?" उसने शर्मिंदा होते हुए चुपचाप कहा।
"Give me some more time, my dear"
"मुझे थोड़ा और समय दो, मेरे प्रिय"
"See, I'm fighting for him"
"देखो, मैं उसके लिए लड़ रहा हूँ"
"I'm seeking to win his heart"
"मैं उसका दिल जीतना चाहता हूं"
"with love and with friendly patience I intend to capture it"
"प्यार और मैत्रीपूर्ण धैर्य के साथ मैं इसे पकड़ने का इरादा रखता हूं।
"One day, the river shall also talk to him"
"एक दिन, नदी भी उससे बात करेगी।
"he also is called upon"
"उसे भी बुलाया जाता है"
Vasudeva's smile flourished more warmly
वसुदेव की मुस्कान और अधिक गर्मजोशी से बढ़ी।
"Oh yes, he too is called upon"
"ओह हाँ, उसे भी बुलाया जाता है"
"he too is of the eternal life"
"वह भी अनन्त जीवन का है"
"But do we, you and me, know what he is called upon to do?"
"लेकिन क्या हम, आप और मैं, जानते हैं कि उसे क्या करने के लिए बुलाया गया है?
"we know what path to take and what actions to perform"
"हम जानते हैं कि कौन सा रास्ता लेना है और क्या कार्य करना है"
"we know what pain we have to endure"
"हम जानते हैं कि हमें क्या दर्द सहना पड़ता है"
"but does he know these things?"
"लेकिन क्या वह इन बातों को जानता है?
"Not a small one, his pain will be"
"एक छोटा नहीं, उसका दर्द होगा"
"after all, his heart is proud and hard"

"आखिरकार, उसका दिल गर्व और कठोर है"

"people like this have to suffer and err a lot"

"इस तरह के लोगों को बहुत कुछ सहना और गलती करनी पड़ती है"

"they have to do much injustice"

"उन्हें बहुत अन्याय करना पड़ता है"

"and they have burden themselves with much sin"

"और उन्होंने खुद को बहुत पाप के साथ बोझ डाला है"

"Tell me, my dear," he asked of Siddhartha

"मुझे बताओ, मेरे प्रिय," उसने सिद्धार्थ से पूछा।

"you're not taking control of your son's upbringing?"

"आप अपने बेटे की परवरिश का नियंत्रण नहीं ले रहे हैं?

"You don't force him, beat him, or punish him?"

"आप उसे मजबूर नहीं करते हैं, उसे मारते हैं, या उसे दंडित करते हैं?

"No, Vasudeva, I don't do any of these things"

"नहीं वासुदेव, मैं इनमें से कुछ भी नहीं करता"

"I knew it. You don't force him"

"मुझे पता था। आप उसे मजबूर न करें"

"you don't beat him and you don't give him orders"

"आप उसे पीटते नहीं हैं और आप उसे आदेश नहीं देते हैं।

"because you know softness is stronger than hard"

"क्योंकि आप जानते हैं कि कोमलता कठोर से अधिक मजबूत है।

"you know water is stronger than rocks"

"आप जानते हैं कि पानी चट्टानों से अधिक मजबूत है"

"and you know love is stronger than force"

"और आप जानते हैं कि प्यार बल से अधिक मजबूत है।

"Very good, I praise you for this"

"बहुत अच्छा, मैं इसके लिए आपकी प्रशंसा करता हूं"

"But aren't you mistaken in some way?"

"लेकिन क्या आप किसी तरह से गलत नहीं हैं?

"don't you think that you are forcing him?"

"क्या आपको नहीं लगता कि आप उसे मजबूर कर रहे हैं?

"don't you perhaps punish him a different way?"

"क्या आप शायद उसे एक अलग तरीके से दंडित नहीं करते हैं?

"Don't you shackle him with your love?"
"क्या आप उसे अपने प्यार से नहीं बांधते हैं?

"Don't you make him feel inferior every day?"
"क्या आप उसे हर दिन हीन महसूस नहीं कराते हैं?

"doesn't your kindness and patience make it even harder for him?"
"क्या आपकी दयालुता और धैर्य उसके लिए इसे और भी कठिन नहीं बनाता है?

"aren't you forcing him to live in a hut with two old banana-eaters?"
"क्या आप उसे दो पुराने केले खाने वालों के साथ एक झोपड़ी में रहने के लिए मजबूर नहीं कर रहे हैं?

"old men to whom even rice is a delicacy"
"बूढ़े लोग जिनके लिए चावल भी एक व्यंजन है"

"old men whose thoughts can't be his"
"बूढ़े लोग जिनके विचार उनके नहीं हो सकते"

"old men whose hearts are old and quiet"
"बूढ़े लोग जिनके दिल पुराने और शांत हैं"

"old men whose hearts beat in a different pace than his"
"बूढ़े लोग जिनके दिल उनकी तुलना में एक अलग गति से धड़कते हैं"

"Isn't he forced and punished by all this?""
"क्या वह इस सब से मजबूर और दंडित नहीं है?

Troubled, Siddhartha looked to the ground
परेशान होकर सिद्धार्थ ने जमीन की तरफ देखा।

Quietly, he asked, "What do you think should I do?"
चुपचाप, उसने पूछा, "आपको क्या लगता है कि मुझे क्या करना चाहिए?

Vasudeva spoke, "Bring him into the city"
वसुदेव बोले, "इसे नगर में ले आओ"

"bring him into his mother's house"
"उसे उसकी माँ के घर ले आओ"

"there'll still be servants around, give him to them"
"अभी भी आसपास नौकर होंगे, उसे उन्हें दे दो।

"And if there aren't any servants, bring him to a teacher"

"और अगर कोई नौकर नहीं है, तो उसे एक शिक्षक के पास ले आओ।
"but don't bring him to a teacher for teachings' sake"
"लेकिन शिक्षाओं के लिए उसे एक शिक्षक के पास मत लाओ।
"bring him to a teacher so that he is among other children"
"उसे एक शिक्षक के पास ले आओ ताकि वह अन्य बच्चों के बीच हो।
"and bring him to the world which is his own"
"और उसे उस दुनिया में ले आओ जो उसका अपना है।
"have you never thought of this?"
"क्या तुमने कभी इस बारे में नहीं सोचा?
"you're seeing into my heart," Siddhartha spoke sadly
"आप मेरे दिल में देख रहे हैं," सिद्धार्थ ने दुखी होकर कहा।
"Often, I have thought of this"
"अक्सर, मैंने इस बारे में सोचा है"
"but how can I put him into this world?"
"लेकिन मैं उसे इस दुनिया में कैसे डाल सकता हूं?
"Won't he become exuberant?"
"क्या वह अति उत्साही नहीं हो जाएगा?
"won't he lose himself to pleasure and power?"
"क्या वह खुद को खुशी और शक्ति में नहीं खो देगा?
"won't he repeat all of his father's mistakes?"
"क्या वह अपने पिता की सभी गलतियों को नहीं दोहराएगा?
"won't he perhaps get entirely lost in Sansara?"
"क्या वह शायद पूरी तरह से संसार में खो नहीं जाएगा?

Brightly, the ferryman's smile lit up
उज्ज्वल रूप से, फेरीवाले की मुस्कान चमक उठी।
softly, he touched Siddhartha's arm
धीरे से, उसने सिद्धार्थ की बांह को छुआ।
"Ask the river about it, my friend!"
"नदी से इसके बारे में पूछो, मेरे दोस्त!
"Hear the river laugh about it!"
"नदी को इसके बारे में हंसते हुए सुनो!
"Would you actually believe that you had committed your foolish acts?

क्या आप वास्तव में विश्वास करेंगे कि आपने अपने मूर्खतापूर्ण कार्य किए थे?

"in order to spare your son from committing them too"
"अपने बेटे को भी ऐसा करने से बचाने के लिए"

"And could you in any way protect your son from Sansara?"
"और क्या आप किसी भी तरह से अपने बेटे को संसार से बचा सकते हैं?

"How could you protect him from Sansara?"
"तुम उसे संसार से कैसे बचा सकते हो?

"By means of teachings, prayer, admonition?"
"शिक्षाओं, प्रार्थना, सलाह के माध्यम से?

"My dear, have you entirely forgotten that story?"
"मेरे प्यारे, क्या आप उस कहानी को पूरी तरह से भूल गए हैं?

"the story containing so many lessons"
"कहानी जिसमें इतने सारे सबक हैं"

"the story about Siddhartha, a Brahman's son"
"सिद्धार्थ, एक ब्राह्मण के पुत्र के बारे में कहानी"

"the story which you once told me here on this very spot?"
"वह कहानी जो आपने मुझे एक बार यहां इसी जगह पर सुनाई थी?

"Who has kept the Samana Siddhartha safe from Sansara?"
"सामना सिद्धार्थ को संसार से किसने सुरक्षित रखा है?"

"who has kept him from sin, greed, and foolishness?"
"किसने उसे पाप, लालच और मूर्खता से दूर रखा है?

"Were his father's religious devotion able to keep him safe?
क्या उनके पिता की धार्मिक भक्ति उन्हें सुरक्षित रखने में सक्षम थी?

"were his teacher's warnings able to keep him safe?"
"क्या उसके शिक्षक की चेतावनियां उसे सुरक्षित रखने में सक्षम थीं?

"could his own knowledge keep him safe?"
"क्या उसका अपना ज्ञान उसे सुरक्षित रख सकता है?

"was his own search able to keep him safe?"
"क्या उसकी खुद की खोज उसे सुरक्षित रखने में सक्षम थी?

"What father has been able to protect his son?"
"कौन सा पिता अपने बेटे की रक्षा करने में सक्षम है?

"what father could keep his son from living his life for

himself?"
"कौन सा पिता अपने बेटे को अपने लिए अपना जीवन जीने से रोक सकता है?

"what teacher has been able to protect his student?"
"कौन सा शिक्षक अपने छात्र की रक्षा करने में सक्षम है?

"what teacher can stop his student from soiling himself with life?"
"कौन सा शिक्षक अपने छात्र को जीवन के साथ खुद को गंदा करने से रोक सकता है?

"who could stop him from burdening himself with guilt?"
"कौन उसे अपराध बोध के बोझ से खुद को रोक सकता है?

"who could stop him from drinking the bitter drink for himself?"
"उसे अपने लिए कड़वा पेय पीने से कौन रोक सकता है?

"who could stop him from finding his path for himself?"
"उसे अपने लिए रास्ता खोजने से कौन रोक सकता है?

"did you think anybody could be spared from taking this path?"
क्या आपको लगता है कि किसी को भी इस रास्ते पर जाने से बचाया जा सकता है?

"did you think that perhaps your little son would be spared?"
"क्या आपने सोचा था कि शायद आपके छोटे बेटे को बचा लिया जाएगा?

"did you think your love could do all that?"
"क्या आपको लगता है कि आपका प्यार यह सब कर सकता है?

"did you think your love could keep him from suffering"
"क्या आपको लगता है कि आपका प्यार उसे पीड़ा से बचा सकता है?

"did you think your love could protect him from pain and disappointment?
"क्या आपको लगता है कि आपका प्यार उसे दर्द और निराशा से बचा सकता है?

"you could die ten times for him"
"आप उसके लिए दस बार मर सकते हैं।

"but you could take no part of his destiny upon yourself"
"लेकिन आप अपने भाग्य का कोई हिस्सा अपने ऊपर नहीं ले सकते।

Never before, Vasudeva had spoken so many words
इससे पहले कभी भी वसुदेव ने इतने शब्द नहीं कहे थे।

Kindly, Siddhartha thanked him
कृपया सिद्धार्थ ने उन्हें धन्यवाद दिया।

he went troubled into the hut
वह परेशान होकर झोपड़ी में चला गया।

he could not sleep for a long time
वह काफी देर तक सो नहीं सका।

Vasudeva had told him nothing he had not already thought and known
वसुदेव ने उसे ऐसा कुछ भी नहीं बताया था जो उसने पहले से सोचा और जाना नहीं था।

But this was a knowledge he could not act upon
लेकिन यह एक ऐसा ज्ञान था जिस पर वह कार्य नहीं कर सकता था।

stronger than knowledge was his love for the boy
ज्ञान से अधिक मजबूत लड़के के लिए उसका प्यार था।

stronger than knowledge was his tenderness
ज्ञान से अधिक मजबूत उसकी कोमलता थी।

stronger than knowledge was his fear to lose him
ज्ञान से अधिक मजबूत उसे खोने का डर था।

had he ever lost his heart so much to something?
क्या उसने कभी किसी चीज के लिए अपना दिल इतना खो दिया था?

had he ever loved any person so blindly?
क्या उसने कभी किसी व्यक्ति से इतना आँख बंद करके प्यार किया है?

had he ever suffered for someone so unsuccessfully?
क्या उसने कभी किसी के लिए इतनी असफल पीड़ा झेली है?

had he ever made such sacrifices for anyone and yet been so unhappy?
क्या उसने कभी किसी के लिए इस तरह के बलिदान दिए थे और फिर भी इतना दुखी था?

Siddhartha could not heed his friend's advice
सिद्धार्थ अपने दोस्त की सलाह पर ध्यान नहीं दे सका।

he could not give up the boy
वह लड़के को नहीं छोड़ सकता था।

He let the boy give him orders
उसने लड़के को आदेश देने दिया।

he let him disregard him
उसने उसे उसकी उपेक्षा करने दी।

He said nothing and waited
उसने कुछ नहीं कहा और इंतजार करने लगा।

daily, he attempted the struggle of friendliness
दैनिक, उन्होंने मित्रता के संघर्ष का प्रयास किया।

he initiated the silent war of patience
उन्होंने धैर्य की मौन लड़ाई शुरू की।

Vasudeva also said nothing and waited
वसुदेव भी कुछ नहीं बोला और इंतजार करने लगा।

They were both masters of patience
वे दोनों धैर्य के स्वामी थे।

one time the boy's face reminded him very much of Kamala
एक बार लड़के के चेहरे ने उसे कमला की बहुत याद दिला दी।

Siddhartha suddenly had to think of something Kamala had once said
सिद्धार्थ को अचानक कुछ ऐसा सोचना पड़ा जो कमला ने एक बार कहा था।

"You cannot love" she had said to him
"आप प्यार नहीं कर सकते," उसने उससे कहा था।

and he had agreed with her
और वह उसके साथ सहमत हो गया था।

and he had compared himself with a star
और उन्होंने खुद की तुलना एक स्टार से की थी।

and he had compared the childlike people with falling leaves
और उसने गिरते पत्तों के साथ बच्चे जैसे लोगों की तुलना की थी।

but nevertheless, he had also sensed an accusation in that line
लेकिन फिर भी, उन्होंने उस लाइन में एक आरोप को भी महसूस किया था।

Indeed, he had never been able to love
वास्तव में, वह कभी प्यार करने में सक्षम नहीं था।

he had never been able to devote himself completely to another person
वह कभी भी खुद को किसी अन्य व्यक्ति के लिए पूरी तरह से समर्पित करने में सक्षम नहीं था।

he had never been able to to forget himself
वह खुद को कभी भूल नहीं पाया था।

he had never been able to commit foolish acts for the love of another person
वह कभी भी किसी अन्य व्यक्ति के प्यार के लिए मूर्खतापूर्ण कार्य करने में सक्षम नहीं था।

at that time it seemed to set him apart from the childlike people
उस समय ऐसा लग रहा था कि वह बच्चों जैसे लोगों से अलग है।

But ever since his son was here, Siddhartha also become a childlike person
लेकिन जब से उनका बेटा यहां आया है, सिद्धार्थ भी एक बच्चे जैसे इंसान बन गए हैं।

he was suffering for the sake of another person
वह किसी अन्य व्यक्ति की खातिर पीड़ित था।

he was loving another person
वह किसी अन्य व्यक्ति से प्यार करता था।

he was lost to a love for someone else
वह किसी और के लिए प्यार में खो गया था।

he had become a fool on account of love
वह प्यार के कारण मूर्ख बन गया था।

Now he too felt the strongest and strangest of all passions
अब वह भी सभी जुनूनों में सबसे मजबूत और अजीब महसूस कर रहा था।

he suffered from this passion miserably

वह इस जुनून से बुरी तरह पीड़ित था।

and he was nevertheless in bliss

और वह फिर भी आनंद में था।

he was nevertheless renewed in one respect

फिर भी वह एक मामले में नवीनीकृत था।

he was enriched by this one thing

वह इस एक चीज से समृद्ध था।

He sensed very well that this blind love for his son was a passion

उन्होंने अच्छी तरह से महसूस किया कि उनके बेटे के लिए यह अंधा प्यार एक जुनून था।

he knew that it was something very human

वह जानता था कि यह कुछ बहुत ही मानवीय था।

he knew that it was Sansara

वह जानता था कि यह संसार था।

he knew that it was a murky source, dark waters

वह जानता था कि यह एक संदिग्ध स्रोत था, अंधेरा पानी।

but he felt it was not worthless, but necessary

लेकिन उन्होंने महसूस किया कि यह बेकार नहीं था, लेकिन आवश्यक था।

it came from the essence of his own being

यह उसके अपने अस्तित्व के सार से आया था।

This pleasure also had to be atoned for

इस आनंद का प्रायश्चित भी करना पड़ा।

this pain also had to be endured

इस दर्द को भी सहना पड़ा।

these foolish acts also had to be committed

ये मूर्खतापूर्ण कृत्य भी करने पड़े थे।

Through all this, the son let him commit his foolish acts

इस सब के माध्यम से, बेटे ने उसे अपने मूर्खतापूर्ण कार्यों को करने दिया।

he let him court for his affection

उसने उसे अपने स्नेह के लिए अदालत में जाने दिया।

he let him humiliate himself every day

वह उसे हर दिन खुद को अपमानित करने देता था।

he gave in to the moods of his son
उन्होंने अपने बेटे के मूड के आगे घुटने टेक दिए।

his father had nothing which could have delighted him
उनके पिता के पास ऐसा कुछ भी नहीं था जो उन्हें खुश कर सके।

and he nothing that the boy feared
और वह ऐसा कुछ भी नहीं है जिससे लड़का डरता था।

He was a good man, this father
वह एक अच्छा आदमी था, यह पिता।

he was a good, kind, soft man
वह एक अच्छा, दयालु, नरम आदमी था।

perhaps he was a very devout man
शायद वह बहुत धर्मपरायण व्यक्ति था।

perhaps he was a saint, the boy thought
शायद वह एक संत था, लड़के ने सोचा।

but all these attributes could not win the boy over
लेकिन ये सभी गुण लड़के को जीत नहीं सके।

He was bored by this father, who kept him imprisoned
वह इस पिता से ऊब गया था, जिसने उसे कैद करके रखा था।

a prisoner in this miserable hut of his
उसकी इस दयनीय झोपड़ी में एक कैदी

he was bored of him answering every naughtiness with a smile
वह मुस्कुराहट के साथ हर बकवास का जवाब देने से ऊब गया था।

he didn't appreciate insults being responded to by friendliness
वह मित्रता द्वारा जवाब दिए जाने वाले अपमान की सराहना नहीं करता था।

he didn't like viciousness returned in kindness
उसे दयालुता में लौटने वाला दुष्टता पसंद नहीं था।

this very thing was the hated trick of this old sneak
यह वही चीज थी जो इस पुरानी चोरी की घृणित चाल थी।

Much more the boy would have liked it if he had been threatened by him

अगर लड़के को उसके द्वारा धमकी दी गई होती तो वह इसे बहुत पसंद करता।

he wanted to be abused by him
वह चाहता था कि उसके द्वारा दुर्व्यवहार किया जाए।

A day came when young Siddhartha had had enough
एक दिन ऐसा आया जब युवा सिद्धार्थ के पास बहुत कुछ था।

what was on his mind came bursting forth
उसके मन में जो चल रहा था वह फूट-फूटकर सामने आ गया।

and he openly turned against his father
और वह खुले तौर पर अपने पिता के खिलाफ हो गया

Siddhartha had given him a task
सिद्धार्थ ने उन्हें एक टास्क दिया था।

he had told him to gather brushwood
उसने उसे ब्रशवुड इकट्ठा करने के लिए कहा था।

But the boy did not leave the hut
लेकिन लड़के ने झोपड़ी नहीं छोड़ी।

in stubborn disobedience and rage, he stayed where he was
जिद्दी अवज्ञा और क्रोध में, वह जहां था वहीं रहा।

he thumped on the ground with his feet
वह अपने पैरों से जमीन पर गिर गया।

he clenched his fists and screamed in a powerful outburst
उसने अपनी मुट्ठियां भींच लीं और एक शक्तिशाली विस्फोट में चिल्लाया।

he screamed his hatred and contempt into his father's face
उसने अपने पिता के चेहरे पर अपनी घृणा और अवमानना चिल्लाई।

"Get the brushwood for yourself!" he shouted, foaming at the mouth
"अपने लिए ब्रशवुड ले आओ!" वह चिल्लाया, मुंह से झाग निकल रहा था।

"I'm not your servant"
"मैं तुम्हारा नौकर नहीं हूँ"

"I know that you won't hit me, you wouldn't dare"
"मुझे पता है कि आप मुझे नहीं मारेंगे, आप हिम्मत नहीं करेंगे।

"I know that you constantly want to punish me"

"मुझे पता है कि आप लगातार मुझे दंडित करना चाहते हैं"

"you want to put me down with your religious devotion and your indulgence"

"आप मुझे अपनी धार्मिक भक्ति और अपने भोग से नीचा दिखाना चाहते हैं"

"You want me to become like you"

"आप चाहते हैं कि मैं आपके जैसा बन जाऊं"

"you want me to be just as devout, soft, and wise as you"

"आप चाहते हैं कि मैं आपकी तरह ही धर्मनिष्ठ, नरम और बुद्धिमान बनूं।

"but I won't do it, just to make you suffer"

"लेकिन मैं ऐसा नहीं करूंगा, सिर्फ आपको पीड़ित करने के लिए।

"I would rather become a highway-robber than be as soft as you"

"मैं आपकी तरह नरम होने के बजाय एक राजमार्ग-डाकू बनना पसंद करूंगा"

"I would rather be a murderer than be as wise as you"

"मैं तुम्हारे जैसा बुद्धिमान होने के बजाय एक हत्यारा बनना पसंद करूंगा।

"I would rather go to hell, than to become like you!"

"मैं तुम्हारे जैसा बनने के बजाय नरक में जाना पसंद करूंगा!

"I hate you, you're not my father

"मैं तुमसे नफरत करता हूँ, तुम मेरे पिता नहीं हो।

"even if you've slept with my mother ten times, you are not my father!"

"भले ही आप मेरी माँ के साथ दस बार सोए हों, आप मेरे पिता नहीं हैं!

Rage and grief boiled over in him

क्रोध और दुःख उसके अंदर उबल ने लगा।

he foamed at his father in a hundred savage and evil words

उसने सौ जंगली और बुरे शब्दों में अपने पिता पर झाग डाला।

Then the boy ran away into the forest

फिर लड़का जंगल में भाग गया।

it was late at night when the boy returned

देर रात हो चुकी थी जब लड़का वापस लौटा।

But the next morning, he had disappeared

लेकिन अगली सुबह, वह गायब हो गया था।
What had also disappeared was a small basket
जो गायब हो गया था वह एक छोटी टोकरी थी।
the basket in which the ferrymen kept those copper and silver coins
वह टोकरी जिसमें फेरीवाले उन तांबे और चांदी के सिक्कों को रखते थे
the coins which they received as a fare
वे सिक्के जो उन्हें किराए के रूप में प्राप्त हुए थे
The boat had also disappeared
नाव भी गायब हो गई थी।
Siddhartha saw the boat lying by the opposite bank
सिद्धार्थ ने नाव को विपरीत किनारे पर पड़ा देखा।
Siddhartha had been shivering with grief
दुख से कांप रहे थे सिद्धार्थ
the ranting speeches the boy had made touched him
लड़के द्वारा दिए गए भाषणों ने उसे छू लिया।
"I must follow him," said Siddhartha
"मुझे उसका अनुसरण करना चाहिए," सिद्धार्थ ने कहा।
"A child can't go through the forest all alone, he'll perish"
"एक बच्चा अकेले जंगल के माध्यम से नहीं जा सकता है, वह मर जाएगा।
"We must build a raft, Vasudeva, to get over the water"
"हमें पानी पर काबू पाने के लिए एक बेड़ा बनाना होगा, वासुदेव"
"We will build a raft" said Vasudeva
"हम एक बेड़ा बनाएंगे," वासुदेव ने कहा।
"we will build it to get our boat back"
"हम अपनी नाव वापस पाने के लिए इसका निर्माण करेंगे"
"But you shall not run after your child, my friend"
"लेकिन तुम अपने बच्चे के पीछे नहीं भागोगे, मेरे दोस्त।
"he is no child any more"
'वह अब बच्चा नहीं रहा'
"he knows how to get around"
"वह जानता है कि कैसे घूमना है"
"He's looking for the path to the city"

"वह शहर के लिए रास्ता खोज रहा है"
"and he is right, don't forget that"
"और वह सही है, यह मत भूलना"
"he's doing what you've failed to do yourself"
"वह वही कर रहा है जो आप खुद करने में विफल रहे हैं।
"he's taking care of himself"
"वह खुद का ख्याल रख रहा है"
"he's taking his course for himself"
"वह अपने लिए अपना रास्ता ले रहा है"
"Alas, Siddhartha, I see you suffering"
"काश, सिद्धार्थ, मैं तुम्हें पीड़ित देख रहा हूँ"
"but you're suffering a pain at which one would like to laugh"
"लेकिन आप एक दर्द से पीड़ित हैं जिस पर कोई हंसना चाहता है।
"you're suffering a pain at which you'll soon laugh yourself"
"आप एक दर्द से पीड़ित हैं जिस पर आप जल्द ही हंसेंगे।
Siddhartha did not answer his friend
सिद्धार्थ ने अपने दोस्त को जवाब नहीं दिया
He already held the axe in his hands
उसने पहले से ही अपने हाथों में कुल्हाड़ी पकड़ रखी थी।
and he began to make a raft of bamboo
और उसने बांस का बेड़ा बनाना शुरू कर दिया।
Vasudeva helped him to tie the canes together with ropes of grass
वासुदेव ने उन्हें घास की रस्सियों के साथ बेंत को एक साथ बांधने में मदद की।
When they crossed the river they drifted far off their course
जब उन्होंने नदी पार की तो वे अपने रास्ते से बहुत दूर चले गए।
they pulled the raft upriver on the opposite bank
उन्होंने विपरीत किनारे पर बेड़ा को ऊपर खींच लिया।
"Why did you take the axe along?" asked Siddhartha
सिद्धार्थ ने पूछा, "आप कुल्हाड़ी साथ क्यों ले गए?"
"It might have been possible that the oar of our boat got lost"

"यह संभव हो सकता है कि हमारी नाव का ओआर खो गया हो"
But Siddhartha knew what his friend was thinking
लेकिन सिद्धार्थ को पता था कि उसका दोस्त क्या सोच रहा था।
He thought, the boy would have thrown away the oar
उसने सोचा, लड़के ने ओआर फेंक दिया होगा।
in order to get some kind of revenge
किसी तरह का बदला लेने के लिए
and in order to keep them from following him
और ताकि वे उसका अनुसरण न कर सकें
And in fact, there was no oar left in the boat
और वास्तव में, नाव में कोई ओआर नहीं बचा था।
Vasudeva pointed to the bottom of the boat
वसुदेव ने नाव के तल की ओर इशारा किया।
and he looked at his friend with a smile
और उसने मुस्कुराते हुए अपने दोस्त को देखा।
he smiled as if he wanted to say something
वह मुस्कुराया जैसे कि वह कुछ कहना चाहता था।
"Don't you see what your son is trying to tell you?"
"क्या आप नहीं देखते कि आपका बेटा आपको क्या बताने की कोशिश कर रहा है?
"Don't you see that he doesn't want to be followed?"
"क्या आप नहीं देखते कि वह नहीं चाहता कि उसका अनुसरण किया जाए?
But he did not say this in words
लेकिन उन्होंने शब्दों में यह बात नहीं कही।
He started making a new oar
उसने एक नया ओआर बनाना शुरू कर दिया।
But Siddhartha bid his farewell, to look for the run-away
लेकिन सिद्धार्थ ने भागदौड़ की तलाश में अपनी विदाई दी।
Vasudeva did not stop him from looking for his child
वसुदेव ने उसे अपने बच्चे की तलाश करने से नहीं रोका।

Siddhartha had been walking through the forest for a long time

सिद्धार्थ लंबे समय से जंगल के माध्यम से घूम रहे थे।
the thought occurred to him that his search was useless
उसके मन में विचार आया कि उसकी खोज बेकार है।
Either the boy was far ahead and had already reached the city
या तो लड़का बहुत आगे था और पहले ही शहर पहुंच चुका था।
or he would conceal himself from him
या वह खुद को उससे छिपा लेगा।
he continued thinking about his son
उसने अपने बेटे के बारे में सोचना जारी रखा।
he found that he was not worried for his son
उसने पाया कि वह अपने बेटे के लिए चिंतित नहीं था।
he knew deep inside that he had not perished
वह अंदर से जानता था कि वह मरा नहीं है।
nor was he in any danger in the forest
न ही उसे जंगल में कोई खतरा था।
Nevertheless, he ran without stopping
फिर भी, वह बिना रुके भाग गया।
he was not running to save him
वह उसे बचाने के लिए नहीं भाग रहा था।
he was running to satisfy his desire
वह अपनी इच्छा पूरी करने के लिए दौड़ रहा था।
he wanted to perhaps see him one more time
वह शायद उसे एक बार और देखना चाहता था।
And he ran up to just outside of the city
और वह शहर के बाहर भाग गया।
When, near the city, he reached a wide road
जब, शहर के पास, वह एक चौड़ी सड़क पर पहुंच गया
he stopped, by the entrance of the beautiful pleasure-garden
वह सुंदर आनंद-उद्यान के प्रवेश द्वार से रुक गया।
the garden which used to belong to Kamala
वह बगीचा जो कमला का हुआ करता था
the garden where he had seen her for the first time

वह बगीचा जहाँ उसने उसे पहली बार देखा था

when she was sitting in her sedan-chair
जब वह अपनी सेडान-कुर्सी पर बैठी थी

The past rose up in his soul
अतीत उसकी आत्मा में उठ गया।

again, he saw himself standing there
उसने खुद को फिर से वहां खड़ा देखा।

a young, bearded, naked Samana
एक युवा, दाढ़ी वाला, नग्न सामना

his hair hair was full of dust
उसके बाल धूल से भरे हुए थे।

For a long time, Siddhartha stood there
काफी देर तक सिद्धार्थ वहीं खड़े रहे।

he looked through the open gate into the garden
उसने बगीचे में खुले द्वार से देखा।

he saw monks in yellow robes walking among the beautiful trees
उन्होंने पीले वस्त्रों में भिक्षुओं को सुंदर पेड़ों के बीच चलते हुए देखा।

For a long time, he stood there, pondering
काफी देर तक वह वहीं खड़ा रहा और सोचता रहा।

he saw images and listened to the story of his life
उन्होंने छवियों को देखा और अपने जीवन की कहानी सुनी।

For a long time, he stood there looking at the monks
काफी देर तक वह वहीं खड़ा भिक्षुओं को देखता रहा।

he saw young Siddhartha in their place
उन्होंने उनके स्थान पर युवा सिद्धार्थ को देखा।

he saw young Kamala walking among the high trees
उसने युवा कमला को ऊंचे पेड़ों के बीच चलते हुए देखा।

Clearly, he saw himself being served food and drink by Kamala
जाहिर है, उन्होंने खुद को कमला द्वारा भोजन और पेय परोसा जा रहा था।

he saw himself receiving his first kiss from her
उसने खुद को उससे अपना पहला चुंबन प्राप्त करते हुए देखा।

he saw himself looking proudly and disdainfully back on his life as a Brahman
उन्होंने खुद को एक ब्राहमण के रूप में अपने जीवन पर गर्व और तिरस्कारपूर्ण रूप से वापस देखा।
he saw himself beginning his worldly life, proudly and full of desire
उन्होंने खुद को अपने सांसारिक जीवन की शुरुआत करते हुए देखा, गर्व से और इच्छा से भरा।
He saw Kamaswami, the servants, the orgies
उन्होंने कामस्वामी, नौकरों, नंगा नाच को देखा।
he saw the gamblers with the dice
उसने जुआरियों को पासा मारते हुए देखा।
he saw Kamala's song-bird in the cage
उसने पिंजरे में कमला के गीत-पक्षी को देखा।
he lived through all this again
वह फिर से इस सब के माध्यम से जीया।
he breathed Sansara and was once again old and tired
उन्होंने संसारा में सांस ली और एक बार फिर बूढ़ा और थका हुआ था।
he felt the disgust and the wish to annihilate himself again
उसने घृणा और खुद को फिर से नष्ट करने की इच्छा महसूस की।
and he was healed again by the holy Om
और वह पवित्र ओम द्वारा फिर से ठीक हो गया
for a long time Siddhartha had stood by the gate
काफी देर तक सिद्धार्थ गेट के पास खड़े रहे।
he realised his desire was foolish
उसे एहसास हुआ कि उसकी इच्छा मूर्खतापूर्ण थी।
he realized it was foolishness which had made him go up to this place
उसे एहसास हुआ कि यह मूर्खता थी जिसने उसे इस स्थान तक जाने के लिए मजबूर किया था।
he realized he could not help his son
उसे एहसास हुआ कि वह अपने बेटे की मदद नहीं कर सकता।
and he realized that he was not allowed to cling to him

और उसे एहसास हुआ कि उसे उससे चिपकने की अनुमति नहीं थी।

he felt the love for the run-away deeply in his heart
भागदौड़ के प्रति प्रेम को उन्होंने अपने दिल में गहराई से महसूस किया।

the love for his son felt like a wound
अपने बेटे के लिए प्यार एक घाव की तरह महसूस हुआ।

but this wound had not been given to him in order to turn the knife in it
लेकिन यह घाव उसे चाकू घुमाने के लिए नहीं दिया गया था।

the wound had to become a blossom
घाव खिलना था।

and his wound had to shine
और उसके घाव को चमकना था।

That this wound did not blossom or shine yet made him sad
यह घाव अभी तक खिल या चमक नहीं था, जिससे वह दुखी हो गया।

Instead of the desired goal, there was emptiness
वांछित लक्ष्य के बजाय, खालीपन था।

emptiness had drawn him here, and sadly he sat down
खालीपन ने उसे यहां खींच लिया था, और दुख की बात है कि वह बैठ गया।

he felt something dying in his heart
उसने महसूस किया कि उसके दिल में कुछ मर रहा है।

he experienced emptiness and saw no joy any more
उसने खालीपन का अनुभव किया और अब कोई खुशी नहीं देखी।

there was no goal for which to aim for
ऐसा कोई लक्ष्य नहीं था जिसके लिए लक्ष्य रखा जाए।

He sat lost in thought and waited
वह सोच में खोया हुआ बैठा इंतजार करने लगा।

This he had learned by the river
यह उसने नदी के किनारे सीखा था।

waiting, having patience, listening attentively
प्रतीक्षा करना, धैर्य रखना, ध्यान से सुनना

And he sat and listened, in the dust of the road
और वह सड़क की धूल में बैठ गया और सुनता रहा।

he listened to his heart, beating tiredly and sadly

उसने अपने दिल की बात सुनी, थका हुआ और दुखी होकर धड़क रहा था।
and he waited for a voice
और वह एक आवाज की प्रतीक्षा कर रहा था।

Many an hour he crouched, listening
कई घंटे तक वह चुप रहा, सुनता रहा।

he saw no images any more
उसने अब कोई चित्र नहीं देखा।

he fell into emptiness and let himself fall
वह खालीपन में गिर गया और खुद को गिरने दिया।

he could see no path in front of him
उसे अपने सामने कोई रास्ता नहीं दिख रहा था।

And when he felt the wound burning, he silently spoke the Om
और जब उसे घाव जलता हुआ महसूस हुआ, तो उसने चुपचाप ओम बोला।

he filled himself with Om
उसने खुद को ओम से भर लिया

The monks in the garden saw him
बगीचे में भिक्षुओं ने उसे देखा।

dust was gathering on his gray hair
उसके भूरे बालों पर धूल जम रही थी।

since he crouched for many hours, one of monks placed two bananas in front of him
चूंकि वह कई घंटों तक झुका रहा, इसलिए भिक्षुओं में से एक ने उसके सामने दो केले रखे।

The old man did not see him
बूढ़े आदमी ने उसे नहीं देखा।

From this petrified state, he was awoken by a hand touching his shoulder
इस भयभीत अवस्था से, वह अपने कंधे को छूने वाले एक हाथ से जाग गया था।

Instantly, he recognised this tender bashful touch
तुरंत, उसने इस कोमल कोश स्पर्श को पहचान लिया।

Vasudeva had followed him and waited
वसुदेव ने उसका पीछा किया और प्रतीक्षा की।

he regained his senses and rose to greet Vasudeva
वह होश में आया और वासुदेव को बधाई देने के लिए उठ खड़ा हुआ।

he looked into Vasudeva's friendly face
उसने वसुदेव के दोस्ताना चेहरे को देखा।

he looked into the small wrinkles
उसने छोटी-छोटी झुर्रियों को देखा।

his wrinkles were as if they were filled with nothing but his smile
उसकी झुर्रियाँ ऐसी थीं जैसे वे उसकी मुस्कान के अलावा कुछ भी नहीं भरी थीं।

he looked into the happy eyes, and then he smiled too
उसने खुश आँखों में देखा, और फिर वह भी मुस्कुराया।

Now he saw the bananas lying in front of him
अब उसने देखा कि उसके सामने केले पड़े हुए हैं।

he picked the bananas up and gave one to the ferryman
उसने केले उठाए और फेरीवाले को दे दिए।

After eating the bananas, they silently went back into the forest
केले खाने के बाद, वे चुपचाप जंगल में वापस चले गए।

they returned home to the ferry
वे नौका से घर लौट आए।

Neither one talked about what had happened that day
किसी ने भी इस बारे में बात नहीं की कि उस दिन क्या हुआ था।

neither one mentioned the boy's name
किसी ने भी लड़के के नाम का उल्लेख नहीं किया।

neither one spoke about him running away
किसी ने भी उसके भागने के बारे में बात नहीं की।

neither one spoke about the wound
किसी ने भी घाव के बारे में बात नहीं की।

In the hut, Siddhartha lay down on his bed
झोपड़ी में, सिद्धार्थ अपने बिस्तर पर लेट गया।

after a while Vasudeva came to him
थोड़ी देर बाद वसुदेव उसके पास आए।
he offered him a bowl of coconut-milk
उसने उसे एक कटोरी नारियल-दूध दिया।
but he was already asleep
लेकिन वह पहले से ही सो रहा था।

Om
ओम

For a long time the wound continued to burn
काफी देर तक घाव जलता रहा।

Siddhartha had to ferry many travellers across the river
सिद्धार्थ को कई यात्रियों को नदी के पार ले जाना पड़ा।

many of the travellers were accompanied by a son or a daughter
कई यात्रियों के साथ एक बेटा या एक बेटी भी थी।

and he saw none of them without envying them
और उसने उनमें से किसी को भी ईर्ष्या किए बिना नहीं देखा।

he couldn't see them without thinking about his lost son
वह अपने खोए हुए बेटे के बारे में सोचे बिना उन्हें नहीं देख सकता था।

"So many thousands possess the sweetest of good fortunes"
"इतने सारे हजारों लोगों के पास सबसे अच्छा भाग्य है"

"why don't I also possess this good fortune?"
"मेरे पास भी यह सौभाग्य क्यों नहीं है?

"even thieves and robbers have children and love them"
"यहां तक कि चोरों और लुटेरों के बच्चे हैं और उन्हें प्यार करते हैं।

"and they are being loved by their children"
"और उन्हें अपने बच्चों द्वारा प्यार किया जा रहा है"

"all are loved by their children except for me"
"सभी को मेरे अलावा अपने बच्चों से प्यार है"

he now thought like the childlike people, without reason
वह अब बिना किसी कारण के बच्चों जैसे लोगों की तरह सोचने लगा।

he had become one of the childlike people
वह बच्चों जैसे लोगों में से एक बन गया था।

he looked upon people differently than before
वह लोगों को पहले की तुलना में अलग तरह से देखता था।

he was less smart and less proud of himself
वह कम स्मार्ट था और खुद पर कम गर्व करता था।

but instead, he was warmer and more curious

लेकिन इसके बजाय, वह गर्म और अधिक उत्सुक था।
when he ferried travellers, he was more involved than before
जब वह यात्रियों को ले जाता था, तो वह पहले की तुलना में अधिक शामिल था।
childlike people, businessmen, warriors, women
बच्चों जैसे लोग, व्यापारी, योद्धा, महिलाएं
these people did not seem alien to him, as they used to
ये लोग उसे विदेशी नहीं लगते थे, जैसा कि वे किया करते थे।
he understood them and shared their life
उन्होंने उन्हें समझा और उनके जीवन को साझा किया।
a life which was not guided by thoughts and insight
एक जीवन जो विचारों और अंतर्दृष्टि द्वारा निर्देशित नहीं था
but a life guided solely by urges and wishes
लेकिन एक जीवन पूरी तरह से आग्रह और इच्छाओं द्वारा निर्देशित
he felt like the the childlike people
वह बच्चों जैसे लोगों की तरह महसूस करता था।
he was bearing his final wound
वह अपने अंतिम घाव को सहन कर रहा था।
he was nearing perfection
वह पूर्णता के करीब था।
but the childlike people still seemed like his brothers
लेकिन बच्चे जैसे लोग अभी भी उसके भाइयों की तरह लग रहे थे।
their vanities, desires for possession were no longer ridiculous to him
उनकी वैनियां, कब्जे की इच्छाएं अब उसके लिए हास्यास्पद नहीं थीं।
they became understandable and lovable
वे समझने योग्य और प्यारे बन गए।
they even became worthy of veneration to him
वे उसके लिए पूजा के योग्य भी बन गए।
The blind love of a mother for her child
अपने बच्चे के लिए एक माँ का अंधा प्यार
the stupid, blind pride of a conceited father for his only son

अपने इकलौते बेटे के लिए एक अहंकारी पिता का बेवकूफ, अंधा गर्व
the blind, wild desire of a young, vain woman for jewellery
गहनों के लिए एक युवा, व्यर्थ महिला की अंधी, जंगली इच्छा
her wish for admiring glances from men
पुरुषों से प्रशंसात्मक नज़रों की उसकी इच्छा
all of these simple urges were not childish notions
ये सभी सरल आग्रह बचकानी धारणाएं नहीं थीं।
but they were immensely strong, living, and prevailing urges
लेकिन वे बेहद मजबूत, जीवित और प्रचलित आग्रह थे।
he saw people living for the sake of their urges
उसने लोगों को अपने आग्रह ोें के लिए जीते हुए देखा।
he saw people achieving rare things for their urges
उन्होंने लोगों को अपने आग्रह ोें के लिए दुर्लभ चीजें हासिल करते हुए देखा।
travelling, conducting wars, suffering
यात्रा करना, युद्ध ोें का संचालन करना, पीड़ा
they bore an infinite amount of suffering
उन्होंने अनंत मात्रा में पीड़ा सहन की।
and he could love them for it, because he saw life
और वह उन्हें इसके लिए प्यार कर सकता था, क्योंकि उसने जीवन देखा था।
that what is alive was in each of their passions
कि जो जीवित है वह उनके प्रत्येक जुनून में था।
that what is is indestructible was in their urges, the Brahman
कि जो अविनाशी है वह उनके आग्रहों में था, ब्रह्म
these people were worthy of love and admiration
ये लोग प्यार और प्रशंसा के योग्य थे।
they deserved it for their blind loyalty and blind strength
वे अपनी अंधी वफादारी और अंधी ताकत के लिए इसके हकदार थे।
there was nothing that they lacked
ऐसा कुछ भी नहीं था जिसकी उन्हें कमी थी।
Siddhartha had nothing which would put him above the

rest, except one thing
सिद्धार्थ के पास कुछ भी नहीं था जो उन्हें बाकी से ऊपर रखता था, सिवाय एक चीज के।

there still was a small thing he had which they didn't
उसके पास अभी भी एक छोटी सी चीज थी जो उनके पास नहीं थी।

he had the conscious thought of the oneness of all life
उनके पास सभी जीवन की एकता के बारे में सचेत विचार था।

but Siddhartha even doubted whether this knowledge should be valued so highly
लेकिन सिद्धार्थ ने यह भी संदेह किया कि क्या इस ज्ञान को इतना महत्व दिया जाना चाहिए।

it might also be a childish idea of the thinking people
यह सोचने वाले लोगों का एक बचकाना विचार भी हो सकता है।

the worldly people were of equal rank to the wise men
सांसारिक लोग बुद्धिमान लोगों के बराबर रैंक के थे।

animals too can in some moments seem to be superior to humans
जानवर भी कुछ क्षणों में मनुष्यों से बेहतर प्रतीत हो सकते हैं।

they are superior in their tough, unrelenting performance of what is necessary
वे अपने कठिन, अविश्वसनीय प्रदर्शन में बेहतर हैं जो आवश्यक है।

an idea slowly blossomed in Siddhartha
सिद्धार्थ में धीरे-धीरे एक विचार पनपा।

and the idea slowly ripened in him
और यह विचार धीरे-धीरे उसके अंदर परिपक्व हो गया।

he began to see what wisdom actually was
उसने देखना शुरू किया कि वास्तव में ज्ञान क्या था।

he saw what the goal of his long search was
उसने देखा कि उसकी लंबी खोज का लक्ष्य क्या था।

his search was nothing but a readiness of the soul
उनकी खोज आत्मा की तत्परता के अलावा कुछ भी नहीं थी।

a secret art to think every moment, while living his life
अपने जीवन को जीते हुए, हर पल सोचने की एक गुप्त कला

it was the thought of oneness
यह एकता का विचार था।

to be able to feel and inhale the oneness
एकता को महसूस करने और साँस लेने में सक्षम होना

Slowly this awareness blossomed in him
धीरे-धीरे यह जागरूकता उनमें पनपी।

it was shining back at him from Vasudeva's old, childlike face
यह वासुदेव के बूढ़े, बच्चे जैसे चेहरे से वापस चमक रहा था।

harmony and knowledge of the eternal perfection of the world
सद्भाव और दुनिया की शाश्वत पूर्णता का ज्ञान

smiling and to be part of the oneness
मुस्कुराना और एकता का हिस्सा बनना

But the wound still burned
लेकिन घाव अभी भी जल रहा है।

longingly and bitterly Siddhartha thought of his son
उत्सुकता और कड़वाहट से सिद्धार्थ ने अपने बेटे के बारे में सोचा।

he nurtured his love and tenderness in his heart
उन्होंने अपने दिल में अपने प्यार और कोमलता का पोषण किया।

he allowed the pain to gnaw at him
उसने दर्द को अपने ऊपर हावी होने दिया।

he committed all foolish acts of love
उसने प्रेम के सभी मूर्खतापूर्ण कार्य किए।

this flame would not go out by itself
यह ज्वाला अपने आप नहीं जाएगी।

one day the wound burned violently
एक दिन घाव हिंसक रूप से जल गया।

driven by a yearning, Siddhartha crossed the river
एक तड़प से प्रेरित होकर, सिद्धार्थ ने नदी पार कर ली

he got off the boat and was willing to go to the city
वह नाव से उतरा और शहर जाने के लिए तैयार था।

he wanted to look for his son again
वह अपने बेटे को फिर से खोजना चाहता था।

The river flowed softly and quietly
नदी धीरे-धीरे और चुपचाप बहती थी।

it was the dry season, but its voice sounded strange
यह शुष्क मौसम था, लेकिन इसकी आवाज अजीब लग रही थी।

it was clear to hear that the river laughed
यह सुनने के लिए स्पष्ट था कि नदी हँस रही थी।

it laughed brightly and clearly at the old ferryman
यह पुराने फेरीवाले पर उज्ज्वल और स्पष्ट रूप से हँसा।

he bent over the water, in order to hear even better
वह पानी के ऊपर झुक गया, ताकि वह और भी बेहतर सुन सके।

and he saw his face reflected in the quietly moving waters
और उसने देखा कि उसका चेहरा चुपचाप चलते पानी में परिलक्षित हो रहा है।

in this reflected face there was something
इस प्रतिबिंबित चेहरे में कुछ था।

something which reminded him, but he had forgotten
कुछ ऐसा जो उसे याद दिलाता था, लेकिन वह भूल गया था।

as he thought about it, he found it
जैसे ही उसने इसके बारे में सोचा, उसने इसे पाया।

this face resembled another face which he used to know and love
यह चेहरा एक और चेहरे जैसा दिखता था जिसे वह जानता था और प्यार करता था।

but he also used to fear this face
लेकिन वह इस चेहरे से भी डरता था।

It resembled his father's face, the Brahman
यह उनके पिता, ब्राह्मण के चेहरे से मिलता-जुलता था।

he remembered how he had forced his father to let him go
उसे याद आया कि कैसे उसने अपने पिता को उसे जाने देने के लिए मजबूर किया था।

he remembered how he had bid his farewell to him

उसे याद आया कि उसने उसे कैसे विदाई दी थी।

he remembered how he had gone and had never come back
उसे याद आया कि वह कैसे गया था और कभी वापस नहीं आया था।

Had his father not also suffered the same pain for him?
क्या उसके पिता ने भी उसके लिए वही दर्द नहीं सहा था?

was his father's pain not the pain Siddhartha is suffering now?
क्या उनके पिता का दर्द वह दर्द नहीं था जो सिद्धार्थ अब झेल रहे हैं?

Had his father not long since died?
क्या उसके पिता की मृत्यु हो गई थी?

had he died without having seen his son again?
क्या वह अपने बेटे को फिर से देखे बिना मर गया था?

Did he not have to expect the same fate for himself?
क्या उसे अपने लिए भी इसी तरह के भाग्य की उम्मीद नहीं करनी थी?

Was it not a comedy in a fateful circle?
क्या यह एक दुर्भाग्यपूर्ण सर्कल में एक कॉमेडी नहीं थी?

The river laughed about all of this
नदी इस सब के बारे में हंस रही थी।

everything came back which had not been suffered
सब कुछ वापस आ गया जो पीड़ित नहीं था।

everything came back which had not been solved
सब कुछ वापस आ गया जो हल नहीं हुआ था।

the same pain was suffered over and over again
एक ही दर्द बार-बार हो रहा था।

Siddhartha went back into the boat
सिद्धार्थ नाव में वापस चला गया।

and he returned back to the hut
और वह वापस झोपड़ी में लौट आया।

he was thinking of his father and of his son
वह अपने पिता और अपने बेटे के बारे में सोच रहा था।

he thought of having been laughed at by the river
उसने सोचा कि नदी के किनारे हँसा जा रहा है।

he was at odds with himself and tending towards despair

वह खुद के साथ मतभेद में था और निराशा की ओर बढ़ रहा था।
but he was also tempted to laugh
लेकिन वह भी हंसने के लिए लालायित था।
he could laugh at himself and the entire world
वह खुद पर और पूरी दुनिया पर हंस सकता था।
Alas, the wound was not blossoming yet
अफसोस, घाव अभी तक नहीं खिल रहा था।
his heart was still fighting his fate
उसका दिल अभी भी अपने भाग्य से लड़ रहा था।
cheerfulness and victory were not yet shining from his suffering
प्रसन्नता और विजय अभी तक उसकी पीड़ा से चमक नहीं रही थी।
Nevertheless, he felt hope along with the despair
फिर भी, उन्होंने निराशा के साथ-साथ आशा भी महसूस की।
once he returned to the hut he felt an undefeatable desire to open up to Vasudeva
एक बार जब वह झोपड़ी में लौट आया तो उसे वासुदेव के लिए खोलने की एक अपराजित इच्छा महसूस हुई।
he wanted to show him everything
वह उसे सब कुछ दिखाना चाहता था।
he wanted to say everything to the master of listening
वह सुनने के गुरु से सब कुछ कहना चाहता था।

Vasudeva was sitting in the hut, weaving a basket
वसुदेव झोपड़ी में बैठा टोकरी बुन रहा था।
He no longer used the ferry-boat
वह अब नौका-नाव का उपयोग नहीं करता था।
his eyes were starting to get weak
उसकी आँखें कमज़ोर होने लगी थीं।
his arms and hands were getting weak as well
उसके हाथ और हाथ भी कमजोर हो रहे थे।
only the joy and cheerful benevolence of his face was unchanging

केवल उनके चेहरे की खुशी और हंसमुख परोपकार अपरिवर्तनीय था।
Siddhartha sat down next to the old man
सिद्धार्थ बूढ़े आदमी के बगल में बैठ गया।

slowly, he started talking about what they had never spoke about
धीरे-धीरे, उन्होंने उस बारे में बात करना शुरू कर दिया जिसके बारे में उन्होंने कभी बात नहीं की थी।

he told him of his walk to the city
उसने उसे शहर की पैदल यात्रा के बारे में बताया।

he told at him of the burning wound
उसने उसे जलते हुए घाव के बारे में बताया।

he told him about the envy of seeing happy fathers
उन्होंने उसे खुश पिता को देखने की ईर्ष्या के बारे में बताया।

his knowledge of the foolishness of such wishes
ऐसी इच्छाओं की मूर्खता के बारे में उसका ज्ञान

his futile fight against his wishes
उसकी इच्छाओं के खिलाफ उसकी व्यर्थ लड़ाई

he was able to say everything, even the most embarrassing parts
वह सब कुछ कहने में सक्षम था, यहां तक कि सबसे शर्मनाक हिस्से भी।

he told him everything he could tell him
उसने उसे वह सब कुछ बताया जो वह उसे बता सकता था।

he showed him everything he could show him
उसने उसे वह सब कुछ दिखाया जो वह उसे दिखा सकता था।

He presented his wound to him
उसने अपना घाव उसके सामने प्रस्तुत किया।

he also told him how he had fled today
उसने यह भी बताया कि वह आज कैसे भाग गया था।

he told him how he ferried across the water
उसने उसे बताया कि वह पानी के पार कैसे पहुंचा।

a childish run-away, willing to walk to the city
एक बचकाना भाग, शहर में चलने के लिए तैयार

and he told him how the river had laughed

और उसने उसे बताया कि नदी कैसे हँसे थे।

he spoke for a long time
वह काफी देर तक बोलता रहा।

Vasudeva was listening with a quiet face
वसुदेव शांत चेहरे से सुन रहे थे।

Vasudeva's listening gave Siddhartha a stronger sensation than ever before
वसुदेव के सुनने से सिद्धार्थ को पहले से कहीं अधिक मजबूत अनुभूति हुई।

he sensed how his pain and fears flowed over to him
उसने महसूस किया कि उसका दर्द और भय उसके पास कैसे बह रहा था।

he sensed how his secret hope flowed over him
उसने महसूस किया कि कैसे उसकी गुप्त आशा उसके ऊपर बह रही थी।

To show his wound to this listener was the same as bathing it in the river
इस श्रोता को अपना घाव दिखाना नदी में स्नान करने के समान था।

the river would have cooled Siddhartha's wound
नदी ने सिद्धार्थ के घाव को ठंडा कर दिया होगा।

the quiet listening cooled Siddhartha's wound
चुपचाप सुनने से सिद्धार्थ का घाव ठंडा हो गया।

it cooled him until he become one with the river
इसने उसे तब तक ठंडा किया जब तक कि वह नदी के साथ एक नहीं हो गया।

While he was still speaking, still admitting and confessing
जबकि वह अभी भी बोल रहा था, अभी भी स्वीकार कर रहा था और कबूल कर रहा था

Siddhartha felt more and more that this was no longer Vasudeva
सिद्धार्थ को और अधिक लगने लगा कि यह अब वसुदेव नहीं है।

it was no longer a human being who was listening to him
अब वह कोई इंसान नहीं था जो उसे सुन रहा था।

this motionless listener was absorbing his confession into himself
यह गतिहीन श्रोता अपनी स्वीकारोक्ति को अपने आप में समाहित कर रहा

था।

this motionless listener was like a tree the rain
यह गतिहीन श्रोता बारिश के पेड़ की तरह था।

this motionless man was the river itself
यह गतिहीन व्यक्ति नदी ही था।

this motionless man was God himself
यह गतिहीन मनुष्य स्वयं परमेश्वर था।

the motionless man was the eternal itself
गतिहीन मनुष्य स्वयं शाश्वत था।

Siddhartha stopped thinking of himself and his wound
सिद्धार्थ ने खुद के बारे में और अपने घाव के बारे में सोचना बंद कर दिया।

this realisation of Vasudeva's changed character took possession of him
वसुदेव के बदले हुए चरित्र के इस एहसास ने उन्हें अपने कब्जे में ले लिया।

and the more he entered into it, the less wondrous it became
और जितना अधिक उसने इसमें प्रवेश किया, उतना ही कम चमत्कारिक हो गया।

the more he realised that everything was in order and natural
जितना अधिक उन्होंने महसूस किया कि सब कुछ व्यवस्थित और प्राकृतिक था।

he realised that Vasudeva had already been like this for a long time
उसने महसूस किया कि वासुदेव पहले से ही लंबे समय से ऐसा ही था।

he had just not quite recognised it yet
उन्होंने अभी तक इसे पूरी तरह से पहचाना नहीं था।

yes, he himself had almost reached the same state
हां, वह खुद लगभग उसी स्थिति में पहुंच गया था।

He felt, that he was now seeing old Vasudeva as the people see the gods
उसने महसूस किया, कि वह अब बूढ़े वासुदेव को देख रहा था क्योंकि लोग देवताओं को देखते हैं।

and he felt that this could not last

और उसने महसूस किया कि यह नहीं चल सकता
in his heart, he started bidding his farewell to Vasudeva
मन ही मन वह वसुदेव को विदाई देने लगा।
Throughout all this, he talked incessantly
इस सब के दौरान, वह लगातार बात करता रहा।
When he had finished talking, Vasudeva turned his friendly eyes at him
जब वह बात समाप्त कर चुका था, तो वासुदेव ने अपनी मैत्रीपूर्ण आँखें उसकी ओर घुमा दीं।
the eyes which had grown slightly weak
आँखें जो थोड़ी कमजोर हो गई थीं
he said nothing, but let his silent love and cheerfulness shine
उसने कुछ नहीं कहा, लेकिन अपने मौन प्रेम और प्रसन्नता को चमकने दो।
his understanding and knowledge shone from him
उसकी समझ और ज्ञान उससे चमक रहा था।
He took Siddhartha's hand and led him to the seat by the bank
उन्होंने सिद्धार्थ का हाथ पकड़ा और उन्हें बैंक की सीट पर ले गए।
he sat down with him and smiled at the river
वह उसके साथ बैठ गया और नदी पर मुस्कुराया।
"You've heard it laugh," he said
"आपने इसे हंसते हुए सुना है," उन्होंने कहा।
"But you haven't heard everything"
"लेकिन आपने सब कुछ नहीं सुना है"
"Let's listen, you'll hear more"
"चलो सुनते हैं, आप और अधिक सुनेंगे"
Softly sounded the river, singing in many voices
धीरे से नदी की आवाज़ सुनाई दी, कई आवाज़ों में गा रही थी।
Siddhartha looked into the water
सिद्धार्थ ने पानी में झांककर देखा।
images appeared to him in the moving water
चलती पानी में उसे छवियां दिखाई दीं।

his father appeared, lonely and mourning for his son
उनके पिता प्रकट हुए, अकेले और अपने बेटे के लिए शोक मना रहे थे।

he himself appeared in the moving water
वह खुद चलते-फिरते पानी में दिखाई दिया।

he was also being tied with the bondage of yearning to his distant son
वह अपने दूर के पुत्र को तड़प के बंधन में भी बांधा जा रहा था।

his son appeared, lonely as well
उसका बेटा भी अकेला दिखाई दिया।

the boy, greedily rushing along the burning course of his young wishes
लड़का, लालच से अपनी युवा इच्छाओं के जलते हुए रास्ते पर भाग रहा है

each one was heading for his goal
हर कोई अपने लक्ष्य की ओर बढ़ रहा था।

each one was obsessed by the goal
हर कोई लक्ष्य के प्रति जुनूनी था।

each one was suffering from the pursuit
हर कोई पीछा से पीड़ित था

The river sang with a voice of suffering
नदी ने पीड़ा की आवाज के साथ गाया

longingly it sang and flowed towards its goal
लालसा से यह गाया और अपने लक्ष्य की ओर प्रवाहित हुआ।

"Do you hear?" Vasudeva asked with a mute gaze
"क्या आप सुन रहे हैं? वसुदेव ने मूक दृष्टि से पूछा।

Siddhartha nodded in reply
सिद्धार्थ ने जवाब में सिर हिलाया।

"Listen better!" Vasudeva whispered
"बेहतर सुनो! वसुदेव फुसफुसाए।

Siddhartha made an effort to listen better
सिद्धार्थ ने बेहतर सुनने का प्रयास किया।

The image of his father appeared
उनके पिता की छवि दिखाई दी।

his own image merged with his father's

उनकी खुद की छवि उनके पिता के साथ विलय हो गई

the image of his son merged with his image

उनके बेटे की छवि उनकी छवि के साथ विलय हो गई।

Kamala's image also appeared and was dispersed

कमला की छवि भी दिखाई दी और तितर-बितर हो गई।

and the image of Govinda, and other images

और गोविंदा की छवि, और अन्य छवियां।

and all the imaged merged with each other

और सभी छवियाँ एक दूसरे के साथ विलय हो गईं।

all the imaged turned into the river

सारी छवि नदी में बदल गई।

being the river, they all headed for the goal

नदी होने के नाते, वे सभी लक्ष्य की ओर बढ़ रहे थे।

longing, desiring, suffering flowed together

लालसा, इच्छा, पीड़ा एक साथ बहती थी।

and the river's voice sounded full of yearning

और नदी की आवाज़ तड़प से भरी हुई लग रही थी।

the river's voice was full of burning woe

नदी की आवाज़ जलती हुई पीड़ा से भरी हुई थी।

the river's voice was full of unsatisfiable desire

नदी की आवाज अतृप्त इच्छा से भरी हुई थी।

For the goal, the river was heading

लक्ष्य के लिए, नदी आगे बढ़ रही थी।

Siddhartha saw the river hurrying towards its goal

सिद्धार्थ ने नदी को अपने लक्ष्य की ओर तेजी से बढ़ते देखा।

the river of him and his loved ones and of all people he had ever seen

उसकी और उसके प्रियजनों की नदी और उन सभी लोगों की नदी जिन्हें उसने कभी देखा था।

all of these waves and waters were hurrying

ये सभी लहरें और पानी जल्दी कर रहे थे।

they were all suffering towards many goals

वे सभी कई लक्ष्यों के लिए पीड़ित थे।

the waterfall, the lake, the rapids, the sea
झरना, झील, रैपिड्स, समुद्र
and all goals were reached
और सभी लक्ष्यों को प्राप्त किया गया था।
and every goal was followed by a new one
और हर लक्ष्य के बाद एक नया लक्ष्य था।
and the water turned into vapour and rose to the sky
और पानी वाष्प में बदल गया और आकाश में बढ़ गया।
the water turned into rain and poured down from the sky
पानी बारिश में बदल गया और आसमान से नीचे गिर गया।
the water turned into a source
पानी एक स्रोत में बदल गया
then the source turned into a stream
फिर स्रोत एक धारा में बदल गया।
the stream turned into a river
नदी में तब्दील हो गई जलधारा
and the river headed forwards again
और नदी फिर से आगे बढ़ गई।
But the longing voice had changed
लेकिन लालसा की आवाज बदल गई थी।
It still resounded, full of suffering, searching
यह अभी भी गूंज रहा था, पीड़ा से भरा था, खोज रहा था।
but other voices joined the river
लेकिन अन्य आवाजें नदी में शामिल हो गईं।
there were voices of joy and of suffering
खुशी और पीड़ा की आवाजें थीं।
good and bad voices, laughing and sad ones
अच्छी और बुरी आवाज़ें, हँसना और दुखी
a hundred voices, a thousand voices
सौ आवाजें, एक हजार आवाजें।
Siddhartha listened to all these voices
सिद्धार्थ ने इन सभी आवाजों को सुना।
He was now nothing but a listener

वह अब एक श्रोता के अलावा कुछ भी नहीं था।
he was completely concentrated on listening
वह पूरी तरह से सुनने पर ध्यान केंद्रित कर रहा था।
he was completely empty now
वह अब पूरी तरह से खाली था।
he felt that he had now finished learning to listen
उसे लगा कि उसने अब सुनना सीख लिया है।
Often before, he had heard all this
अक्सर पहले भी उसने यह सब सुना था।
he had heard these many voices in the river
उसने नदी में इतनी आवाजें सुनी थीं।
today the voices in the river sounded new
आज नदी में आवाजें नई सुनाई दे रही थीं।
Already, he could no longer tell the many voices apart
पहले से ही, वह अब कई आवाजों को अलग नहीं बता सकता था।
there was no difference between the happy voices and the weeping ones
खुश आवाज़ों और रोने वालों के बीच कोई अंतर नहीं था।
the voices of children and the voices of men were one
बच्चों की आवाज़ और पुरुषों की आवाज़ एक थी।
all these voices belonged together
ये सभी आवाजें एक साथ थीं।
the lamentation of yearning and the laughter of the knowledgeable one
तड़प का विलाप और ज्ञानी की हँसी
the scream of rage and the moaning of the dying ones
क्रोध की चीख और मरने वालों का कराहना
everything was one and everything was intertwined
सब कुछ एक था और सब कुछ आपस में जुड़ा हुआ था।
everything was connected and entangled a thousand times
सब कुछ एक हजार बार जुड़ा और उलझा हुआ था।
everything together, all voices, all goals
सब कुछ एक साथ, सभी आवाजें, सभी लक्ष्य

all yearning, all suffering, all pleasure
सभी तड़प, सभी पीड़ा, सभी आनंद
all that was good and evil
यह सब अच्छा और बुरा था
all of this together was the world
यह सब एक साथ दुनिया थी।
All of it together was the flow of events
यह सब एक साथ घटनाओं का प्रवाह था।
all of it was the music of life
यह सब जीवन का संगीत था।
when Siddhartha was listening attentively to this river
जब सिद्धार्थ ध्यान से इस नदी को सुन रहे थे
the song of a thousand voices
एक हजार आवाजों का गीत
when he neither listened to the suffering nor the laughter
जब उसने न तो पीड़ा सुनी और न ही हँसी
when he did not tie his soul to any particular voice
जब उन्होंने अपनी आत्मा को किसी विशेष आवाज से नहीं बांधा
when he submerged his self into the river
जब उसने खुद को नदी में डुबो दिया
but when he heard them all he perceived the whole, the oneness
लेकिन जब उसने उन सभी को सुना तो उसने संपूर्ण, एकता को महसूस किया।
then the great song of the thousand voices consisted of a single word
तब हजार आवाजों के महान गीत में एक ही शब्द शामिल था।
this word was Om; the perfection
यह शब्द था ॐ; पूर्णता

"Do you hear" Vasudeva's gaze asked again
"क्या तुम सुन रहे हो," वासुदेव की दृष्टि ने फिर से पूछा।
Brightly, Vasudeva's smile was shining

उज्ज्वल रूप से, वसुदेव की मुस्कान चमक रही थी।

it was floating radiantly over all the wrinkles of his old face
यह उसके पुराने चेहरे की सभी झुर्रियों पर चमक से तैर रहा था।

the same way the Om was floating in the air over all the voices of the river
उसी तरह नदी की सभी आवाजों पर ओम हवा में तैर रहा था।

Brightly his smile was shining, when he looked at his friend
उज्ज्वल रूप से उसकी मुस्कान चमक रही थी, जब उसने अपने दोस्त को देखा।

and brightly the same smile was now starting to shine on Siddhartha's face
और वही मुस्कान अब सिद्धार्थ के चेहरे पर चमकने लगी थी।

His wound had blossomed and his suffering was shining
उसका घाव खिल गया था और उसकी पीड़ा चमक रही थी।

his self had flown into the oneness
उसका आत्म एकता में उड़ गया था।

In this hour, Siddhartha stopped fighting his fate
इस घड़ी में, सिद्धार्थ ने अपने भाग्य से लड़ना बंद कर दिया।

at the same time he stopped suffering
साथ ही उसने कष्ट उठाना बंद कर दिया।

On his face flourished the cheerfulness of a knowledge
उसके चेहरे पर एक ज्ञान की प्रसन्नता पनप रही थी।

a knowledge which was no longer opposed by any will
एक ज्ञान जो अब किसी भी इच्छा से विरोध नहीं किया गया था

a knowledge which knows perfection
एक ज्ञान जो पूर्णता को जानता है

a knowledge which is in agreement with the flow of events
एक ज्ञान जो घटनाओं के प्रवाह के साथ सहमति में है

a knowledge which is with the current of life
एक ज्ञान जो जीवन की वर्तमान के साथ है

full of sympathy for the pain of others
दूसरों के दर्द के लिए सहानुभूति से भरा

full of sympathy for the pleasure of others

दूसरों की खुशी के लिए सहानुभूति से भरा
devoted to the flow, belonging to the oneness
प्रवाह के लिए समर्पित, एकता से संबंधित
Vasudeva rose from the seat by the bank
वासुदेव बैंक द्वारा सीट से उठे।
he looked into Siddhartha's eyes
उसने सिद्धार्थ की आँखों में देखा।
and he saw the cheerfulness of the knowledge shining in his eyes
और उसने अपनी आँखों में चमकते हुए ज्ञान की प्रसन्नता को देखा।
he softly touched his shoulder with his hand
उसने धीरे से अपने हाथ से उसके कंधे को छुआ।
"I've been waiting for this hour, my dear"
"मैं इस घंटे का इंतजार कर रहा था, मेरे प्रिय।
"Now that it has come, let me leave"
"अब जब यह आ गया है, तो मुझे जाने दो"
"For a long time, I've been waiting for this hour"
"लंबे समय से, मैं इस घंटे का इंतजार कर रहा था।
"for a long time, I've been Vasudeva the ferryman"
"लंबे समय से, मैं वासुदेव फेरीवाला रहा हूं"
"Now it's enough. Farewell"
"अब बहुत हो गया। अलविदा"
"farewell river, farewell Siddhartha!"
"विदाई नदी, अलविदा सिद्धार्थ!"
Siddhartha made a deep bow before him who bid his farewell
सिद्धार्थ ने उनके सामने एक गहरा धनुष बनाया जिन्होंने उन्हें विदाई दी।
"I've known it," he said quietly
"मुझे पता है," उसने चुपचाप कहा।
"You'll go into the forests?"
"तुम जंगलों में जाओगे?
"I'm going into the forests"
"मैं जंगलों में जा रहा हूँ"

"I'm going into the oneness" spoke Vasudeva with a bright smile
"मैं एकता में जा रहा हूँ," वासुदेव ने एक उज्ज्वल मुस्कान के साथ कहा।

With a bright smile, he left
एक उज्ज्वल मुस्कान के साथ, वह चला गया।

Siddhartha watched him leaving
सिद्धार्थ ने उसे जाते हुए देखा।

With deep joy, with deep solemnity he watched him leave
गहरी खुशी के साथ, गहरी गंभीरता के साथ उसने उसे जाते हुए देखा।

he saw his steps were full of peace
उसने देखा कि उसके कदम शांति से भरे हुए थे।

he saw his head was full of lustre
उसने देखा कि उसका सिर चमक से भरा हुआ था।

he saw his body was full of light
उसने देखा कि उसका शरीर प्रकाश से भरा हुआ था।

Govinda
गोविंदा

Govinda had been with the monks for a long time
गोविंदा लंबे समय से भिक्षुओं के साथ थे।

when not on pilgrimages, he spent his time in the pleasure-garden
जब तीर्थयात्रा पर नहीं थे, तो उन्होंने आनंद-उद्यान में अपना समय बिताया।

the garden which the courtesan Kamala had given the followers of Gotama
वह बगीचा जो दरबारी कमला ने गोटामा के अनुयायियों को दिया था

he heard talk of an old ferryman, who lived a day's journey away
उसने एक बूढ़े फेरीवाले के बारे में बात सुनी, जो एक दिन की यात्रा दूर रहता था।

he heard many regarded him as a wise man
उन्होंने सुना है कि कई लोग उन्हें एक बुद्धिमान व्यक्ति के रूप में मानते थे।

When Govinda went back, he chose the path to the ferry
जब गोविंदा वापस गए, तो उन्होंने फेरी का रास्ता चुना।

he was eager to see the ferryman
वह फेरीवाले को देखने के लिए उत्सुक था।

he had lived his entire life by the rules
उन्होंने अपना पूरा जीवन नियमों के अनुसार जिया था।

he was looked upon with veneration by the younger monks
उन्हें युवा भिक्षुओं द्वारा पूजा के साथ देखा जाता था।

they respected his age and modesty
वे उसकी उम्र और विनम्रता का सम्मान करते थे।

but his restlessness had not perished from his heart
लेकिन उसकी बेचैनी उसके दिल से खत्म नहीं हुई थी।

he was searching for what he had not found
वह उस चीज की तलाश कर रहा था जो उसे नहीं मिली थी।

He came to the river and asked the old man to ferry him over

वह नदी के पास आया और बूढ़े आदमी से उसे ले जाने के लिए कहा।
when they got off the boat on the other side, he spoke with the old man
जब वे दूसरी तरफ नाव से उतरे, तो उसने बूढ़े आदमी से बात की।

"You're very good to us monks and pilgrims"
"आप हम भिक्षुओं और तीर्थयात्रियों के लिए बहुत अच्छे हैं"
"you have ferried many of us across the river"
"आपने हम में से कई लोगों को नदी के पार पहुंचाया है"
"Aren't you too, ferryman, a searcher for the right path?"
"क्या आप भी, फेरीमैन, सही रास्ते की खोज करने वाले नहीं हैं?
smiling from his old eyes, Siddhartha spoke
अपनी बूढ़ी आंखों से मुस्कुराते हुए, सिद्धार्थ बोले।
"oh venerable one, do you call yourself a searcher?"
"ओह आदरणीय, क्या आप खुद को खोजकर्ता कहते हैं?
"are you still a searcher, although already well in years?"
"क्या आप अभी भी एक खोजकर्ता हैं, हालांकि पहले से ही वर्षों में अच्छी तरह से?
"do you search while wearing the robe of Gotama's monks?"
"क्या आप गोटामा के भिक्षुओं के वस्त्र पहनते समय खोज करते हैं?
"It's true, I'm old," spoke Govinda
गोविंदा बोले, "यह सच है, मैं बूढ़ा हो गया हूं।
"but I haven't stopped searching"
"लेकिन मैंने खोजना बंद नहीं किया है"
"I will never stop searching"
"मैं खोजना कभी बंद नहीं करूँगा"
"this seems to be my destiny"
"यह मेरा भाग्य लगता है"
"You too, so it seems to me, have been searching"
"आप भी, इसलिए मुझे लगता है, खोज रहे हैं"
"Would you like to tell me something, oh honourable one?"
"क्या आप मुझे कुछ बताना चाहेंगे, ओह सम्माननीय?
"What might I have that I could tell you, oh venerable one?"

"मेरे पास क्या हो सकता है जो मैं आपको बता सकता हूं, ओह आदरणीय?

"Perhaps I could tell you that you're searching far too much?"

"शायद मैं आपको बता सकता हूं कि आप बहुत अधिक खोज रहे हैं?

"Could I tell you that you don't make time for finding?"

"क्या मैं आपको बता सकता हूं कि आप खोजने के लिए समय नहीं बनाते हैं?

"How come?" asked Govinda

गोविंदा ने पूछा, "कैसे?"

"When someone is searching they might only see what they search for"

"जब कोई खोज रहा होता है तो वे केवल वही देख सकते हैं जो वे खोजते हैं।

"he might not be able to let anything else enter his mind"

"वह अपने दिमाग में कुछ और प्रवेश करने में सक्षम नहीं हो सकता है"

"he doesn't see what he is not searching for"

"वह नहीं देखता कि वह क्या खोज नहीं रहा है"

"because he always thinks of nothing but the object of his search"

"क्योंकि वह हमेशा अपनी खोज की वस्तु के अलावा कुछ भी नहीं सोचता है।

"he has a goal, which he is obsessed with"

"उसका एक लक्ष्य है, जिसके प्रति वह जुनूनी है"

"Searching means having a goal"

"खोज का मतलब एक लक्ष्य होना है"

"But finding means being free, open, and having no goal"

"लेकिन खोजने का मतलब है स्वतंत्र, खुला होना, और कोई लक्ष्य नहीं होना।

"You, oh venerable one, are perhaps indeed a searcher"

"आप, ओह आदरणीय, शायद वास्तव में एक खोजकर्ता हैं।

"because, when striving for your goal, there are many things you don't see"

क्योंकि, अपने लक्ष्य के लिए प्रयास करते समय, ऐसी कई चीजें हैं जो आप नहीं देखते हैं।

"you might not see things which are directly in front of your eyes"

"आप उन चीजों को नहीं देख सकते हैं जो सीधे आपकी आंखों के सामने हैं।

"I don't quite understand yet," said Govinda, "what do you mean by this?"

गोविंदा ने कहा, "मुझे अभी तक समझ में नहीं आया है, इससे आपका क्या मतलब है?

"oh venerable one, you've been at this river before, a long time ago"

"ओह आदरणीय, आप पहले भी इस नदी पर रहे हैं, बहुत समय पहले"

"and you have found a sleeping man by the river"

"और तुम्हें नदी के किनारे एक सोया हुआ आदमी मिल गया है"

"you have sat down with him to guard his sleep"

"आप उसकी नींद की रक्षा करने के लिए उसके साथ बैठ गए हैं"

"but, oh Govinda, you did not recognise the sleeping man"

"लेकिन, ओह गोविंदा, तुमने सोते हुए आदमी को नहीं पहचाना"

Govinda was astonished, as if he had been the object of a magic spell

गोविंदा आश्चर्यचकित थे, जैसे कि वह एक जादू जादू की वस्तु थे।

the monk looked into the ferryman's eyes

साधु ने फेरीवाले की आँखों में देखा।

"Are you Siddhartha?" he asked with a timid voice

"क्या तुम सिद्धार्थ हो?" उसने डरपोक आवाज़ से पूछा।

"I wouldn't have recognised you this time either!"

"इस बार भी मैं तुम्हें पहचान नहीं पाता!

"from my heart, I'm greeting you, Siddhartha"

"अपने दिल से, मैं आपको नमस्कार कर रहा हूं, सिद्धार्थ"

"from my heart, I'm happy to see you once again!"

"मेरे दिल से, मैं आपको एक बार फिर से देखकर खुश हूं!

"You've changed a lot, my friend"

"आप बहुत बदल गए हैं, मेरे दोस्त।

"and you've now become a ferryman?"

"और अब तुम एक फेरीवाला बन गए हो?

In a friendly manner, Siddhartha laughed
दोस्ताना अंदाज में सिद्धार्थ हंस पड़े।

"yes, I am a ferryman"
"हाँ, मैं एक फेरीवाला हूँ"

"Many people, Govinda, have to change a lot"
"कई लोगों, गोविंदा, को बहुत कुछ बदलना है"

"they have to wear many robes"
"उन्हें कई कपड़े पहनने पड़ते हैं"

"I am one of those who had to change a lot"
"मैं उन लोगों में से एक हूं जिन्हें बहुत कुछ बदलना पड़ा"

"Be welcome, Govinda, and spend the night in my hut"
"आपका स्वागत है, गोविंदा, और मेरी झोपड़ी में रात बिताओ"

Govinda stayed the night in the hut
गोविंदा झोपड़ी में रात गुजारते थे।

he slept on the bed which used to be Vasudeva's bed
वह बिस्तर पर सो गया जो वासुदेव का बिस्तर हुआ करता था।

he posed many questions to the friend of his youth
उसने अपनी युवावस्था के मित्र से कई प्रश्न पूछे।

Siddhartha had to tell him many things from his life
सिद्धार्थ को उन्हें अपने जीवन की कई बातें बतानी थीं।

then the next morning came
फिर अगली सुबह आई।

the time had come to start the day's journey
दिन की यात्रा शुरू करने का समय आ गया था।

without hesitation, Govinda asked one more question
बिना किसी हिचकिचाहट के, गोविंदा ने एक और सवाल पूछा

"Before I continue on my path, Siddhartha, permit me to ask one more question"
"इससे पहले कि मैं अपने रास्ते पर आगे बढ़ूं, सिद्धार्थ, मुझे एक और सवाल पूछने की अनुमति दें"

"Do you have a teaching that guides you?"
"क्या आपके पास एक शिक्षा है जो आपको मार्गदर्शन करती है?

"Do you have a faith or a knowledge you follow"
"क्या आपके पास एक विश्वास या ज्ञान है जिसका आप अनुसरण करते हैं"
"is there a knowledge which helps you to live and do right?"
क्या कोई ज्ञान है जो आपको जीने और सही करने में मदद करता है?
"You know well, my dear, I have always been distrustful of teachers"
"आप अच्छी तरह से जानते हैं, मेरे प्रिय, मुझे हमेशा शिक्षकों पर अविश्वास रहा है।
"as a young man I already started to doubt teachers"
"एक युवा व्यक्ति के रूप में मैंने पहले से ही शिक्षकों पर संदेह करना शुरू कर दिया था"
"when we lived with the penitents in the forest, I distrusted their teachings"
"जब हम जंगल में पेनीटेंट के साथ रहते थे, तो मुझे उनकी शिक्षाओं पर अविश्वास था।
"and I turned my back to them"
"और मैंने अपनी पीठ उनकी ओर मोड़ दी"
"I have remained distrustful of teachers"
"मुझे शिक्षकों पर अविश्वास बना हुआ है"
"Nevertheless, I have had many teachers since then"
"फिर भी, मेरे पास तब से कई शिक्षक हैं"
"A beautiful courtesan has been my teacher for a long time"
"एक सुंदर दरबारी लंबे समय से मेरी शिक्षक रही है।
"a rich merchant was my teacher"
"एक अमीर व्यापारी मेरा शिक्षक था"
"and some gamblers with dice taught me"
"और पासे के साथ कुछ जुआरी ने मुझे सिखाया"
"Once, even a follower of Buddha has been my teacher"
"एक बार, बुद्ध का एक अनुयायी भी मेरा शिक्षक रहा है।
"he was travelling on foot, pilgering"
"वह पैदल यात्रा कर रहा था, चोरी कर रहा था"
"and he sat with me when I had fallen asleep in the forest"
"और जब मैं जंगल में सो गया था तो वह मेरे साथ बैठ गया।

"I've also learned from him, for which I'm very grateful"
"मैंने भी उनसे सीखा है, जिसके लिए मैं बहुत आभारी हूं।
"But most of all, I have learned from this river"
"लेकिन सबसे ज्यादा, मैंने इस नदी से सीखा है।
"and I have learned most from my predecessor, the ferryman Vasudeva"
"और मैंने अपने पूर्ववर्ती, फेरीवाले वासुदेव से सबसे अधिक सीखा है"
"He was a very simple person, Vasudeva, he was no thinker"
"वह बहुत सरल व्यक्ति थे, वासुदेव, वह कोई विचारक नहीं थे"
"but he knew what is necessary just as well as Gotama"
"लेकिन वह जानता था कि गोटामा के साथ-साथ क्या आवश्यक है।
"he was a perfect man, a saint"
"वह एक आदर्श व्यक्ति, एक संत था"
"Siddhartha still loves to mock people, it seems to me"
"सिद्धार्थ अभी भी लोगों का मजाक उड़ाना पसंद करते हैं, यह मुझे लगता है"
"I believe in you and I know that you haven't followed a teacher"
"मैं आप पर विश्वास करता हूं और मुझे पता है कि आपने एक शिक्षक का अनुसरण नहीं किया है।
"But haven't you found something by yourself?"
"लेकिन क्या तुमने अपने आप से कुछ नहीं पाया?
"though you've found no teachings, you still found certain thoughts"
"यद्यपि आपको कोई शिक्षा नहीं मिली है, फिर भी आपको कुछ विचार मिले हैं।
"certain insights, which are your own"
"कुछ अंतर्दृष्टि, जो आपकी अपनी हैं"
"insights which help you to live"
"अंतर्दृष्टि जो आपको जीने में मदद करती है"
"Haven't you found something like this?"
"क्या आपको ऐसा कुछ नहीं मिला?
"If you would like to tell me, you would delight my heart"
"यदि आप मुझे बताना चाहते हैं, तो आप मेरे दिल को प्रसन्न करेंगे।

"you are right, I have had thoughts and gained many insights"
"आप सही हैं, मेरे पास विचार हैं और कई अंतर्दृष्टि प्राप्त की हैं।

"Sometimes I have felt knowledge in me for an hour"
"कभी-कभी मैंने एक घंटे के लिए अपने अंदर ज्ञान महसूस किया है।

"at other times I have felt knowledge in me for an entire day"
"अन्य समय में मैंने पूरे दिन के लिए अपने अंदर ज्ञान महसूस किया है।

"the same knowledge one feels when one feels life in one's heart"
"वही ज्ञान जो कोई महसूस करता है जब कोई अपने दिल में जीवन महसूस करता है।

"There have been many thoughts"
"कई विचार आए हैं"

"but it would be hard for me to convey these thoughts to you"
"लेकिन मेरे लिए इन विचारों को आप तक पहुंचाना मुश्किल होगा"

"my dear Govinda, this is one of my thoughts which I have found"
"मेरे प्यारे गोविंदा, यह मेरे विचारों में से एक है जो मैंने पाया है"

"wisdom cannot be passed on"
"ज्ञान को पारित नहीं किया जा सकता है"

"Wisdom which a wise man tries to pass on always sounds like foolishness"
"ज्ञान जो एक बुद्धिमान व्यक्ति देने की कोशिश करता है वह हमेशा मूर्खता की तरह लगता है।

"Are you kidding?" asked Govinda
गोविंदा ने पूछा, "क्या आप मजाक कर रहे हैं?"

"I'm not kidding, I'm telling you what I have found"
"मैं मजाक नहीं कर रहा हूं, मैं आपको बता रहा हूं कि मैंने क्या पाया है।

"Knowledge can be conveyed, but wisdom can't"
"ज्ञान व्यक्त किया जा सकता है, लेकिन ज्ञान नहीं किया जा सकता है।

"wisdom can be found, it can be lived"

"ज्ञान पाया जा सकता है, इसे जिया जा सकता है"
"it is possible to be carried by wisdom"
"ज्ञान द्वारा ले जाया जाना संभव है"
"miracles can be performed with wisdom"
"चमत्कार ज्ञान के साथ किया जा सकता है"
"but wisdom cannot be expressed in words or taught"
"लेकिन ज्ञान को शब्दों में व्यक्त नहीं किया जा सकता है या सिखाया नहीं जा सकता है।
"This was what I sometimes suspected, even as a young man"
"यह वही था जो मुझे कभी-कभी संदेह था, यहां तक कि एक युवा व्यक्ति के रूप में भी।
"this is what has driven me away from the teachers"
"यही वह है जिसने मुझे शिक्षकों से दूर कर दिया है"
"I have found a thought which you'll regard as foolishness"
"मुझे एक विचार मिला है जिसे आप मूर्खता के रूप में मानेंगे।
"but this thought has been my best"
"लेकिन यह विचार मेरा सबसे अच्छा रहा है"
"The opposite of every truth is just as true!"
"हर सच्चाई के विपरीत उतना ही सच है!"
"any truth can only be expressed when it is one-sided"
"कोई भी सत्य केवल तभी व्यक्त किया जा सकता है जब वह एकतरफा हो।
"only one sided things can be put into words"
"केवल एक तरफा चीजों को शब्दों में रखा जा सकता है"
"Everything which can be thought is one-sided"
"जो कुछ भी सोचा जा सकता है वह एकतरफा है"
"it's all one-sided, so it's just one half"
"यह सब एकतरफा है, इसलिए यह सिर्फ आधा है"
"it all lacks completeness, roundness, and oneness"
"यह सब पूर्णता, गोलाई और एकता का अभाव है"
"the exalted Gotama spoke in his teachings of the world"
"महान गोतम ने दुनिया की अपनी शिक्षाओं में बात की"
"but he had to divide the world into Sansara and Nirvana"

"लेकिन उसे संसार को संसार और निर्वाण में विभाजित करना पड़ा"
"he had divided the world into deception and truth"
"उसने दुनिया को धोखे और सच्चाई में विभाजित कर दिया था"
"he had divided the world into suffering and salvation"
"उसने दुनिया को पीड़ा और मोक्ष में विभाजित किया था"
"the world cannot be explained any other way"
"दुनिया को किसी अन्य तरीके से समझाया नहीं जा सकता है"
"there is no other way to explain it, for those who want to teach"
"इसे समझाने का कोई अन्य तरीका नहीं है, उन लोगों के लिए जो सिखाना चाहते हैं।
"But the world itself is never one-sided"
"लेकिन दुनिया कभी भी एकतरफा नहीं होती है।
"the world exists around us and inside of us"
"दुनिया हमारे चारों ओर और हमारे अंदर मौजूद है।
"A person or an act is never entirely Sansara or entirely Nirvana"
"एक व्यक्ति या कार्य कभी भी पूरी तरह से संसार या पूरी तरह से निर्वाण नहीं होता है।
"a person is never entirely holy or entirely sinful"
"एक व्यक्ति कभी भी पूरी तरह से पवित्र या पूरी तरह से पापी नहीं होता है।
"It seems like the world can be divided into these opposites"
"ऐसा लगता है कि दुनिया को इन विपरीत ोंं में विभाजित किया जा सकता है।
"but that's because we are subject to deception"
"लेकिन ऐसा इसलिए है क्योंकि हम धोखे के अधीन हैं"
"it's as if the deception was something real"
"ऐसा लगता है जैसे धोखा कुछ वास्तविक था"
"Time is not real, Govinda"
"समय असली नहीं है, गोविंदा"
"I have experienced this often and often again"
"मैंने इसे अक्सर और अक्सर फिर से अनुभव किया है।
"when time is not real, the gap between the world and the

eternity is also a deception"
"जब समय वास्तविक नहीं होता है, तो दुनिया और अनंत काल के बीच की खाई भी एक धोखा है।

"the gap between suffering and blissfulness is not real"
"दुख और आनंद के बीच की खाई वास्तविक नहीं है"

"there is no gap between evil and good"
"बुराई और अच्छाई के बीच कोई अंतर नहीं है"

"all of these gaps are deceptions"
"ये सभी अंतराल धोखा हैं"

"but these gaps appear to us nonetheless"
"लेकिन ये अंतराल हमें अभी भी दिखाई देते हैं"

"How come?" asked Govinda timidly
गोविंदा ने डरते हुए पूछा, "कैसे?"

"Listen well, my dear," answered Siddhartha
"अच्छी तरह सुनो, मेरे प्रिय," सिद्धार्थ ने जवाब दिया।

"The sinner, which I am and which you are, is a sinner"
"पापी, जो मैं हूँ और जो तुम हो, पापी है।

"but in times to come the sinner will be Brahma again"
"लेकिन आने वाले समय में पापी फिर से ब्रह्म होगा।

"he will reach the Nirvana and be Buddha"
"वह निर्वाण तक पहुंचेगा और बुद्ध होगा"

"the times to come are a deception"
"आने वाला समय एक धोखा है"

"the times to come are only a parable!"
"आने वाला समय केवल एक दृष्टान्त है!

"The sinner is not on his way to become a Buddha"
"पापी बुद्ध बनने के अपने रास्ते पर नहीं है"

"he is not in the process of developing"
"वह विकास की प्रक्रिया में नहीं है"

"our capacity for thinking does not know how else to picture these things"
"सोचने की हमारी क्षमता नहीं जानती कि इन चीजों को और कैसे चित्रित किया जाए।

"No, within the sinner there already is the future Buddha"
"नहीं, पापी के भीतर पहले से ही भविष्य के बुद्ध हैं।"
"his future is already all there"
"उसका भविष्य पहले से ही वहाँ है"
"you have to worship the Buddha in the sinner"
"आपको पापी में बुद्ध की पूजा करनी है"
"you have to worship the Buddha hidden in everyone"
"आपको हर किसी में छिपे बुद्ध की पूजा करनी है"
"the hidden Buddha which is coming into being the possible"
"छिपा हुआ बुद्ध जो अस्तित्व में आ रहा है वह संभव है"
"The world, my friend Govinda, is not imperfect"
"दुनिया, मेरे दोस्त गोविंदा, अपूर्ण नहीं है"
"the world is on no slow path towards perfection"
"दुनिया पूर्णता की ओर धीमी राह पर नहीं है"
"no, the world is perfect in every moment"
"नहीं, दुनिया हर पल में परिपूर्ण है।"
"all sin already carries the divine forgiveness in itself"
"सभी पाप पहले से ही अपने आप में दिव्य क्षमा धारण करते हैं"
"all small children already have the old person in themselves"
"सभी छोटे बच्चों के पास पहले से ही अपने आप में बूढ़ा व्यक्ति है"
"all infants already have death in them"
"सभी शिशुओं में पहले से ही मृत्यु है"
"all dying people have the eternal life"
"सभी मरने वाले लोगों के पास अनन्त जीवन है।"
"we can't see how far another one has already progressed on his path"
"हम यह नहीं देख सकते कि एक और पहले से ही अपने रास्ते पर कितना आगे बढ़ चुका है।"
"in the robber and dice-gambler, the Buddha is waiting"
"डाकू और पासा-जुआरी में, बुद्ध इंतजार कर रहे हैं"
"in the Brahman, the robber is waiting"

"ब्रह्म में, डाकू प्रतीक्षा कर रहा है"

"in deep meditation, there is the possibility to put time out of existence"

"गहन ध्यान में, अस्तित्व से समय निकालने की संभावना है"

"there is the possibility to see all life simultaneously"

"सभी जीवन को एक साथ देखने की संभावना है"

"it is possible to see all life which was, is, and will be"

"सभी जीवन को देखना संभव है जो था, है, और होगा।

"and there everything is good, perfect, and Brahman"

"और वहाँ सब कुछ अच्छा, परिपूर्ण और ब्रह्म है।

"Therefore, I see whatever exists as good"

"इसलिए, मैं जो कुछ भी मौजूद है उसे अच्छे के रूप में देखता हूं।

"death is to me like life"

"मृत्यु मेरे लिए जीवन की तरह है"

"to me sin is like holiness"

"मेरे लिए पाप पवित्रता की तरह है"

"wisdom can be like foolishness"

"ज्ञान मूर्खता की तरह हो सकता है"

"everything has to be as it is"

"सब कुछ वैसा ही होना चाहिए जैसा वह है"

"everything only requires my consent and willingness"

"सब कुछ केवल मेरी सहमति और इच्छा की आवश्यकता है"

"all that my view requires is my loving agreement to be good for me"

"मेरे विचार के लिए जो कुछ भी आवश्यक है वह मेरे लिए अच्छा होने के लिए मेरा प्रेमपूर्ण समझौता है।

"my view has to do nothing but work for my benefit"

"मेरे विचार को मेरे लाभ के लिए काम करने के अलावा कुछ भी नहीं करना है"

"and then my perception is unable to ever harm me"

"और फिर मेरी धारणा कभी भी मुझे नुकसान पहुंचाने में असमर्थ है।

"I have experienced that I needed sin very much"

"मैंने अनुभव किया है कि मुझे पाप की बहुत आवश्यकता है"

"I have experienced this in my body and in my soul"
"मैंने इसे अपने शरीर और अपनी आत्मा में अनुभव किया है।
"I needed lust, the desire for possessions, and vanity"
"मुझे वासना, संपत्ति की इच्छा और घमंड की आवश्यकता थी"
"and I needed the most shameful despair"
"और मुझे सबसे शर्मनाक निराशा की ज़रूरत थी"
"in order to learn how to give up all resistance"
"सभी प्रतिरोध ों को छोड़ने का तरीका सीखने के लिए"
"in order to learn how to love the world"
"दुनिया से प्यार करना सीखने के लिए"
"in order to stop comparing things to some world I wished for"
"किसी ऐसी दुनिया से चीजों की तुलना करना बंद करने के लिए जो मैं चाहता था"
"I imagined some kind of perfection I had made up"
"मैंने किसी तरह की पूर्णता की कल्पना की थी जिसे मैंने बनाया था"
"but I have learned to leave the world as it is"
"लेकिन मैंने दुनिया को वैसे ही छोड़ना सीख लिया है जैसा कि यह है।
"I have learned to love the world as it is"
"मैंने दुनिया से प्यार करना सीख लिया है जैसा कि यह है।
"and I learned to enjoy being a part of it"
"और मैंने इसका हिस्सा बनने का आनंद लेना सीखा"
"These, oh Govinda, are some of the thoughts which have come into my mind"
"ये, ओह गोविंदा, कुछ विचार हैं जो मेरे दिमाग में आए हैं"

Siddhartha bent down and picked up a stone from the ground
सिद्धार्थ ने झुककर जमीन से एक पत्थर उठाया।
he weighed the stone in his hand
उसने पत्थर को अपने हाथ में तौला।
"This here," he said playing with the rock, "is a stone"
"यह यहाँ," उन्होंने चट्टान के साथ खेलते हुए कहा, "एक पत्थर है"।

"this stone will, after a certain time, perhaps turn into soil"
"यह पत्थर, एक निश्चित समय के बाद, शायद मिट्टी में बदल जाएगा"
"it will turn from soil into a plant or animal or human being"
"यह मिट्टी से एक पौधे या जानवर या इंसान में बदल जाएगा"
"In the past, I would have said this stone is just a stone"
"अतीत में, मैंने कहा होगा कि यह पत्थर सिर्फ एक पत्थर है"
"I might have said it is worthless"
"मैंने कहा होगा कि यह बेकार है"
"I would have told you this stone belongs to the world of the Maya"
"मैं तुम्हें बताता कि यह पत्थर माया की दुनिया का है"
"but I wouldn't have seen that it has importance"
"लेकिन मैंने यह नहीं देखा होगा कि इसका महत्व है"
"it might be able to become a spirit in the cycle of transformations"
"यह परिवर्तनों के चक्र में एक आत्मा बनने में सक्षम हो सकता है"
"therefore I also grant it importance"
"इसलिए मैं इसे महत्व भी देता हूं"
"Thus, I would perhaps have thought in the past"
"इस प्रकार, मैंने शायद अतीत में सोचा होगा"
"But today I think differently about the stone"
"लेकिन आज मैं पत्थर के बारे में अलग तरह से सोचता हूं"
"this stone is a stone, and it is also animal, god, and Buddha"
"यह पत्थर एक पत्थर है, और यह जानवर, भगवान और बुद्ध भी है।
"I do not venerate and love it because it could turn into this or that"
"मैं इसकी पूजा और प्यार नहीं करता क्योंकि यह इस या उस में बदल सकता है।
"I love it because it is those things"
"मुझे यह पसंद है क्योंकि यह उन चीजों है।
"this stone is already everything"
"यह पत्थर पहले से ही सब कुछ है"
"it appears to me now and today as a stone"

"यह मुझे अब और आज एक पत्थर के रूप में दिखाई देता है"
"that is why I love this"
"यही कारण है कि मैं इसे प्यार करता हूँ"
"that is why I see worth and purpose in each of its veins and cavities"
"यही कारण है कि मैं इसकी प्रत्येक नसों और गुहाओं में मूल्य और उद्देश्य देखता हूं।
"I see value in its yellow, gray, and hardness"
"मैं इसके पीले, भूरे और कठोरता में मूल्य देखता हूं"
"I appreciated the sound it makes when I knock at it"
"जब मैं इसे खटखटाता हूं तो मैंने इसकी ध्वनि की सराहना की"
"I love the dryness or wetness of its surface"
"मुझे इसकी सतह का सूखापन या गीलापन पसंद है"
"There are stones which feel like oil or soap"
"ऐसे पत्थर हैं जो तेल या साबुन की तरह महसूस करते हैं"
"and other stones feel like leaves or sand"
"और अन्य पत्थर पत्तियों या रेत की तरह महसूस करते हैं"
"and every stone is special and prays the Om in its own way"
"और हर पत्थर विशेष है और अपने तरीके से ओम की प्रार्थना करता है।
"each stone is Brahman"
'हर पत्थर ब्रह्म है'
"but simultaneously, and just as much, it is a stone"
"लेकिन एक साथ, और उतना ही, यह एक पत्थर है।
"it is a stone regardless of whether it's oily or juicy"
"यह एक पत्थर है चाहे वह तैलीय हो या रसदार"
"and this why I like and regard this stone"
"और यही कारण है कि मैं इस पत्थर को पसंद करता हूं और सम्मान करता हूं"
"it is wonderful and worthy of worship"
"यह अद्भुत और पूजा के योग्य है"
"But let me speak no more of this"
"लेकिन मुझे इस बारे में और बात नहीं करने दो"
"words are not good for transmitting the secret meaning"

"शब्द गुप्त अर्थ को प्रसारित करने के लिए अच्छे नहीं हैं"
"everything always becomes a bit different, as soon as it is put into words"
"सब कुछ हमेशा थोड़ा अलग हो जाता है, जैसे ही इसे शब्दों में रखा जाता है।
"everything gets distorted a little by words"
"सब कुछ शब्दों से थोड़ा विकृत हो जाता है"
"and then the explanation becomes a bit silly"
"और फिर स्पष्टीकरण थोड़ा मूर्खतापूर्ण हो जाता है"
"yes, and this is also very good, and I like it a lot"
"हाँ, और यह भी बहुत अच्छा है, और मुझे यह बहुत पसंद है"
"I also very much agree with this"
"मैं भी इस बात से बहुत सहमत हूं"
"one man's treasure and wisdom always sounds like foolishness to another person"
"एक आदमी का खजाना और ज्ञान हमेशा दूसरे व्यक्ति के लिए मूर्खता की तरह लगता है।
Govinda listened silently to what Siddhartha was saying
गोविंदा चुपचाप सुन रहे थे कि सिद्धार्थ क्या कह रहे थे।
there was a pause and Govinda hesitantly asked a question
एक ठहराव था और गोविंदा ने हिचकिचाते हुए एक सवाल पूछा।
"Why have you told me this about the stone?"
"तुमने मुझे पत्थर के बारे में यह क्यों बताया?
"I did it without any specific intention"
"मैंने इसे बिना किसी विशेष इरादे के किया"
"perhaps what I meant was, that I love this stone and the river"
"शायद मेरा मतलब यह था कि मैं इस पत्थर और नदी से प्यार करता हूं।
"and I love all these things we are looking at"
"और मुझे इन सभी चीजों से प्यार है जो हम देख रहे हैं"
"and we can learn from all these things"
"और हम इन सभी चीजों से सीख सकते हैं"
"I can love a stone, Govinda"
"मैं एक पत्थर से प्यार कर सकता हूं, गोविंदा"

"and I can also love a tree or a piece of bark"
"और मैं एक पेड़ या छाल के टुकड़े से भी प्यार कर सकता हूं।
"These are things, and things can be loved"
"ये चीजें हैं, और चीजों को प्यार किया जा सकता है।
"but I cannot love words"
"लेकिन मैं शब्दों से प्यार नहीं कर सकता"
"therefore, teachings are no good for me"
"इसलिए, शिक्षाएं मेरे लिए अच्छी नहीं हैं"
"teachings have no hardness, softness, colours, edges, smell, or taste"
"शिक्षाओं में कोई कठोरता, कोमलता, रंग, किनारों, गंध या स्वाद नहीं है।
"teachings have nothing but words"
"शिक्षाओं में शब्दों के अलावा कुछ भी नहीं है"
"perhaps it is words which keep you from finding peace"
"शायद यह शब्द हैं जो आपको शांति खोज़ने से रोकते हैं।
"because salvation and virtue are mere words"
"क्योंकि उद्धार और पुण्य केवल शब्द हैं"
"Sansara and Nirvana are also just mere words, Govinda"
"संसार और निर्वाण भी केवल शब्द हैं, गोविंदा"
"there is no thing which would be Nirvana"
"ऐसी कोई चीज नहीं है जो निर्वाण होगी"
"therefor Nirvana is just the word"
"इसके लिए निर्वाण सिर्फ शब्द है"
Govinda objected, "Nirvana is not just a word, my friend"
गोविंदा ने आपत्ति जताई, "निर्वाण सिर्फ एक शब्द नहीं है, मेरे दोस्त"
"Nirvana is a word, but also it is a thought"
"निर्वाण एक शब्द है, लेकिन यह एक विचार भी है।
Siddhartha continued, "it might be a thought"
सिद्धार्थ ने आगे कहा, "यह एक विचार हो सकता है"
"I must confess, I don't differentiate much between thoughts and words"
"मुझे स्वीकार करना होगा, मैं विचारों और शब्दों के बीच ज्यादा अंतर नहीं करता।

"to be honest, I also have no high opinion of thoughts"

"ईमानदारी से कहूं, तो मेरे पास विचारों की कोई उच्च राय नहीं है।

"I have a better opinion of things than thoughts"

"मेरे पास विचारों की तुलना में चीजों के बारे में बेहतर राय है।

"Here on this ferry-boat, for instance, a man has been my predecessor"

"उदाहरण के लिए, इस नौका-नाव पर, एक आदमी मेरा पूर्ववर्ती रहा है"

"he was also one of my teachers"

"वह मेरे शिक्षकों में से एक था"

"a holy man, who has for many years simply believed in the river"

"एक पवित्र व्यक्ति, जिसने कई वर्षों से नदी में विश्वास किया है"

"and he believed in nothing else"

"और वह किसी और चीज़ में विश्वास नहीं करता था"

"He had noticed that the river spoke to him"

"उसने देखा था कि नदी उससे बात कर रही थी"

"he learned from the river"

"उसने नदी से सीखा"

"the river educated and taught him"

"नदी ने उसे शिक्षित और सिखाया"

"the river seemed to be a god to him"

"नदी उसे एक भगवान की तरह लग रही थी"

"for many years he did not know that everything was as divine as the river"

"कई सालों तक वह नहीं जानता था कि सब कुछ नदी की तरह दिव्य था।

"the wind, every cloud, every bird, every beetle"

"हवा, हर बादल, हर पक्षी, हर बीटल"

"they can teach just as much as the river"

"वे नदी की तरह ही सिखा सकते हैं"

"But when this holy man went into the forests, he knew everything"

"लेकिन जब यह पवित्र व्यक्ति जंगलों में गया, तो वह सब कुछ जानता था।

"he knew more than you and me, without teachers or books"

"वह शिक्षकों या किताबों के बिना, आपसे और मुझसे ज्यादा जानता था।

"he knew more than us only because he had believed in the river"

"वह हमसे अधिक केवल इसलिए जानता था क्योंकि उसने नदी में विश्वास किया था।

Govinda still had doubts and questions
गोविंदा के मन में अब भी शंका और सवाल थे।

"But is that what you call things actually something real?"
"लेकिन क्या यह वही है जिसे आप चीजों को वास्तव में कुछ वास्तविक कहते हैं?

"do these things have existence?"
"क्या इन चीजों का अस्तित्व है?

"Isn't it just a deception of the Maya"
"क्या यह सिर्फ माया का धोखा नहीं है"

"aren't all these things an image and illusion?"
"क्या ये सभी चीजें एक छवि और भ्रम नहीं हैं?

"Your stone, your tree, your river"
"आपका पत्थर, आपका पेड़, आपकी नदी"

"are they actually a reality?"
"क्या वे वास्तव में एक वास्तविकता हैं?

"This too," spoke Siddhartha, "I do not care very much about"
"यह भी," सिद्धार्थ ने कहा, "मुझे इसकी बहुत परवाह नहीं है"

"Let the things be illusions or not"
"चीजों को भ्रम होने दें या नहीं"

"after all, I would then also be an illusion"
"आखिरकार, मैं भी एक भ्रम बन जाऊंगा"

"and if these things are illusions then they are like me"
"और अगर ये चीजें भ्रम हैं तो वे मेरे जैसे हैं।

"This is what makes them so dear and worthy of veneration for me"
"यही वह है जो उन्हें इतना प्रिय बनाता है और मेरे लिए पूजा के योग्य

- 313 -

बनाता है।

"these things are like me and that is how I can love them"
"ये चीजें मेरे जैसी हैं और इस तरह मैं उन्हें प्यार कर सकता हूं।

"this is a teaching you will laugh about"
"यह एक ऐसी शिक्षा है जिसके बारे में आप हंसेंगे"

"love, oh Govinda, seems to me to be the most important thing of all"
"प्यार, ओह गोविंदा, मुझे सबसे महत्वपूर्ण बात लगती है"

"to thoroughly understand the world may be what great thinkers do"
"दुनिया को अच्छी तरह से समझना वह हो सकता है जो महान विचारक करते हैं।

"they explain the world and despise it"
"वे दुनिया की व्याख्या करते हैं और इसे तुच्छ समझते हैं।

"But I'm only interested in being able to love the world"
"लेकिन मुझे केवल दुनिया से प्यार करने में सक्षम होने में दिलचस्पी है।

"I am not interested in despising the world"
"मुझे दुनिया को नीचा दिखाने में कोई दिलचस्पी नहीं है"

"I don't want to hate the world"
"मैं दुनिया से नफरत नहीं करना चाहता"

"and I don't want the world to hate me"
"और मैं नहीं चाहता कि दुनिया मुझसे नफरत करे।

"I want to be able to look upon the world and myself with love"
"मैं दुनिया और खुद को प्यार से देखने में सक्षम होना चाहता हूं।

"I want to look upon all beings with admiration"
"मैं सभी प्राणियों को प्रशंसा के साथ देखना चाहता हूं"

"I want to have a great respect for everything"
"मैं हर चीज के लिए बहुत सम्मान करना चाहता हूं"

"This I understand," spoke Govinda
गोविंदा ने कहा, "यह मैं समझता हूं।

"But this very thing was discovered by the exalted one to be a deception"

"लेकिन यह बात महान व्यक्ति द्वारा एक धोखा होने के लिए खोजी गई थी।

"He commands benevolence, clemency, sympathy, tolerance"
"वह परोपकार, क्षमा, सहानुभूति, सहिष्णुता का आदेश देता है"
"but he does not command love"
"लेकिन वह प्यार का आदेश नहीं देता है"
"he forbade us to tie our heart in love to earthly things"
"उसने हमें सांसारिक चीजों के लिए अपने दिल को प्यार में बांधने के लिए मना किया।

"I know it, Govinda," said Siddhartha, and his smile shone golden
"मुझे पता है, गोविंदा," सिद्धार्थ ने कहा, और उसकी मुस्कान सुनहरी चमक उठी।

"And behold, with this we are right in the thicket of opinions"
"और देखो, इसके साथ हम विचारों की गहराई में सही हैं"
"now we are in the dispute about words"
"अब हम शब्दों के बारे में विवाद में हैं"
"For I cannot deny, my words of love are a contradiction"
"क्योंकि मैं इनकार नहीं कर सकता, मेरे प्यार के शब्द एक विरोधाभास हैं।
"they seem to be in contradiction with Gotama's words"
"वे गोटामा के शब्दों के साथ विरोधाभास में प्रतीत होते हैं"
"For this very reason, I distrust words so much"
"इस कारण से, मुझे शब्दों पर बहुत अविश्वास है।
"because I know this contradiction is a deception"
"क्योंकि मुझे पता है कि यह विरोधाभास एक धोखा है"
"I know that I am in agreement with Gotama"
"मुझे पता है कि मैं गोटामा के साथ समझौते में हूं"
"How could he not know love when he has discovered all elements of human existence"
"वह प्रेम को कैसे नहीं जान सकता जब उसने मानव अस्तित्व के सभी तत्वों की खोज कर ली है।

"he has discovered their transitoriness and their

meaninglessness"
"उसने उनके पारगमन और उनकी अर्थहीनता की खोज की है"
"and yet he loved people very much"
"और फिर भी वह लोगों से बहुत प्यार करता था"
"he used a long, laborious life only to help and teach them!"
"उन्होंने केवल उनकी मदद करने और सिखाने के लिए एक लंबे, श्रमसाध्य जीवन का उपयोग किया!
"Even with your great teacher, I prefer things over the words"
"आपके महान शिक्षक के साथ भी, मैं शब्दों पर चीजों को पसंद करता हूं।
"I place more importance on his acts and life than on his speeches"
"मैं उनके भाषणों की तुलना में उनके कृत्यों और जीवन पर अधिक महत्व देता हूं"
"I value the gestures of his hand more than his opinions"
"मैं उसकी राय से ज्यादा उसके हाथ के इशारों को महत्व देता हूं"
"for me there was nothing in his speech and thoughts"
"मेरे लिए उनके भाषण और विचारों में कुछ भी नहीं था।
"I see his greatness only in his actions and in his life"
"मैं केवल अपने कार्यों और उसके जीवन में उसकी महानता देखता हूं।

For a long time, the two old men said nothing
काफी देर तक दोनों बूढ़े कुछ नहीं बोले।
Then Govinda spoke, while bowing for a farewell
तब गोविंदा बोले, विदाई के लिए झुकते हुए।
"I thank you, Siddhartha, for telling me some of your thoughts"
"मैं आपको धन्यवाद देता हूं, सिद्धार्थ, मुझे अपने कुछ विचार बताने के लिए"
"These thoughts are partially strange to me"
"ये विचार मेरे लिए आंशिक रूप से अजीब हैं"
"not all of these thoughts have been instantly understandable to me"

- 316 -

"ये सभी विचार मेरे लिए तुरंत समझ में नहीं आए हैं"
"This being as it may, I thank you"
"यह हो सकता है, मैं आपको धन्यवाद देता हूं"
"and I wish you to have calm days"
"और मैं चाहता हूं कि आपके पास शांत दिन हों"
But secretly he thought something else to himself
लेकिन चुपके से उसने खुद को कुछ और ही सोचा।
"This Siddhartha is a bizarre person"
"यह सिद्धार्थ एक विचित्र व्यक्ति है"
"he expresses bizarre thoughts"
"वह विचित्र विचार व्यक्त करता है"
"his teachings sound foolish"
"उनकी शिक्षाएं मूर्खतापूर्ण लगती हैं"
"the exalted one's pure teachings sound very different"
"महान व्यक्ति की शुद्ध शिक्षाएँ बहुत अलग लगती हैं"
"those teachings are clearer, purer, more comprehensible"
"वे शिक्षाएं स्पष्ट, शुद्ध, अधिक बोधगम्य हैं।
"there is nothing strange, foolish, or silly in those teachings"
"उन शिक्षाओं में कुछ भी अजीब, मूर्खतापूर्ण या मूर्खतापूर्ण नहीं है।
"But Siddhartha's hands seemed different from his thoughts"
"लेकिन सिद्धार्थ के हाथ उनके विचारों से अलग लग रहे थे"
"his feet, his eyes, his forehead, his breath"
"उसके पैर, उसकी आँखें, उसका माथा, उसकी सांस"
"his smile, his greeting, his walk"
"उसकी मुस्कान, उसका अभिवादन, उसका चलना"
"I haven't met another man like him since Gotama became one with the Nirvana"
"जब से गोतमा निर्वाण के साथ एक हो गया है, तब से मैं उनके जैसा कोई दूसरा आदमी नहीं मिला हूं।
"since then I haven't felt the presence of a holy man"
"तब से मैंने एक पवित्र व्यक्ति की उपस्थिति महसूस नहीं की है।
"I have only found Siddhartha, who is like this"

"मैंने केवल सिद्धार्थ को पाया है, जो इस तरह है"

"his teachings may be strange and his words may sound foolish"
"उनकी शिक्षाएं अजीब हो सकती हैं और उनके शब्द मूर्खतापूर्ण लग सकते हैं।

"but purity shines out of his gaze and hand"
"लेकिन पवित्रता उसकी नज़र और हाथ से चमकती है"

"his skin and his hair radiates purity"
"उसकी त्वचा और उसके बाल पवित्रता फैलाते हैं"

"purity shines out of every part of him"
"पवित्रता उसके हर हिस्से से चमकती है"

"a calmness, cheerfulness, mildness and holiness shines from him"
"एक शांति, प्रसन्नता, सौम्यता और पवित्रता उससे चमकती है।

"something which I have seen in no other person"
"कुछ ऐसा जो मैंने किसी अन्य व्यक्ति में नहीं देखा है"

"I have not seen it since the final death of our exalted teacher"
"मैंने इसे हमारे महान शिक्षक की अंतिम मृत्यु के बाद से नहीं देखा है"

While Govinda thought like this, there was a conflict in his heart
गोविंदा जब ऐसा सोचते थे तो उनके दिल में टकराव हो जाता था।

he once again bowed to Siddhartha
उन्होंने एक बार फिर सिद्धार्थ को नमन किया।

he felt he was drawn forward by love
उसने महसूस किया कि वह प्यार से आगे खींचा गया था।

he bowed deeply to him who was calmly sitting
वह उसे गहराई से नमन करता था जो शांति से बैठा था।

"Siddhartha," he spoke, "we have become old men"
"सिद्धार्थ," उन्होंने कहा, "हम बूढ़े आदमी बन गए हैं"

"It is unlikely for one of us to see the other again in this incarnation"
"हम में से एक के लिए दूसरे को इस अवतार में फिर से देखने की संभावना

नहीं है"

"I see, beloved, that you have found peace"
"मैं देख रहा हूँ, प्रिय, कि आपको शांति मिल गई है।

"I confess that I haven't found it"
"मैं स्वीकार करता हूं कि मुझे यह नहीं मिला है"

"Tell me, oh honourable one, one more word"
"मुझे बताओ, ओह माननीय एक, एक और शब्द"

"give me something on my way which I can grasp"
"मुझे मेरे रास्ते में कुछ दें जो मैं समझ सकूं।

"give me something which I can understand!"
"मुझे कुछ दे दो जो मैं समझ सकता हूँ!

"give me something I can take with me on my path"
"मुझे कुछ ऐसा दें जो मैं अपने रास्ते पर अपने साथ ले जा सकूं।

"my path is often hard and dark, Siddhartha"
"मेरा रास्ता अक्सर कठिन और अंधेरा होता है, सिद्धार्थ"

Siddhartha said nothing and looked at him
सिद्धार्थ ने कुछ नहीं कहा और उसकी ओर देखा।

he looked at him with his ever unchanged, quiet smile
उसने अपनी अपरिवर्तित, शांत मुस्कान के साथ उसे देखा।

Govinda stared at his face with fear
गोविंदा डर के मारे उसके चेहरे को देखता रहा।

there was yearning and suffering in his eyes
उसकी आँखों में तड़प और पीड़ा थी।

the eternal search was visible in his look
उनके लुक में अनंत खोज दिखाई दे रही थी।

you could see his eternal inability to find
आप उसे खोजने में अनन्त असमर्थता देख सकते हैं

Siddhartha saw it and smiled
सिद्धार्थ ने इसे देखा और मुस्कुराया।

"Bend down to me!" he whispered quietly in Govinda's ear
"मेरे पास झुक जाओ!" वह गोविंदा के कान में चुपचाप फुसफुसाया।

"Like this, and come even closer!"
"ऐसे ही, और और भी करीब आओ!

"Kiss my forehead, Govinda!"
"मेरे माथे को चूमो, गोविंदा!"

Govinda was astonished, but drawn on by great love and expectation
गोविंदा आश्चर्यचकित थे, लेकिन बहुत प्यार और अपेक्षा से आकर्षित थे।

he obeyed his words and bent down closely to him
उसने उसकी बातों का पालन किया और उसके करीब झुक गया।

and he touched his forehead with his lips
और उसने अपने होंठों से उसके माथे को छुआ।

when he did this, something miraculous happened to him
जब उसने ऐसा किया, तो उसके साथ कुछ चमत्कारी हुआ।

his thoughts were still dwelling on Siddhartha's wondrous words
उनके विचार अभी भी सिद्धार्थ के चमत्कारिक शब्दों पर निवास कर रहे थे।

he was still reluctantly struggling to think away time
वह अभी भी अनिच्छा से समय से दूर सोचने के लिए संघर्ष कर रहा था।

he was still trying to imagine Nirvana and Sansara as one
वह अभी भी निर्वाण और संसार को एक के रूप में कल्पना करने की कोशिश कर रहा था।

there was still a certain contempt for the words of his friend
अपने दोस्त के शब्दों के लिए अभी भी एक निश्चित अवमानना थी।

those words were still fighting in him
ये शब्द अभी भी उसके अंदर लड़ रहे थे।

those words were still fighting against an immense love and veneration
वे शब्द अभी भी एक असीम प्रेम और पूजा के खिलाफ लड़ रहे थे।

and during all these thoughts, something else happened to him
और इन सभी विचारों के दौरान, उसके साथ कुछ और हुआ।

He no longer saw the face of his friend Siddhartha
उसने अब अपने दोस्त सिद्धार्थ का चेहरा नहीं देखा।

instead of Siddhartha's face, he saw other faces
सिद्धार्थ के चेहरे की जगह उन्हें दूसरे चेहरे नजर आए।

he saw a long sequence of faces
उसने चेहरों का एक लंबा क्रम देखा।

he saw a flowing river of faces
उसने चेहरों की बहती नदी देखी।

hundreds and thousands of faces, which all came and disappeared
सैकड़ों और हजारों चेहरे, जो सभी आए और गायब हो गए।

and yet they all seemed to be there simultaneously
और फिर भी वे सभी एक साथ वहां लग रहे थे।

they constantly changed and renewed themselves
वे लगातार बदलते और खुद को नवीनीकृत करते हैं।

they were themselves and they were still all Siddhartha's face
वे खुद थे और वे अभी भी सिद्धार्थ का चेहरा थे।

he saw the face of a fish with an infinitely painfully opened mouth
उसने असीम रूप से खुले मुंह के साथ एक मछली का चेहरा देखा।

the face of a dying fish, with fading eyes
एक मरती हुई मछली का चेहरा, लुप्त होती आंखों के साथ

he saw the face of a new-born child, red and full of wrinkles
उसने एक नवजात बच्चे का चेहरा देखा, लाल और झुर्रियों से भरा हुआ।

it was distorted from crying
यह रोने से विकृत हो गया था।

he saw the face of a murderer
उसने एक हत्यारे का चेहरा देखा।

he saw him plunging a knife into the body of another person
उसने उसे किसी अन्य व्यक्ति के शरीर में चाकू डालते हुए देखा।

he saw, in the same moment, this criminal in bondage
उसने, उसी क्षण, इस अपराधी को बंधन में देखा।

he saw him kneeling before a crowd
उसने उसे भीड़ के सामने घुटने टेकते हुए देखा।

and he saw his head being chopped off by the executioner

और उसने देखा कि जल्लाद द्वारा उसका सिर काट दिया गया था।
he saw the bodies of men and women
उसने पुरुषों और महिलाओं के शरीर ो ं को देखा।
they were naked in positions and cramps of frenzied love
वे उन्मादी प्रेम की स्थिति और ऐंठन में नग्न थे।
he saw corpses stretched out, motionless, cold, void
उसने लाशों को फैला हुआ, गतिहीन, ठंडा, शून्य देखा।
he saw the heads of animals
उसने जानवरों के सिर देखे।
heads of boars, of crocodiles, and of elephants
सूअरों, मगरमच्छों और हाथियों के सिर
he saw the heads of bulls and of birds
उसने बैलों और पक्षियों के सिर देखे।
he saw gods; Krishna and Agni
उसने देवताओं को देखा; कृष्ण और अग्नि
he saw all of these figures and faces in a thousand relationships with one another
उन्होंने इन सभी आंकड़ों और चेहरों को एक दूसरे के साथ एक हजार रिश्तों में देखा।
each figure was helping the other
प्रत्येक आंकड़ा दूसरे की मदद कर रहा था।
each figure was loving their relationship
प्रत्येक व्यक्ति अपने रिश्ते से प्यार कर रहा था।
each figure was hating their relationship, destroying it
प्रत्येक व्यक्ति अपने रिश्ते से नफरत कर रहा था, इसे नष्ट कर रहा था।
and each figure was giving re-birth to their relationship
और प्रत्येक आंकड़ा उनके रिश्ते को फिर से जन्म दे रहा था।
each figure was a will to die
प्रत्येक आंकड़ा मरने की इच्छा थी।
they were passionately painful confessions of transitoriness
वे पारगमन की भावुक दर्दनाक स्वीकारोक्ति थे।
and yet none of them died, each one only transformed
और फिर भी उनमें से कोई भी नहीं मरा, हर एक केवल बदल गया।

they were always reborn and received more and more new faces
वे हमेशा पुनर्जन्म लेते थे और अधिक से अधिक नए चेहरे प्राप्त करते थे।
no time passed between the one face and the other
एक चेहरे और दूसरे चेहरे के बीच कोई समय नहीं बीता।
all of these figures and faces rested
ये सभी आंकड़े और चेहरे आराम कर रहे थे।
they flowed and generated themselves
वे बहते और खुद को उत्पन्न करते थे।
they floated along and merged with each other
वे साथ तैरते और एक-दूसरे के साथ विलय हो गए।
and they were all constantly covered by something thin
और वे सभी लगातार किसी पतली चीज से ढके हुए थे।
they had no individuality of their own
उनका अपना कोई व्यक्तित्व नहीं था।
but yet they were existing
लेकिन फिर भी वे मौजूद थे।
they were like a thin glass or ice
वे एक पतले कांच या बर्फ की तरह थे।
they were like a transparent skin
वे एक पारदर्शी त्वचा की तरह थे।
they were like a shell or mould or mask of water
वे एक खोल या सांचे या पानी के मुखौटे की तरह थे।
and this mask was smiling
और यह मुखौटा मुस्कुरा रहा था।
and this mask was Siddhartha's smiling face
और यह मुखौटा सिद्धार्थ का मुस्कुराता हुआ चेहरा था।
the mask which Govinda was touching with his lips
वो मास्क जिसे गोविंदा अपने होंठों से छू रहे थे
And, Govinda saw it like this
और, गोविंदा ने इसे इस तरह देखा
the smile of the mask
मुखौटे की मुस्कान

the smile of oneness above the flowing forms
बहते रूपों के ऊपर एकता की मुस्कान
the smile of simultaneousness above the thousand births and deaths
हजार जन्मों और मृत्यु के ऊपर एक साथ की मुस्कान
the smile of Siddhartha's was precisely the same
सिद्धार्थ की मुस्कान भी बिल्कुल वैसी ही थी।
Siddhartha's smile was the same as the quiet smile of Gotama, the Buddha
सिद्धार्थ की मुस्कान बुद्ध गोतम की शांत मुस्कान के समान थी।
it was delicate and impenetrable smile
यह नाजुक और अभेद्य मुस्कान थी।

perhaps it was benevolent and mocking, and wise
शायद यह परोपकारी और उपहासकरने वाला, और बुद्धिमान था।
the thousand-fold smile of Gotama, the Buddha
गोटामा, बुद्ध की हजार गुना मुस्कान
as he had seen it himself with great respect a hundred times
जैसा कि उन्होंने खुद को सौ बार बड़े सम्मान के साथ देखा था।
Like this, Govinda knew, the perfected ones are smiling
ऐसे गोविंदा जानते थे, परफेक्ट वाले मुस्कुरा रहे हैं
he did not know anymore whether time existed
वह अब नहीं जानता था कि समय मौजूद है या नहीं।
he did not know whether the vision had lasted a second or a hundred years
वह नहीं जानता था कि दृष्टि एक सेकंड या सौ साल तक चली थी या नहीं।
he did not know whether a Siddhartha or a Gotama existed
वह नहीं जानता था कि सिद्धार्थ का अस्तित्व है या गोतम का।
he did not know if a me or a you existed
वह नहीं जानता था कि मैं या तुम अस्तित्व में हो।
he felt in his as if he had been wounded by a divine arrow
उसे ऐसा लग रहा था जैसे वह किसी दिव्य तीर से घायल हो गया हो।
the arrow pierced his innermost self
तीर ने उसके अंतरतम स्व को भेद दिया।

the injury of the divine arrow tasted sweet
दिव्य तीर की चोट ने मीठा स्वाद लिया।

Govinda was enchanted and dissolved in his innermost self
गोविंदा मुग्ध हो गए थे और अपने अंतरतम रूप में विलीन हो गए थे।

he stood still for a little while
वह थोड़ी देर के लिए स्थिर खड़ा रहा।

he bent over Siddhartha's quiet face, which he had just kissed
वह सिद्धार्थ के शांत चेहरे पर झुक गया, जिसे उसने अभी चूमा था।

the face in which he had just seen the scene of all manifestations
वह चेहरा जिसमें उसने अभी सभी अभिव्यक्तियों का दृश्य देखा था।

the face of all transformations and all existence
सभी परिवर्तनों और सभी अस्तित्व का चेहरा

the face he was looking at was unchanged
वह जिस चेहरे को देख रहा था वह अपरिवर्तित था।

under its surface, the depth of the thousand folds had closed up again
इसकी सतह के नीचे, हजार सिलवटों की गहराई फिर से बंद हो गई थी।

he smiled silently, quietly, and softly
वह चुपचाप, चुपचाप और धीरे से मुस्कुराया।

perhaps he smiled very benevolently and mockingly
शायद वह बहुत उदारता और मजाक उड़ाते हुए मुस्कुराया।

precisely this was how the exalted one smiled
ठीक इसी तरह महान व्यक्ति मुस्कुराया।

Deeply, Govinda bowed to Siddhartha
गहराई से गोविंदा ने सिद्धार्थ को किया नमन

tears he knew nothing of ran down his old face
आँसू वह कुछ भी नहीं जानता था उसके बूढ़े चेहरे से नीचे बह गए।

his tears burned like a fire of the most intimate love
उसके आँसू सबसे अंतरंग प्रेम की आग की तरह जल गए।

he felt the humblest veneration in his heart
उसने अपने दिल में सबसे विनम्र पूजा महसूस की।

Deeply, he bowed, touching the ground
गहराई से, वह जमीन को छूते हुए झुक गया।
he bowed before him who was sitting motionlessly
वह उसके सामने झुक गया जो गतिहीन बैठा था।
his smile reminded him of everything he had ever loved in his life
उसकी मुस्कान ने उसे वह सब कुछ याद दिलाया जो उसने अपने जीवन में कभी प्यार किया था।
his smile reminded him of everything in his life that he found valuable and holy
उसकी मुस्कान ने उसे अपने जीवन में सब कुछ याद दिलाया जो उसे मूल्यवान और पवित्र लगा।

www.ingramcontent.com/pod-product-compliance
Lightning Source LLC
Chambersburg PA
CBHW011951090526
44591CB00020B/2720
9781835661079